全国电力高职高专"十二五"
公共基础课系列教材

中国电力教育协会审定

大学体育教育教程

全国电力职业教育教材编审委员会　组　编

黄华清　葛　辉　周耀德　主　编

余春生　刘中心　李小荣　孙　勇
　　　　　　　　　　　　　　　　副主编
　　　姚建荣　王　林　黄成忠

王成夫　陈　健　主　审

中国电力出版社
CHINA ELECTRIC POWER PRESS

内 容 提 要

本书为全国电力高职高专"十二五"规划教材公共基础课系列教材。全书分为四大部分共 26 个项目。第一篇：体育基础理论，项目 1～6；第二篇：基础体育课程，项目 7～14；第三篇：拓展体育课程，项目 15～22；第四篇：体育运动大视野，项目 23～26。本书以课内外一体化教学模式为基础，采用了多层次的教学方法，增加了主要教材中动作的技术要点、难点及练习方法，补充了课外锻炼内容和方法指导。本书利用任务驱动、行为导向的编写技巧，从高职学生身心健康及专业特长出发，是一本不可多得的适用高职高专体育教学要求的教材。

本书可作为高职高专大学体育课程的教材，也可供有兴趣的读者自学、参考。

图书在版编目（CIP）数据

大学体育教育教程 / 黄华清，葛辉，周耀德主编；全国电力职业教育教材编审委员会组编. —北京：中国电力出版社，2012.8（2020.9重印）

全国电力高职高专"十二五"规划教材. 公共基础课系列教材

ISBN 978-7-5123-3305-5

Ⅰ．①大… Ⅱ．①黄… ②葛… ③周… ④全… Ⅲ．①体育—高等职业教育—教材 Ⅳ．①G807.4

中国版本图书馆 CIP 数据核字（2012）第 162700 号

中国电力出版社出版、发行

（北京市东城区北京站西街 19 号 100005 http://www.cepp.sgcc.com.cn）

三河市航远印刷有限公司印刷

各地新华书店经售

*

2012 年 8 月第一版 2020 年 9 月北京第九次印刷

787 毫米×1092 毫米 16 开本 19 印张 452 千字

定价 **35.00** 元

全国电力职业教育教材编审委员会

参 与 院 校

山东电力高等专科学校	西安电力高等专科学校
山西电力职业技术学院	保定电力职业技术学院
四川电力职业技术学院	哈尔滨电力职业技术学院
三峡电力职业学院	安徽电气工程职业技术学院
武汉电力职业技术学院	福建电力职业技术学院
江西电力职业技术学院	郑州电力高等专科学校
重庆电力高等专科学校	长沙电力职业技术学院

公共基础课专家组

组　　长　王宏伟

副组长　文海荣

成　　员　（按姓名笔划排序）

马敬卫　孔　洁　兰向春　任　剑　刘家玲　吴金龙

宋云希　郑晓峰　倪志良　郭连英　霍小江　廖　虎

樊新军

本 书 编 写 组

组　　长　黄华清

副组长　葛　辉　周耀德

组　　员　余春生　刘中心　李小荣　孙　勇　姚建荣　王　林

黄成忠　曾红波　袁　君　李　莉　陈　旺　杨　科

牟晶晶　宋　军　汪卫杰　王　军　彭红亮　谢更新

李章云　杨　珂　夏文奇　姚园园

序

　　为深入贯彻《国家中长期教育改革和发展规划纲要（2010—2020）》精神，落实鼓励企业参与职业教育的要求，总结、推广电力类高职高专院校人才培养模式的创新成果，进一步深化"工学结合"的专业建设，推进"行动导向"教学模式改革，不断提高人才培养质量，满足电力发展对高素质技能型人才的需求，促进电力发展方式的转变，在中国电力企业联合会和国家电网公司的倡导下，由中国电力教育协会和中国电力出版社组织全国 14 所电力高职高专院校，通过统筹规划、分类指导、专题研讨、合作开发的方式，经过两年时间的艰苦工作，编写完成本套系列教材。

　　全国电力高职高专"十二五"规划教材分为电力工程、动力工程、实习实训、公共基础课、工科基础课、学生素质教育六大系列。其中，公共基础课系列汇集了电力行业高等职业院校专家的力量进行编写，各分册主编为该课程的教学带头人，有丰富的教学经验。教材以行动导向形式编写而成，既体现了高等职业教育的教学规律，又融入电力行业特色，适合高职高专的公共基础课教学，是难得的行动导向式精品教材。

　　本套教材的设计思路及特点主要体现在以下几方面。

　　（1）按照"项目导向、任务驱动、理实一体、突出特色"的原则，以岗位分析为基础，以课程标准为依据，充分体现高等职业教育教学规律，在内容设计上突出能力培养为核心的教学理念，引入国家标准、行业标准和职业规范，科学合理设计任务或项目。

　　（2）在内容编排上充分考虑学生认知规律，充分体现"理实一体"的特征，有利于调动学生学习积极性。是实现"教、学、做"一体化教学的适应性教材。

　　（3）在编写方式上主要采用任务驱动、项目导向等方式，包括学习情境描述、教学目标、学习任务描述、任务准备、相关知识等环节，目标任务明确，有利于提高学生学习的专业针对性和实用性。

　　（4）在编写人员组成上，融合了各电力高职高专院校骨干教师和企业技术人员，充分体现院校合作优势互补，校企合作共同育人的特征，为打造中国电力职业教育精品教材奠定了基础。

　　本套教材的出版是贯彻落实国家人才队伍建设总体战略，实现高端技能型人才培养的重要举措，是加快高职高专教育教学改革、全面提高高等职业教育教学质量的具体实践，必将对课程教学模式的改革与创新起到积极的推动作用。

　　本套教材的编写是一项创新性的、探索性的工作，由于编者的时间和经验有限，书中难免有疏漏和不当之处，恳切希望专家、学者和广大读者不吝赐教。

全国电力职业教育教材编审委员会

前　言

　　自 1999 年 6 月 13 日《关于深化教育改革全面推进素质教育的决定》中指出"学校体育教育要树立'健康第一'的指导思想"以来，高校体育教材的内容开始逐渐增加健康方面的知识，淡化竞技体育教学。2002 年 8 月《全国普通高校体育课程教学指导纲要》(简称《纲要》)颁布，对高校体育课程的理念同样提出了新的要求。在这以后，全国掀起了高等学校体育教材建设的高潮，数十个教材版本如雨后春笋般涌现市场，基本模式有"理论+实践"、"理论教程+实践教程"、"专项课分册教程"、"俱乐部教程"等几种类型。这其中有不少优秀教材，在普及健康知识、体育文化与专项理论方面起到了重要作用。2004 年 8 月教育部部长周济提出"每天锻炼 1 小时，健康工作 50 年，幸福生活一辈子"的倡导后，学校体育教育的重心也日益明晰。如何落实让学生"每天锻炼一小时"成了新一轮教材建设中必须解决的现实问题。2005 年 4 月教育部《关于进一步加强高等学校体育工作的意见》中指出：高等学校要认真落实《纲要》，努力实现以学生本身为主的"三自主"教学形式，使学生通过体育课的学习，至少掌握两项主要技能，全面实施《学生体育健康标准》使学生有效地增强体质、促进健康。从上述不同时期的国家政策可以看出，目前高等学校体育教材建设的中心，毫无疑问是如何将"使学生每天锻炼一小时，掌握两项体育技能"落实到实处。随着高校体育课程改革的推进，体育教材的改革与创新势在必行、迫在眉睫。

　　为贯彻落实《国家中长期教育改革和发展规划纲要(2010—2020)》要求企业参与职业教育的文件精神，满足电力行业产业发展对高技术技能型人才的需求，中国电力教育协会联合国家电网公司人力资源部，在全国各电力高职高专院校和中国电力出版社共同参与下，组织编制了《全国电力高职高专"十二五"教材规划》。

　　本次教材编写是以《关于全面提高高等职业教育教学质量的若干意见》为指导，主要采用任务驱动行动导向编写方式，对电力职业教育工学结合和实现理实一体的教学模式起到了支撑和载体作用，创新电力职业教育教材体系。同时，以编写规划教材为契机，总结、推广各校体育教育改革成果，进一步深化行动导向教学改革，落实"教、学、做"一体化，全面提升电力职业教育人才培养水平。

　　教材须适应高等职业教育人才培养目标和电力行业人才需求。按照"行动导向任务驱动，理实一体，突出特色"的原则，以岗位分析为基础，以课程标准为依据，充分体现高职教育教学规律，突出以能力培养为核心的教育理念，科学合理地设计任务项目，充分考虑学生认知规律，充分体现任务驱动的特征，充分调动学生学习的积极性，打造中国电力职业教育精品教材。

　　高职教育作为我国高等教育的重要组成部分，是高层次、技术型人才的培养基地。高职体育教育是高职院校完整课程体系的重要组成部分，肩负着培养身心健康、全面发展人才的重任，基于《纲要》对体育课程的指导思想、课程目标、课程内容、教材改革的要求，编写了《大学体育教育教程》这本具有鲜明特色和时代特征的教材，本书结合《纲要》的精神，强调体育在高职教育中的学科性，确认体育作为能够对人的社会性和全面发展作出贡献的学科地位，把握高职体育课程发展的时代特征，以"素质教育"、"以人为本"和"健康第一"为指导思想，以培养高职学生健康的体魄为根本目的，突出了趣味性和实用性的特点。拓展了高职学生对运动项目的自主性和灵活性，既可作为各类高职院校的体育选修课教材，也可作为高职高专学生自主学习锻炼评价的指导性书籍。

本书共分为四大篇（26 个项目）

第一章　体育基础理论　　项目一～六
第二章　基础的体育课程　项目七～十四
第三章　拓展体育课程　　项目十五～二十二
第四章　体育运动大视野　项目二十三～二十六

本书内容新颖、系统、全面，以促进高职学生身体健康为主线，引导高职学生在学习掌握运动技术的同时，树立主动参与运动和终身锻炼的意识，培养良好的团队精神和鲜明的个人气质，因此具有较高的理论价值和实际应用价值。

参加这次教材编写的有各兄弟院校的教授和名师。三峡电力职业学院黄华清副教授主要负责全书项目一～二十六实施内容的编写；郑州高等电力专科学校葛辉、王林等副教授负责编写全书第二篇项目七～十四，知识技能、项目任务案例分析内容；长沙电力职业学院周耀德、姚建荣等副教授负责全书第一、三、四篇项目一～六、项目十五～二十二、项目二十三～二十六的知识技能、项目任务、案例分析、内容的编写。最后由三峡电力职业学院黄华清副教授负责统稿。

本书在编写过程中借鉴和参考了国内外一些专家和学者的研究成果，得到全国高职高专院校专家的大力支持和协助，在此一并表示衷心感谢。

由于编写人员水平所限，不妥之处在所难免，恳请读者、同行批评指正。

编　者

2012 年 6 月

目　录

第三篇　拓 展 体 育 课 程

第四篇　体育运动大视野

第一篇　体育基础理论

项目一　体育健康概述

【学习目标】

1．知识目标

（1）了解体育的功能、健康的含义和体育对健康的影响。

（2）熟悉体育的几种功能；健康的概念、目的、意义。

（3）了解并掌握适量与过量的体育锻炼对人体的影响。

2．技能目标

（1）正确认识到体育的自身特点对于人和社会所产生的影响和效益。

（2）熟悉促进健康的五大基本要素。

（3）掌握怎样进行健康促进和健康教育。

【学习提示】

（1）多从图书馆、课外书籍、网络、教师那里获得更多的体育理论知识。

（2）在学习中结合笔记、讨论，根据自身特点安排好体育锻炼计划。

【项目任务】

（1）了解体育的教育、健身娱乐、竞争意识的功能。

（2）掌握健康的含义及人的行为表现与健康行为。

（3）了解适量和过量的体育锻炼对健康的影响。

【项目实施】

任务一　体育的功能

功能是指体育以其自身特点作用于人和社会所产生的良好影响和效益。体育的功能是多方面的，归纳起来主要有以下几个方面。

一、教育功能

体育的教育功能具体表现在以下几个方面。

1．改造经验

人类生活需要多方面的经验，经验的充实，代表生活能力的提高。而人的经验绝不仅限于读、写、说、算。就品格经验而言，不懂公平竞争，不服从法规制度，不信守诺言，不具备合作习惯等社会品质的人，无疑将被社会群体所排斥；就动作经验而言，简单的如坐立行走、举手投足，复杂的如对距离、速度、时间的判断，趋吉避凶应付突发事件的能力，以及提高工作效率所必需的神经肌肉协调和维持有机体的正常功能而应有的操作等，种种动作经验，只有通过实践才能培养；就情绪经验而言，文明社会不允许个人的不良情绪以野蛮的原始方式予以发泄，以保证社会的稳定和人民生活的安宁。所有上述品性和经验是一个合格公民所应具备的素质，而体育乃是对人类进行综合性教育的一种有效途径，它可以使个人在心智、情绪、动作经验、行为品性等方面，在以身体活动为中介的体育实践活动中得到发展。

2. 适应能力

体育是帮助个体适应其生活环境的一种影响或训练。虽然对于不同的人需要有不同的适应能力，但在今天的社会里，个人适应能力应该是全面的，它包括身体的、心理的、社会的，缺其一就无法获得真正的幸福。作为生活教育的体育，对上述适应能力都有培养作用。

3. 改变行为

体育活动所引起的经验改造和适应能力发展，可以进一步引起行为的变化。在体育活动中，凡是合乎社会要求的行为，会被社会认可和接受而日益加强，反之就要受到阻止。这就可以使每一个人的行为趋向于符合社会道德准则和行为规范的要求。体育活动可以培养个体的机智和勇敢的行为，并使这些行为达到一种崇高的境界——机智而不投机取巧，勇敢而忌持暴斗狠。

二、健身娱乐功能

人体运动的高效率和精细程度，使文学家为之讴歌礼赞，使生理学家叹为观止，但却使体育家产生了重大的责任感。人体以骨骼为"框架"，以韧带为"铰链"，并以附着在骨骼上的肌肉为"动力"，进行各式各样的运动。善于利用则促进其发展，反之则阻碍它的成长和完善。体育的一个重要目标正是要教会人们去合理、有效地利用、保护和促进身体发展，它是一种利用身体而又去完善身体的活动过程。健康快乐的一生，除了求助于身体锻炼以外，还需热衷于健身娱乐活动的兴趣和情绪。文明社会在时间、财力等方面，为人类的健身娱乐活动提供越来越优裕的条件，文明社会的人类需要娱乐，如同原始社会的人类需要食物一样。适度的身体锻炼活动，既健身，又悦心。

三、培养竞争意识功能

人类的生活如同在竞技场的比赛，大到与自然竞争，小到与对手竞争，无一不是在竞争中不断地寻求完善自我和超越自我的生活。参与竞争的人，必须创造条件充实自己。所谓条件，就是由竞争意识所支配的合理行为。无论是参观还是参赛，运动场无疑为人们在生活中即将发生的竞争提供了极佳的预演场所。许多哲学家（如斯宾塞等人）早就把运动场当作是社会的一个缩影，运动场本身就是一个特殊的社会环境。依据迁移原理，人们在运动场上所养成的良好品性和行为准则，可以迁移到日常行为模式之中而成为受社会所认同接纳的因素。同运动场上必有胜负一样，其他社会生活中有得意之时，也有失意之处，光荣的胜利者固然值得敬佩；好的输家（Good Looser）同样受人尊敬。胜不骄、败不馁，奋发向上，顽强拼搏等绝不仅是运动员所独有的品质，社会上的每个成员都应具备。从公平竞争的角度而言，运动场是培养人们具有合理竞争意识的最佳场所。现代奥林匹克的创始人顾拜旦男爵是一位教育家而不是竞技家，他曾以极大的热情在法国宣传提倡英国的竞技体育制度。作为现代奥林匹克运动会的奠基人,他通过奥林匹克运动,把体育同文化教育融为一体。在《奥林匹克宪章》中有这样一段话:"奥林匹克主义是将身、心和精神方面的各种品质均衡地结合起来,并使之提高的一种人生哲学……。奥林匹克主义所要开创的人生道路是以奋斗中所体验到的乐趣、优秀榜样的教育作用和对一般伦理基本原则的尊重为基础的。"可见,奥林匹克运动能够发展到今天并对不同国度的人们产生如此重大的影响,关键在于它对于人类具有重大的教育作用。竞技体育通过运用竞技运动中的某些内容和因素,通过以夺取金牌为手段,而最终达到教育人类不断地完善和超越自我的目的,它的意义远远超过夺取金牌。

体育除具备上述主要功能外,还有促进政治、经济发展,传递人类文化等功能。

任务二 健 康 的 含 义

一、健康的概念

健康是人们的共同愿望,怎样才算健康?健康的标准是什么?不同的历史时期、不同的民族、不同的国家、不同的人群有不同的理解和标准。

健康,不仅仅是没有疾病和不虚弱,并且在身体、心理和社会各方面都完美的状态。一个人只有在身体、心理和社会适应方面保持良好的状态,才算得上真正的健康。体育是促进健康的重要手段。

世界卫生组织在对健康下定义时,则提出了十项更为详尽的健康标准,强调身体健康与心理健康是同等重要的;二者是相互联系、相互制约的;身心两方面健康是相辅相成的。其内容具体包括以下十个方面。

(1)有充沛精力,能从容不迫地担负日常繁重的工作;

(2)处世乐观,态度积极,乐于承担责任,事无巨细不挑剔;

(3)善于休息,睡眠良好;

(4)应变能力强,能适应环境的各种变化;

(5)能抵抗一般的感冒和传染病;

(6)体重适中,身体匀称,站立时头、肩、臂位置谐调;

(7)眼睛明亮,反应敏捷,眼和眼睑不发炎;

(8)牙齿清洁,无龋齿,不疼痛,牙龈颜色正常,无出血现象;

(9)头发有光泽,无头屑;

(10)肌肉丰满,皮肤有弹性。

人的健康包括身体健康与心理健康两个方面。一个人身体与心理都健康才称得上真正的健康。我国著名医学家傅连暲同志认为健康的含义应包括如下因素:①身体各部位发育正常,功能健康,没有疾病;②体质坚强,对疾病有高度的抵抗力,并能吃苦耐劳,担负各种艰巨繁重的任务,经受各种自然环境的考验;③精力充沛,能经常保持清醒的头脑,全神贯注,思想集中,对工作、学习都能保持有较高的效率;④意志坚定,情绪正常,精神愉悦(这虽和思想修养有关,但身体是不是健康对它也有很大的影响)。联合国世界卫生组织对健康下的定义是健康不但没有身体疾患,而且有完整的生理、心理状态和社会适应能力。

二、人的行为表现与健康行为

人的行为是机体和心理的外在表现,健康的状态主要是通过正常的行为反映出来的,因此，越来越多的人把人的行为当作衡量人健康的重要指标。人的行为包括健康行为、反常行为、健康危险行为、健康促进行为、患病后行为等。健康行为是人在身体、心理和社会适应性方面都正常的行为表现，是一种理想的行为，象征着人类行为的方向。人的行为既是健康状态的反映，同时又对人的健康产生巨大的影响。

三、促进健康的基本要素

1. 合理膳食

要科学地安排好饮食，也要注意各种营养素的摄入平衡。

2. 科学锻炼

经常自觉地进行科学适量的体育锻炼，是增强体质、促进健康的最有效手段之一。

3. 良好行为

消除各种危害健康的行为（如抽烟、酗酒、吸毒、滥用药物），建立各种健康的生活方式。

4. 心理平衡

在日常生活和工作中，要保持乐观的态度和积极向上的情绪，培养健全的性格，发展良好的人际关系，促使内心世界和外界环境的平衡，预防各种身心疾病的发生。

任务三　体育对健康的影响

一、适量的体育锻炼对健康的积极影响

体育锻炼能促进人体新陈代谢的同化与异化作用，形成能量物质的超量恢复。因此，科学、适量的体育锻炼对人体健康产生积极的影响。它能发展人的体质，促进人体各器官系统的生长发育，调节心理，提高人对外界环境和社会的适应能力。

🖝 案　例

延年益寿是人类自古以来的愿望，为了解决衰老问题，专家们对于衰老发生的机理曾经提出许多假说，但迄今为止种种学说没有一个能独立、圆满地阐明衰老发生的根本原因。近年来，一个引人注目的领域"衰老与免疫"正在出现，在研究过程中发现，除了经典的免疫防御作用外，机体免疫系统还具有监视和杀伤体内出现的癌变细胞及清除体内衰老死亡细胞的功能，即所谓免疫监视和免疫自稳作用。已有的研究结果表明，胸腺是人的"寿命之钟"，假如把只有 3～4 月龄的小鼠胸腺切除，小鼠马上就会变得老态龙钟，寿命从原来的 3 年缩短到 6 个月。由此可见，胸腺与寿命的长短是密切相关的，衰老是免疫能力降低所致。

🌱 案例分析

我们知道，胸腺是具有免疫功能的组织之一，被认为是中枢免疫器官，它是被称作免疫活性细胞之一的 T 细胞的培训站，这种 T 细胞越多，免疫功能就越好，人就不易生病和衰老。经研究观察表明：运动能够推迟机体免疫系统的衰老。有人做过这样的实验，一组年龄为 65～75 岁的老年人以 50%最大摄氧量的运动强度（大约运动时最高心率为 130 次/min）持续跑步 45min，即可明显提高外周血中 T 细胞、NK 细胞以及由 B 细胞分泌产生的抗体水平，并持续到运动后 6h 左右。如果能长期坚持这种强度的运动锻炼，锻

炼持续到 6 周左右,安静状态下外周血 NK 细胞和 T 细胞分别较锻炼前增加 33%和 57%;锻炼持续到 15 周左右,血清抗体水平也发生了改变,可较锻炼前提高约 20%。对动物也进行过类似的观察,让大鼠从 18 月龄开始进行运动训练,一组是让大鼠做每日一次的温和的低强度跑台训练;另一组是让大鼠做每日二次的大强度疲劳性训练,经过为期一两个月的训练后,前者 T 细胞、NK 细胞、血清抗休水平及 T 细胞、NK 细胞的功能与同龄对照组相比均有明显改善,免疫器官重量—胸腺指数和脾脏指数也较对照组大鼠提高;然而后者的各种免疫指标不但未见改善反而出现相反的变化。仔细分析两个实验,我们可以总结出,适宜的运动强度与时间,并能持之以恒的体育锻炼,可以促进机体免疫系统功能的提高,推迟免疫器官的老化,而过大强度运动量会抑制免疫系统的机能。因此,在运动健身时,如果想达到延缓衰老、延长寿命的目的,那就要把握住适宜的运动强度和时间,把运动看作一种娱乐活动,而不能把它当作一种负担。唯有如此,才有可能对人的健康和长寿产生潜在效果。

二、过量的体育锻炼对健康的消极影响

长期的疲劳性大运动负荷锻炼,如不及时地进行恢复和调整,会对健康产生不利的影响,甚至会发生伤害事故,直接影响身心健康。

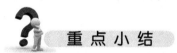

重 点 小 结

(1)体育有教育、健身娱乐、培养竞争意识等功能。
(2)健康是身体、心理和社会各方面都有完美的状态。
(3)适量和过量的运动对健康的积极与消极的影响。

课 课 练

(1)从电视、图书馆、课外书籍、网络、教师那里获得更多的体育理论知识。
(2)在学习中结合笔记、讨论,根据自身特点安排好体育锻炼计划。
(3)利用课外的业余时间循序渐进地进行体育锻炼。

项目二

运动与健康的相对关系

【学习目标】

1. 知识目标

（1）了解运动必须要遵循的原则。

（2）了解运动中的自我监护与保健。

2. 技能目标

（1）掌握运动必须要遵循的原则。

（2）熟悉掌握运动中的自我监护与保健。

【学习提示】

（1）认真做好上课笔记，多与教师和同学进行交流。

（2）根据自身特点制定好体育锻炼的目标。

【项目任务】

（1）了解运动必须遵循的几点原则。

（2）掌握运动中的自我监护与保健的要点。

【项目实施】

任务一　生命在于运动

生命在于运动，没有运动也就没有生命。缺少运动的生命是短暂的，这早已被无数实验所证实。从小就关在笼子里的兔子、夜莺和家禽，尽管供给它们食物，从外表上看，生长发育也很正常，可是，当人们把它们放出笼子，在地上奔驰跳跃，展翅高飞时，突然死亡了，解剖表明兔子和夜莺死于心脏破裂，家禽死于血管破裂。

很明显，这是由于它们长期缺乏运动，使内脏器官发育不好，心壁和主动脉缺乏必要的坚固性，承受不了突然升高的血压而死亡。

人要是不运动又会怎么样呢？实验表明，一个身体健壮的青年，让他在床上静卧 20 天不做站立和运动，然后再让他下床站起来，就会感到两腿发软，头晕目眩，心跳缓慢，动脉压下降，甚至处于昏厥状态，心脏功能降低 70%，体内组织缺氧，肌力极度衰弱。一个原来健壮的人，会衰弱得使人不敢想象。与此相反，运动使生命增强了活力。在运动中，身体各器官系统、各部位都得到了锻炼，从而提高了人体对内外环境的适应能力和对各种疾病的抵抗力，甚至还提高了身体对肿瘤的抵抗力。

青少年处在生长发育和紧张的学习阶段，就更加需要运动。运动是一种神奇的"药剂"，如果你想获得更好地生长发育，健康地学习、工作并延年益寿的秘诀，那就是运动。

🖉 案　例

运动锻炼要求有足够的运动量及强度，但必须保证安全。这对患有心血管疾病、呼吸系统疾病和其他慢性疾病的人尤为重要。运动时的最高心率可反映机体的最大吸氧力，吸氧力是机体对运动者负荷耐受程度的一个指标，故可通过最高心率来掌握运动量。

最简单的监测方法是以运动后心率作为衡量标准，即

$$运动后最适宜心率（次/分）=170-年龄$$

身体健壮者可用 180 作被减数，即

$$运动后最高心率（次/分）=180-年龄$$

计算运动时心率应采用测 10s 心率乘以 6 的方法，而不能用直接测量 1min 的方法。

🌱 案例分析

观察运动量是否适合的方法有：①运动后心率达最适宜心率。②运动后心率恢复到运动前的时间，一般健康人运动后在 3min 内恢复，表明运动量较小；在 3~5min 之内恢复，表明运动量适宜；在 10min 以上恢复者，表明运动量太大。在客观监测外，还要主观感觉综合判断，如运动时全身有热感或微微出汗，运动后感到轻松愉快或稍有疲劳，食欲增进，精神振作，睡眠良好，表示运动适当，效果好；运动时身体不发热或无出汗，脉搏次数不增或增加不多，则说明运动量小；运动后感到很疲乏、头晕、心悸、胸闷、气促、食欲减退、睡眠不良，说明运动量过大。如运动中出现严重的胸闷、气喘、心绞痛或心率反而减慢、心律失常等应立即停止，并给予治疗。

任务二　运动必须要遵循的原则

体育运动能增强体质，但是必须科学的进行锻炼，才能取得预期的效果。

首先是贵在坚持。每参加一次锻炼，人体的大脑皮层及各器官系统，就受到一次的刺激，发生相应的变化。如果经常锻炼，这种变化会不断积累，身体就能逐渐强壮起来。如果"三天打鱼，两天晒网"，时练时停，前次刺激给身体的各种影响，因没有得到巩固而会消退。有人研究过锻炼一次对身体的作用可保持 2~3 天。每天锻炼固然好，若条件不允许，每周坚持 3~4 次也是可以的。

其次是循序渐进。这是指动作由简单到复杂，由易到难；运动量由小到大，逐渐增加强度，使身体各器官的活动机能逐渐提高。增加锻炼的难度和量，应该是锻炼者经过努力可以达到的程度，如果超过了身体的负担能力，就会使身体各器官适应不了，长此下去，反而有害于健康。

第三要注意全面锻炼。活动内容要多样化，使身体各部位及身体各种素质都能得到锻炼，才能使身体全面、均匀、协调地发展。当然，选择的项目过多也不必要。有的青少年迫切希

望提高专项成绩，忽视全面锻炼，结果往往提高到一定程度后，成绩便提高不上去了，甚至发生劳损和创伤。

任务三　运动中的自我监护与保健

在运动中，有时发生各种运动创伤，如挫伤、擦伤、骨折等。发生运动创伤的主要原因是在运动中技术不够熟练，掌握动作要领不够准确，运动场地、器材和服装不适应等引起的。防止运动创伤，除在体育活动前加强对运动场地、器材的检查外，应严格遵守训练的基本原则。在进行体育运动有条件的应做体格检查，每次锻炼前，必须做一些准备活动，使人体各器官从安静状态过渡到运动状态，以便进行活动。只有等到各器官机能逐渐加强能够适应四肢活动以后，在运动时身体各部分才能协调一致，运用自如。一般准备活动是做体操，准备活动的时间，每次十分钟左右，使身体发热，微微出汗为好。在每次运动结束之后，也要做一些调整活动，如轻松自然地走步、慢跑、徒手的放松练习、自我按摩和相互按摩等，其活动量、速度、幅度应逐渐减少，尽量使身体放松，更好地恢复到平静状态。整理活动后，应达到使呼吸心跳稳定，运动后产生的一些明显不适感消失。这样，就可以精力充沛地去参加学习和工作了。

每天早上数脉搏，并做好记录，有助于调整锻炼计划。运动适量，晨脉每分钟变化不超过个人平时正常范围的3~4次。还应该注意脉搏节律，脉律不齐在运动后不消失，或晨脉明显增快，都可能是运动量偏大的结果。每周测体重，在锻炼的最初几周内，由于代谢作用增强，身体的脂肪和水分减少，体重下降2~3kg，经过一段时间后，体重才能稳定，长期锻炼后体重可能增加。体重明显下降，是过度疲劳的征兆。还应注意食欲、睡眠、精神、血压变化等情况，若发现不良反应，要减少运动量，并到医院做进一步的检查。对女青年更应注意经期卫生监护工作。

重点小结

（1）运动必须遵循的原则包括坚持、循序渐进、全面、科学四个方面。
（2）运动过程中要注意饮食、睡眠、精神、血压变化等情况；运动前场地服装检查、准备活动等。

课课练

课后多与教师、同学交流经验，参照笔记做好锻炼计划。

项目三

体育锻炼对人体发展的作用

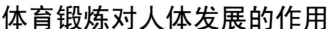

【学习目标】

1. 知识目标

（1）了解人体发展中几个时期的特点。

（2）熟悉体育锻炼对人体发展的作用。

（3）了解并掌握体育锻炼对智力发展和心理素质培养的作用。

2. 技能目标

（1）掌握体质的概念及人体生长发展的基本规律。

（2）掌握体育锻炼对人体机能的影响与发展身体素质的作用。

（3）熟悉体育锻炼对人体防病和心理健康影响的作用。

【学习提示】

（1）平时要多加强体育锻炼才能真正理解体育锻炼对人体发展的作用。

（2）督促自己多参加课外体育活动。

【项目任务】

（1）了解体质的定义、内容及人体生长的基本规律和特点。

（2）掌握体育锻炼对人体机能的影响和作用。

（3）掌握体育锻炼对智力发展和心理素质培养的作用

【项目实施】

任务一　人体发展中几个时期的特点

一、体质

1. 体质的定义

体质是指机体的质量。它是在遗传性和获得性的基础上表现出来的人体形态结构、生理功能和心理因素的综合的、相对稳定的特征，是人的生命活动和劳动工作能力的物质基础。遗传是人的体质发展变化的先天条件，对体质的强弱有着重要的影响，但它对体质的影响只提供了可能性。体质强弱的现实性则有赖于生活环境、营养卫生、身体锻炼等因素。身体锻炼是增强体质的最积极有效的途径。研究表明，影响体质的三因素所占的百分比是遗传占

33%，营养条件占 40%，体育锻炼占 27%。

2．体质的内容

衡量体质的好坏，应包括体格、体能和适应能力三部分。具体内容如下表 1-1 所示。

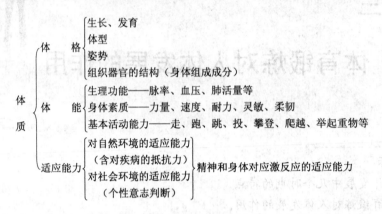

表 1-1　体质的内容

二、人体生长发育的基本规律

人的生长发育始终处于动态变化过程中。生长发育虽受自然条件、家庭生活、营养条件、疾病和遗传、体育运动、年龄和性别等各种因素的影响，但是仍然遵循一定得发育规律。主要表现在以下三个方面。

1．生长发育的速度规律

从儿童到成年间的整个生长发育是一个连续递增的过程。在连续递增的过程中，又具有一定的阶段性，是时快时慢波浪式地进行着的。以身高、体重为例，从胎儿达到成熟期有两次突增阶段，第一次突增期由胎儿时期开始一到两岁；第二次突增期在青春发育期（其年龄女子在 10～12 岁，男子在 12～14 岁），生长发育速度又开始加快，突增期过后，渐渐缓慢下来，直至发育成熟。

2．生长发育的不平衡规律

在人体生长发育的两次突增过程中，身体各部分的发育是不均衡的。在第一次突增期时，头先发育，其次是躯干，再次是下肢，身体发育是按头尾规律进行的。相反的，第二次突增时，下肢领先发育，再向上到躯干，头的发育并不明显，最后达到成人时，变为较小的头颅，较短的躯干和较长的双腿形态。

身体各系统的发育也不平衡，快慢不同，先后不一。如神经系统发育较早，生殖系统发育较晚，淋巴系统则先快后慢，肌肉组织则需到学龄期发育加速。心血管、呼吸、消化、泌尿等系统的发育与身高、体重发育相平行，也呈波浪式发展。

3．身体各系统发育的特点

（1）神经系统：神经系统相对其他系统发育较早较快。如脑重量，新生儿约 350～380g，1 岁的幼儿脑重量约 950g，脑细胞约有 120 亿～140 亿个。随着年龄的增长，幼儿在 5～6 岁，可达成人脑重的 90%。神经系统调节和支配机体内和器官、各系统的生物活动，在机体与内外环境做斗争的过程中起主导作用。

（2）运动系统：儿童少年骨骼中含有机物较多，无机物较少，二者约为 1:1（成人约 3:1），随着年龄的增长逐渐与成人相同。所以儿童少年骨的弹性大，可塑性强，二坚硬度小，不易发生骨折而容易发生变形。尤其应注意下肢发育较晚，负荷过度，站立时间较长或步行太多，易形成下肢骨弯曲和扁平足。

随着年龄的增长，肌肉重量不断增加，肌肉也相应增强。当男子 13～15 岁、女子 11～13 岁长身高时，肌肉以增加长度为主；当 16～17 岁长体重时，肌纤维横断面加大，先发育大块肌肉，后发育小块肌肉。在 15～18 岁时，肌肉内水分逐渐减少，蛋白质、无机物增加，肌腱量增加，韧带和肌肉的弹性逐渐增加，是肌肉力量增长最快的时期，而且小块肌肉也在迅速发育，青春发育期达到高峰。因此大学期间是练力量的最好时机。

进行合理的体育运动可以促进儿童少年骨骼、肌肉和关节的全面发展。

（3）心血管系统：心率随年龄的增长而逐渐减慢。儿童的心肌收缩力弱心脏泵血能力小，每搏输出量和每分钟输出比成人少，但相对值每千克体重的心输出量大，年龄越小相对值越大，保证了生长发育过程中物质代谢的需要。

随着年龄增长，到青春发育时期，心脏生长的速度大大增快，血管生长相对处于落后状态，加之性腺、甲状腺等内分泌的影响，有些少年的血压值超过正常标准，此种情况称为"清纯型高血压"，一般多见于身高增长迅速的青少年。其特点是单纯收缩压增高（占 94.5%），一般不超过 20KPA（150mmHg），不稳定，舒张压则在正常范围。

（4）呼吸系统：儿童少年呼吸系统是随着年龄的增长而逐渐发育的。少年时期的呼吸道狭小，粘膜血管丰富，易感染充血。胸廓外形也比成人短而窄，呼吸肌较弱，肺泡小而少，肺脏容积相对成人小。因代谢旺盛，对氧气的需要量大，故呼吸频率快。在体育运动中主要靠加快呼吸频率来增大肺通气量。因此，儿童少年参加体育运动首先要养成正确的呼吸，加强呼吸深度练习。另外，要注意呼吸道卫生，并要养成用鼻呼吸的习惯。

三、身体素质和运动能力发展的特点

大学时期是发展身体素质基础能力的关键阶段。因注意到这个时期各系统、组织和器官还未发育健全，神经系统虽已迅速发展，但仍然很脆弱和不稳定，他们对缺氧耐受能力还较低，在安排运动量、强度、密度等都应严加注意，与成人要有区别。

青少年在 13 岁以前可接受一些动作频率快和反应速度的运动项目训练，如乒乓球、羽毛球、游泳、田径赛跑等。14 岁以后，可适当安排长跑、球类等活动，以发展其速度耐力。女孩从 13 岁起，速度有下降趋势，特别是在青春期表现尤为明显，因此要特别注意女孩子在青春期的发展。

青少年在青春期以前不适宜进行过大的力量训练，随着肌肉发育逐渐成熟，16～18 岁，重点是恪守先放在爆发力量与动作协调方面，逐渐过渡到肌肉力量训练方面。

耐力素质有随年龄增长而逐渐提高的趋势，男孩至 20 岁达到高峰，以后随着年龄增长而下降。女孩在 13 岁以后开始下降，17～18 岁逐渐回到 13 岁的水平，21 岁后逐渐下降。因此，16 岁以后进行耐力训练能提高耐力水平。

灵敏素质随着年龄增长而逐渐提高。10 岁以后开始提高，青春期尤为明显，15～16 岁逐渐缓慢并趋于稳定。因此学龄期 8～9 岁开始为宜。

四、大学生的心理特点

大学时期是个体身心发展接近成熟的时期，无论在考虑未来的生活道路和职业的选择上，还是在学习个性的发展上，都具有重要影响。

大学时期的学习动机和少年比起来，更加远大，深刻而稳定。学习兴趣更加广阔，有一定的评价和检查能力，喜欢争论，并勇于提出自己的建议，开展批评，坚持真理。在学习的过程中大学生掌握了各门学科的概念体系和有关的科学定义、原理和规则，因而是思维活动逐步摆脱具体经验的限制而进行抽象的逻辑思维，抽象逻辑思维的发展是大学生智力发展的主要标准。

随着知识经济的丰富和智力活动的发展，大学生控制自己情感的能力大大增强，逐渐达到稳定而深刻的程度。

大学生的生活占有重要的地位，对友谊的理解不仅要有共同的兴趣和语言，而且要有共同的观念和信念。对朋友的要求是不仅要互相了解，而且要能志同道合，互通衷情，困难相助。

大学时期是意志形成的重要时期，由于世界观的初步形成，生活理想的确立，自我教育和自我要求的提高，能自觉地做出或抑制某种行为。

任务二　体育锻炼对人体发展的作用

体育锻炼是指运用各种身体练习方法，并综合自然因素和卫生措施以发展身心、增进健康、增强体质的一个有目的的锻炼过程。

人体是一个有机的整体。影响人体发展的因素是多方面的，其中主要是遗传、环境、营养和体育锻炼。我们提倡科学地锻炼身体，首先要了解有关的理论依据。

1. 身体锻炼与超量恢复

新陈代谢包括同化作用和异化作用两个方面。机体不断从外界环境中摄取营养，并把它合成为有机体自身的组成物质；同时，机体自身的物质又在不断地分解，释放出能量，供各种生理活动的需要，并将分解的最后产物排出体外。新陈代谢的同化作用和异化作用，是人体生命活动的基本规律。

体育锻炼可以增强体质，这是由于有机体内存在超量恢复的原理。在体育运动的过程中，需要消耗一定的能量，体内物质和能量的储备要相应下降。但是，体育运动后，经过食物的补充与合理的休息，运动中消耗的物质和能量，不仅恢复到原来的水平，甚至超过原来的水平，这种现象称"超量恢复"

超量恢复的程度和时间，取决于消耗的程度。在生理范围内，肌肉活动量越大，消耗过程越激烈，随之而来的超量恢复就越明显，而当消耗过大，恢复过程也将越长。

从消耗和恢复阶段的特点可以看出，如果只锻炼一次，不久就会恢复到原来的水平；在超量恢复阶段进行下一次锻炼，应能发展身体、增强体质、促进健康。经过科学的身体活动，可以使机体朝着完善的方向转化。这就是体育锻炼可以增强体质的生理过程和理论依据。

2. 人体的适应性规律

适应是指在某种环境变化的长期影响下，人体功能和形态所发生相应的持久变化。它包括对客观环境的适应能力和对疾病的抵抗能力。也就是说当内、外环境中的变化使内环境的理化性质发生明显的偏移时，体内调节机制则使体内内脏系统的活动产生相应的变化，使内环境不致过分偏移，始终保持相对的稳定。

机体除了调整反应途径以维持稳态外，更重要的是还可以适应机制，有目的地提高相应器官的功能能力，从而提高保持稳态的能力和耐受更大范围的稳态变化能力。体育锻炼对机体的作用和目的也就在此。实践证明，在环境因素基本接近的前提下，是否坚持经常的体育锻炼，对人体与环境间所表现的动态平衡能力存在着明显差异。

任务三　体育锻炼对智力发展和心理素质培养的作用

一、体育锻炼与个性

个性是一个人在实践中形成和发展起来的持久的、稳定的、带有倾向性的心理特征总和。它是在遗传性和社会性因素影响下形成和发展起来的，具有一定的稳定性和可变性。

一个人的个性是在他的心理过程、社会实践活动中表现出来的，并直接影响这种表现，使之带有鲜明的个人特点，表现为心理差异性。

个性具有一定稳定性，并不是一成不变的，体育锻炼是一种社会活动，它可以发展和改变人的个性。例如，一个性格比较内向的人，在体育活动中，通过他与同伴间的协作和不同形式的交往，以及自身的情感体验，其性格可逐渐变得外向。经常参加体育锻炼（比赛），可形成机智、果断、坚韧有恒、善于协作和敢于拼搏的性格特征。同时，参加体育活动还能开阔眼界，增强对各种活动的兴趣，使生活内容更加充实。实践证明，体育锻炼对促进人的个性发展和改变都具有极其重要的作用。也正是由于个性的张扬，才使体育锻炼和竞赛变得丰富多彩。

二、体育锻炼与情感

情感是人对客观现实的一种特殊反映形式。它是人对待外界事物的态度，是人对客观现实是否符合自己的需要而产生的体验。

从情感的表现形式和内容来看，情感的变化是极为复杂的，当人们以适宜的运动量，在一个空气新鲜、环境幽雅的地方锻炼时，人们就会产生积极增力性情感；反之，当人们感到运动量超过自己机体的负荷能力，而周围环境又脏时，就会产生忧虑、困惑和沮丧等消极、减力性情感。不同性别、年龄的人，找到适合自己的特点、兴趣、爱好的运动项目，通过锻炼，自己各器官功能能得到加强，成绩有所提高，且为集体争得荣誉，同样也会产生积极的增力性情感。锻炼实践说明，人们的个性不同，对锻炼的态度也不同，其情感的体验也不同。

体育锻炼大都是有组织的集体活动，交往中，人的良好言行举止，互相关心、互相爱护、团结协作精神，都会对人们的情感产生良好的影响。在体育教学中，教育者与被教育者之间良好的情感交往，不仅可以圆满完成课中的练习任务，达到增强体质的目的，而且还会培养学生对集体、对个人的关怀情感，而这种良好情感的产生，对于培养高尚的道德情操，增进人与人之间的友谊将会起到良好的作用。

三、体育锻炼与意志

意志是自觉、有目的地支配自己的行动，克服各种困难以实现预定目的的心理过程，是人的主观能动性的表现。意志是在认识的基础上、情感的激励下产生的心理活动。

体育运动中的意志努力，是运动员克服困难，自觉地使自己的身心处于一定紧张状态。在意志的努力下，经常有某些肌肉动作，如咬牙、皱眉等，但这些都不是意志的主要特征，是或大或小的紧张状态，完成意志行为遇到困难时，意志努力表现得特别明显，克服困难越大，意志努力的积极程度也越大。所以，体育锻炼对培养大学生良好的意志品质是极其重要的。

四、体育锻炼与心理健康

社会的进步，科技的发展，经济的繁荣，文化的发达，给人类带来了众多的利益，但是在这过程中，也相应的出现了不少有害身心健康的问题，其中最为严峻的是日益突出的心理卫生问题，据 WHO 估计，全世界至少有 4 千万人患有严重的精神病和脑的疾病，至少有 2 亿 5 千万人患有较轻的心理疾病。此外，躯体疾病继发的各种心理紊乱，心理社会因素造成的情绪紊乱，较轻度和中度的社会适应困难，各种心理、生理障碍等问题的人数更多。显然，这对社会生活和人类的幸福，是极为不利的影响和危害。而体育锻炼对于人们提高人的生理机能、运动技能、增强人体对外界的适应能力和对生理疾病的抵抗能力已早为人知。实践证明，体育锻炼还能预防和治疗各种心理病症，如参加锻炼能减轻焦虑症状和主观紧张体验，适宜的锻炼还可以治疗非精神病人的抑郁症，克服悲观、忧愁和自卑情绪；经常参加群众性体育活动还可以克服人的孤独感和社会不适应感，养成开朗、自信、乐观的性格，提高人的认知能力，消除人的各种心理障碍，从而以健康的身心、积极向上的人生态度去工作和享受生活。

🌿 案　例

21 世纪心理疾病将严重危及青少年的身心健康。世界卫生组织近年来对许多国家的调查研究证明，在全世界的人口中，每时每刻都有 1/3 左右的人有这样或那样的心理问题。在我国，最新一次全国 12～18 岁青少年心理健康调查发现，我国青少年的心理和行为问题的发生率高达 13.9%。有关部门还对中、大学生做了一次抽样调查，结果发现，中学生中有 2/5 左右的孩子有不同程度的心理障碍。这些数据表明，青少年成长过程中出现的心理疾病较成人更为严重。我国正处在社会转型时期，社会变革必然冲击家庭、学校和社会的方方面面，而种种社会矛盾、人际关系的矛盾、成人社会的诸多心理冲突等，必然突出地从青少年的心理状态中反映出来。青涩的心灵承受着几代人给予的压力，社会变革中的断层和种种羁绊，束缚着青少年的心灵和手脚，这一切不能不让人为之担忧。

🌱 案例分析

情绪状态的调控能力是衡量体育锻炼对心理健康影响的最主要的指标。个体在复杂多变的社会环境中，常常会产生紧张、压抑、忧虑等不良情绪反应，体育锻炼可以使个体从烦恼和痛苦中摆脱出来，降低应激水平，使处理应激情境的能力增强。研究表明，经常参加身体锻炼者的状态焦虑、抑郁、紧张和心理紊乱等消极的心理变量水平明显低于不参加身体锻炼者，而愉快等积极的心理变量水平则明显要高一些。意志品质指一个人的自觉性、果断性、坚韧性和自制力，以及勇敢顽强和独立主动的精神，是一个人行为特点的稳定因素的总和。意志品质需要在克服困难的实践过程中培养。体育锻炼本身就要不断克服困难（气候条件的变化、动作的难度或外部障碍等）和主观困难（如胆怯和畏惧心理、疲劳和运动损伤等），才能取得成功。体育锻炼的参与者努力克服主、客观方面的困难，培养自身良好的意志品质。任务越困难，对个体的意志锻炼的作用就越大，而良好的意志品质对于人的活动（尤其是体育锻炼）效果具有重要的意义。人们可以通过体育锻炼来认识更多的朋友，大家和睦相处、友爱互助，这种良好的人际关系将令人心情舒畅、精神振奋。

重点小结

（1）体质的好坏，应包括体格、体能和适应能力三部分。

（2）身体素质和运动能力发展的计划应根据年龄来合理安排制订。

（3）体育锻炼对促进人体发展的科学依据有超量恢复、人体适应性规律等。

（4）体育锻炼对人体机能有运动系统、血液循环系统、呼吸系统、神经系统的影响。

（5）体育锻炼对发展人体力量、速度、耐力、灵敏、柔韧等身体素质起作用。

（6）体育锻炼对促进人的个性发展、改变身体机能和心理健康都具有极其重要的作用。

课课练

写出一份对于自身锻炼的饮食、睡眠计划。

项目四

科学锻炼身体的原则和方法

【学习目标】

1. 知识目标

（1）了解体育锻炼的基本原则。

（2）熟悉了解体育卫生常识。

（3）掌握选择适合的运动项目与时间。

2. 技能目标

（1）掌握体育锻炼的几个基本原则。

（2）掌握正确的体育卫生常识。

（3）选择适合自身的运动项目、时间与负荷，走出锻炼误区。

【学习提示】

（1）为了更好地进行体育锻炼，根据所学知识列出一张锻炼项目、时间、负荷表。

（2）平时加强饮食的合理与健康。

【项目任务】

（1）掌握体育锻炼的原则。

（2）掌握体育卫生常识。

（3）了解适合自己的运动项目、时间与负荷。

（4）了解身体锻炼的误区。

【项目实施】

任务一　体育锻炼的原则

体育锻炼原则是对身体锻炼规律的概括，是学生从事体育锻炼时应时刻遵循的。

1. 全面发展原则

处于生长发育期的青少年，身体组织器官形体增大，功能日趋成熟，机体对锻炼需要也多样化。因此，青少年在锻炼身体时，要选择多种运动项目，既有发展速度、力量的项目，也有发展灵巧、耐力和柔韧性的项目，身体的各器官和机能都能得到锻炼，才能使身体全面均衡地发展。

2. 因人而异原则

人的个体差异是很大的，锻炼需要的差异也是很大的。在锻炼时应根据自己的健康状况和原来锻炼的基础，选择适合自己的项目和方法，量力而行，不要勉强，应在体育老师的指导下制定个人的锻炼计划。身体有慢性病的同学，也不要轻易免修体育课或不参加体育锻炼，应根据病情和体力适当安排体育活动，如散步、打太极拳等。

3. 循序渐进原则

锻炼时应按照人体机体适应性规律及超量恢复的原理，合理安排锻炼的步骤，运动量由小到大，运动项目由少到多，运动技巧由易到难，运动时间由短到长。如突然承担很大负荷会导致过度疲劳，如果突然从事高难动作会发生运动伤害，应尽量避免。

4. 持之以恒原则

锻炼能否达到好的效果，关键在于能否坚持。经常而科学的体育锻炼才会对身体产生促进作用。要使体育活动经常化，直至形成一种习惯。青少年体育锻炼最好能与自己的兴趣爱好相结合，通过直接动机和间接动机的互动将体育锻炼坚持下去。

5. 体育卫生原则

体育卫生是指运动要科学、安全，有利于身体健康，不要出现与锻炼目的相反的结果。体育卫生的要求很多，如运动前要做好准备活动；运动中要动静结合、做好保护；运动后要做整理活动，还有运动负荷要合理、运动环境要安全卫生、运动营养要科学等。

任务二　体 育 卫 生 常 识

体育锻炼必须遵循人体变化规律，讲究体育卫生，才能达到增强体质、增进健康的目的。上面讲过，体育卫生包括很多内容，这里重点介绍以下几方面。

1. 准备活动

准备活动是体育锻炼前所进行的一系列身体练习，它可使人体从相对安静状态过渡到运动状态，并对整个机体产生积极的影响，可以起到提高神经和肌肉的兴奋性、预防运动损伤、调节运动情绪、更好地投入锻炼等作用。

2. 整理活动

锻炼结束时，做一些轻松、活泼、柔和性练习，使人体由紧张的运动状态（包括生理和心理两方面），逐步过渡到相对平静的状态，可以改善肌肉的血液循环，减轻肌肉酸痛，消除疲劳。

3. 运动与合理饮食

人体的健康取决于许多因素，如食物营养、遗传特征、气候条件、卫生状况、体育锻炼等。青少年要保证健康成长，食物营养是最重要的因素，除平时注意采用科学的、合理的、正确的饮食，保证均衡的营养之外，在体育锻炼时还必须掌握科学合理的进食和饮水的方法，也能促进健康成长。

（1）合理进食。根据体育运动与食物消化的生理特点，体育锻炼与进食时间必须遵守一定的卫生要求，即饭后一小时以后方可开始运动。锻炼结束后，至少应休息30min后才能进食，并且要注意食物的数量，保持一定的规律，切忌锻炼后暴饮暴食，以免发生疾病情况。保证科学的、合理的进食规律，有利于胃肠系统对食物的消化和吸收，有利于锻炼活动的顺利进行。

（2）合理饮水。运动时大量出汗，体内缺少水分，必须注意及时补充水分。要采取少量多次的方式饮水,不能一次暴饮,以免增加排尿和排汗,导致体内盐分的进一步丢失,加重心脏、肾的负担。一次饮水过多,可使肾脏负担加重并冲淡胃液,影响运动、呼吸和消化功能。在天热出汗过多时还要注意补充一些淡盐水。

案例分析

躺下休息和大量喝水不仅不能尽快地恢复身体机能,反而会对身体产生不良影响。人体在进行体育活动时,心血管机能活动加强,骨骼肌等外周毛细血管开放,骨骼肌血流量增加,以适应身体机能的需要,而运动时骨骼肌的节律性收缩,又可以对血管产生挤压作用,促进静脉血回流。当人体在停止运动后,如果停下来不动,或是坐下来休息,静脉血管失去了骨骼肌的节律性收缩作用,血液会由于受重力作用滞留在下肢静脉血管中,导致回心血量减少,心血输出量下降,造成一时性脑缺血,出现头晕、眼前发黑等一系列症状,严重者会造成休克。

案例分析

对于体育锻炼者来说,体育锻炼后应做一些整理活动,这样,一方面可以避免头晕等症状的发生,还可以通过改善血液循环,尽快消除疲劳,提高锻炼效果。补水也要注意科学性,不可暴饮。体育锻炼后的补水原则是少量多次,可以在运动后每 15～30min 补水一次,每次饮水量 250ml 左右,夏季时水温 10℃ 左右,其他季节最好补充温水;饮用不同成分的饮料对人体的影响不同,运动中排汗的同时也伴随着无机盐的流失,因此,运动后最好补 0.2%～0.3% 的淡盐水,也可选用橙汁、桃汁等原汁稀释饮料,不要饮用含糖量过高(大于 6%)的饮料,尽可能不饮用汽水。

4. 女子体育卫生

由于女性与男性在身体结构和机能上有所不同,所以在体育锻炼时,必须考虑到女性的生理特点,采取正确的方法。青春期的女性在锻炼时应注意如下两个问题。

(1)一般卫生。由于女性的循环系统和呼吸系统的机能均较男性差,所以运动量应相对小些;由于女性的臂力较弱,不适合做支撑和悬垂摆动动作;高处跳下时,垫子不可太硬,并要注意落地姿势,以免身体过分受震而影响骨盆的正常发育。

根据女性的心理特点和身体平衡、柔韧性较好的特点,可多选择一些节奏感强、轻松活泼的项目,如体操、平衡木、舞蹈、球类运动等进行锻炼。

(2)月经期卫生。健康女性月经期,一般不必完全停止体育锻炼,适当的运动可以改善盆腔血液循环,有助于经血排除,更有利于身体机能的发育完善。月经期一般不做大运动量的锻炼,应适当减轻运动量,避免震动大的跑跳动作和力量型的练习,以免引起月经血过多。锻炼时间不宜太长,避免冷、热刺激,如不宜参加游泳、冷水浴及在太阳下暴晒的运动。有月经不调现象的同学应暂停体育运动。

任务三　选择适合的运动项目与时间

体育锻炼是通过一定的运动负荷来提高人体的机能水平的。锻炼的效果很大程度上取决于刺激的强度,运动量过小达不到锻炼的目的;运动量过大则产生过度疲劳而有损健康。因此，体育锻炼的首要任务是选择适合自己的运动项目、运动时间和运动量。

1. 选择适合自己的运动项目

大学生正处于体能发育敏感阶段，应根据爱好和身体特点，选择若干项目，坚持经常性的锻炼。一般来说可以如下选择项目。

（1）一年级。由于刚参加过紧张的高考，体能有所下降，运动技能也有所减退，此时宜选择提高心肺功能的健身慢跑、广播操、健美操等运动强度不大的运动项目进行锻炼，待体能恢复并提高后，再逐步参加运动强度较大的项目。

（2）二年级。可多从事一些对发展身体素质具有较好效果的运动，如中长跑、健美运动、各种球类和发展速度及柔韧的运动，有意识地锻炼自己的身体基本活动能力，特别是现在青少年比较差的支撑、悬垂、倒立、攀爬、负重、搬运等能力，要有意识地增强腰、背、腹、胸和四肢的力量。

（3）三年级。在进行了全面的身体锻炼之后，可以结合自己的兴趣特长，选择一两项运动深入学习和锻炼。这时应该选择与社会体育容易接轨的运动项目，男生可以将足球、篮球、网球、乒乓球、武术等作为首选，女生则可以将羽毛球、健美操、体育舞蹈、毽球、排球等作为首选，在不断提高技能的同时发展专项身体素质，为毕业后终生体育锻炼和体育娱乐打下坚实的基础。

另外，女生因其生理特点，不宜多做单纯的支撑、悬垂和静力性练习，而应做锻炼腹肌和骨盆肌的练习，如坐位双腿前举、仰卧起坐、扭腰转身、扩胸伸身等。

2. 选择适合自己的运动时间

（1）清晨运动。 运动时间不宜太长，运动量不能过大，以免大脑皮质由兴奋转为抑制，造成上午上课打瞌睡，影响学习；运动时间控制在 10～20min 为宜，运动项目以做徒手操为主，也可选用中短距离慢跑（男生 1000m 以内，女生 800m 以内）等。

（2）课间活动。虽只有短短 10min，却是宝贵的锻炼时间，可有效地消除疲劳，保健身体。课间的少许运动就可以使疲劳的视觉和听觉能力提高 30%，同时还有效地消除背部肌肉的偏侧紧张。课间的运动以广播操或眼保健操为宜。

（3）下午课外活动。 这是青少年学生一天中最重要的运动时间，可进行较剧烈的体育运动和比赛，但以消耗的体力易于恢复、对晚自习无妨等为度。下午 4 时至 7 时都是身体锻炼的最佳运动时间。

（4）睡前活动。睡前 20min 可以进行为时较短、较缓和的运动，如打一套拳、做几节操、散步 10min 等，以缓解脑神经的兴奋，消除肌肉的紧张，有利于睡眠。

3. 选择适合自己的运动负荷

运动负荷取决于运动中的强度、密度和练习时间三个要素，运动量通常可以用脉搏数来衡量。有研究认为，最适宜的运动负荷是平均脉搏在 130 次/min 左右，也可以根据自己的主观感觉来判断运动负荷，如体育锻炼结束 10min 后恢复安静状态，呼吸、脉搏恢复到锻炼前的频率就视为是合理负荷。

重 点 小 结

（1）体育锻炼有全面发展、因人而异、循序渐进、持之以恒、体育卫生等原则。

（2）体育卫生常识包括准备活动、整理活动、饮食饮水、女子体育卫生等。

（3）要选择适合自己的运动项目、运动时间、运动负荷。

 课 课 练

制订一份适合自己的锻炼方法和原则。

项目五

体育锻炼与身体健康

【学习目标】

1. 知识目标

（1）了解健康的概述。

（2）了解体育锻炼与生理、心理健康的关系。

（3）了解《国家学生体质健康标准》的内容。

2. 技能目标

（1）掌握体育锻炼对运动、心血管、呼吸、消化、神经系统的影响。

（2）掌握体育锻炼对大学生心理健康的影响。

（3）熟悉《国家学生体质健康标准》的评分标准。

【学习提示】

（1）进一步完善体育锻炼计划，为进行《国家学生体质健康标准》的测验做好准备。

（2）多从课外书籍和课外体育锻炼中吸取有效经验。

【项目任务】

（1）了解体育运动对身体和心理健康的影响。

（2）了解《国家学生体质健康标准》的实施内容。

【项目实施】

任务一 健 康 概 述

了解体育基础知识 享受体育运动快乐

"生命在于运动"这句话现已被人们越来越予以重视，且越来越多的人都自觉地参与到运动之中，享受体育运动带给的快乐。那么什么是体育锻炼与身体健康呢？

有史以来，人类创造的身体锻炼内容十分丰富，为便于体育锻炼者选择，一般把身体锻炼内容分为健身运动、娱乐体育、医疗与矫正体育、格斗性体育、探险运动等。

1989 年，世界卫生组织将健康重新定义为"躯体健康、心理健康、社会适应健康和道德健康"。一个人只有在这四个方面都健全才能算是完全健康的。

　　生理健康就是指躯体健康，通过体育锻炼可以增强体质，改善生理健康。体育锻炼对运动系统、呼吸系统、心血管系统、消化系统和神经系统机能均有良好的影响。

　　体育锻炼有助于情感与情绪的调节和改善。情感与情绪是人对客观现实态度的体验，也是心理健康标准的一个方面。人们不是生活在真空状态中，而是生活在一个飞速发展和变化的错综复杂的社会之中。体育运动不但可以转移不愉快的意识、情绪和行为，使人从烦恼和痛苦中摆脱出来，而且不良情绪可以得到宣泄。同时，体育锻炼还具有"调节器"的作用，培养意志品质的作用，减轻疲劳、消除心理障碍的作用，改善人际关系的作用。

　　因而，人如果没有适当的运动就没有生命，缺乏运动的生命力就脆弱。

　　为了提高全民的身体健康素质，中共中央就体育工作下发了新中国成立以来第一个"7号文"，"阳光体育运动"、"全民健身运动"和《国家学生体质健康标准》，对学生各阶段定项目、定内容、定标准。

　　大学体育教育是一门融运动人体科学、教育学、心理学、哲学、社会学与行为科学为一体，兼有自然与人文社会等科学特性的综合性科学，在促进大学生整体发展与个性特长形成的过程中，具有独特的教育功能。同时，大学体育以促进大学生形成终身运动意识，培养终身运动兴趣，掌握终身运动的知识，提高终身运动能力，养成终身运动习惯，学会自我保健，了解、掌握体育基础理论知识，保持终身健康为远期目标的一种校园体育教育过程。

　　关于健康的含义，世界卫生组织（WHO）1948 年首先提出了"健康不仅是免于疾病和衰弱，而且是保持身体上、精神上和社会适应方面的完善状态"。1979 年，世界卫生组织在《阿拉木图宣言》中重申："健康不仅是疾病和体弱的匿迹，而且是身心健康、社会幸福的完美状态。"

　　1989 年，世界卫生组织将健康重新定义为"躯体健康（physical health）、心理健康（psychological health）、社会适应健康（good social adaptation）和道德健康（ethical health）"。一个人只有在身体健康、心理健康、社会适应良好和道德健康四个方面都健全才能算是完全健康的人。这个定义更加全面和科学，因为它不仅对人类健康状态作出准确的判断，而且对人类健康的内涵表述得更加深刻。

　　（1）躯体健康（生理健康）是指躯体结构和功能正常，具有生活自理能力。

　　（2）心理健康是指个体能够正确认识自己，及时调整自己的心态，使心理处于良好状态，以适应外界的变化。

　　（3）社会适应健康是主要指人在社会生活中的角色适应，包括职业角色、家庭角色及在工作、家庭、学习、娱乐、社交中的角色转换与人际关系等方面的适应。社会适应健康也是健康的最高境界。缺乏角色意识、发生角色错位是社会适应健康不良的表现。

　　（4）道德健康是指能够按照社会规范的准则和要求来支配行为，能为人类的幸福作贡献。道德健康的最高标准是"无私利他"；基本标准是"为己利他"；不健康的表现是"损人利己"或"损人不利己"。

　⊷┅╂ 小贴士

健 康 的 标 志

　　最近，世界卫生组织就人体健康问题提出了几项既易记又易理解的新标准，这几项标准包含了人体五项生理健康标志和三项心理精神健康标志，简称"五快三良好"标准。

1."五快"的生理健康标准

（1）吃得快。指胃口好、不挑食、吃得迅速，表明内脏功能正常。

（2）便得快。指上厕所时很快排通大小便，表明肠胃功能良好。

（3）睡得快。指上床即能熟睡、深睡，醒来时精神饱满、头脑清晰，表明中枢神经系统的兴奋、抑制功能协调，且内脏不受任何病理信息的干扰。

（4）说得快。指语言表达准确、清晰流利，表明思维清楚而敏捷、反应良好，心肺功能正常。

（5）走得快。指行动自如，且转动敏捷，因为人的疾病和衰老往往从下肢开始。

2."三良好"的心理健康标准

（1）良好的个性。指性格温和，意志坚强，感情丰富，胸怀坦荡，心境达观，不为烦恼、痛苦、伤感所左右。

（2）良好的处事能力。指沉浮自如，客观地观察问题，具有自我控制能力，能适应复杂的社会环境，对事物的变迁保持良好的情绪，常有知足感。

（3）良好的人际关系。指待人接物宽厚，不过分计较小事，能助人为乐、与人为善。

···┆ 小贴士

亚 健 康 状 态

健康是人体的最佳状态，称为第一状态。损害健康的疾病状态是导致疾病因素引起的对人体正常生理过程的损害，表现为对外界环境变化的适应能力降低，劳动能力受到限制或丧失，并出现一系列的临床症状，称为第二状态。

当今社会，由于生活节奏加快，竞争日益激烈，常使人难以承受日趋增长的压力，从而出现头痛、头晕、心悸、失眠、食欲不振、疲乏无力等。总之，自觉生理不适、心理疲惫、对社会适应能力差，但医学检查往往并无明确的机体疾病，这种介于健康和疾病的边缘状态，医学上称为第三状态、灰色状态或亚健康状态。导致人体亚健康状态的因素，首先由于过度疲劳，身心透支而入不敷出；其次由于不科学的生活方式，如不吃早餐、偏食、暴饮暴食、饥一顿饱一顿等引起营养不良而使机体功能失调；再次由于环境污染、接触过多的有害物质。另外，伴随人体生物钟周期低潮或人体自然老化，也可能出现亚健康状态。应当指出的是，亚健康状态在很大程度上是遗传性疾病的潜伏期。人的机体有一定范围的适应能力，亚健康状态既可趋向健康，也可坠入疾病。如果已处于或即将进入亚健康状态，只要采取科学的生活方式，通过饮食、心理的调养和环境的改变，补充体内的氧气，排除致病因素，应能改善和消除亚健康状态，早日回到第一状态而成为健康人。

任务二 体育锻炼与生理健康

生理健康是指躯体健康。通过体育锻炼可以增强体质，改善生理健康。下面侧重从体育锻炼对运动系统、呼吸系统、心血管系统、消化系统和神经系统机能的影响，来谈谈体育锻炼是怎样增强体质的。

一、体育锻炼对运动系统的影响

人体的运动系统由骨、骨联结和肌肉三部分组成，它的主要功能是使人体运动。经常坚持体育锻炼能够改善骨的血液循环，加强骨的新陈代谢，可使骨质增厚，骨径变粗，骨面肌肉附着处突起明显，骨小梁的排列根据张力和压力的变化更加整齐有规律。随着形态结构的变化，骨变得更加粗壮和坚固，在抗折、折弯、抗压缩和抗扭转方面的性能都有了提高。青少年时期合理地进行体育锻炼，能促进软骨骨化，促进骨的生长。经常从事体育锻炼可使肌纤维变粗，肌肉截面积加大，因而使肌肉变得粗壮、结实、发达，肌肉力量增强。体育锻炼不仅使肌肉的形态结构改变，而且可以使肌肉的形态也发生变化，提高肌肉的收缩能力。通过锻炼还可以提高整个神经系统肌肉的控制力，增强肌肉的反应速度和动作的准确性、协调性，使肌肉之间互相协同配合的能力大大提高。

二、体育锻炼对心血管系统的影响

心血管系统由心脏、动脉、静脉和毛细血管组成。血液由心脏射出，在神经系统调节下，心脏有节律的收缩，推动血液不断地经动脉、毛细血管和静脉返回心脏，周而复始循环不止。

经常从事体育锻炼，对心血管的形态结构和机能都会产生不同程度的良好影响。体育锻炼时，由于肌肉的紧张活动，加速了全身的血液循环，从而提高了人体的有氧工作能力，使心脏的工作量增加，心肌的血液供应和新陈代谢加强。由于适应运动的需要，心脏可增大，即通常所说的功能性增大或称为"运动员心脏"。这是由于心肌纤维增粗，心壁增厚，使心脏具有更大的收缩力，这是机体适应机能需要的反应。

通过良好的体育锻炼，不仅可使心脏收缩力量增大，而且还能增加心脏的容量。心脏在收缩前，由于心脏容量增加，充血量多，心肌纤维伸展较长，心肌收缩有力，从而使心脏的每搏输出量和每分输出量增加。心脏增强表现为在安静时脉搏频率低，一般活动时脉搏频率升高少，而紧张活动时脉搏频率升高很多，活动结束后，脉搏频率能较快恢复到安静状态等。这些反应都充分显示出心脏的良好储备力量。

坚持体育锻炼还能影响心血管壁的结构，改变血管在器官内的分布，有利于器官供血机能的提高。

三、体育对呼吸系统的影响

呼吸系统包括传送气体的呼吸道和实现气体交换的肺泡两大部分。呼吸道分上下两部分，上呼吸道由鼻、咽喉组成；下呼吸道由气管及其分支的各级支气管组成。与外界气体交换主要在肺泡中进行。人体肺泡总数达 6 亿～7 亿个，总面积约为 $70\sim100m^2$。胸腔的节律性扩大和缩小称为呼吸运动，它是通过呼吸肌的舒缩活动来实现的。

长期从事体育锻炼后，呼吸器官的构造和机能都会发生良好的变化。长期从事锻炼的人，骨性胸廓和呼吸肌得到良好发展，呼吸机能得到提高，因此胸围加大，呼吸深度加深，安静时的呼吸频率降低。由于膈肌的收缩和放松能力提高，肺活量也增大。随着锻炼水平的提高，肺通气量也相应增大。经常锻炼的人，肺通气量成年男子约为 100～110L，女子约为 80L，最大吸氧量可达 6L 左右，而未受锻炼的人只有 2～3L，这说明组织对氧的利用提高了。经常锻炼的人呼吸与运动的协调配合很好。在定量工作时，呼吸肌就表现出节省化现象，能够较长时间保持工作能力不下降，并且具有很大的机能储备力，能够适应和满足较强的运动对呼吸系统的要求。

四、体育锻炼对消化系统的影响

消化系统可以把食物转化为身体所需要的营养物质，以供身体生长、维持生命和运动的需要。消化系统由消化管和消化腺组成。消化管包括口腔、咽、食管、胃、小肠、大肠、肛门。消化腺包括大消化腺和小消化腺。大消化腺有唾液腺、肝、胰；小消化腺分布于消化管各段的管壁内，它们能分泌消化液，排入消化管道内，以进行消化。

经常参加体育锻炼，由于肌肉活动的需要，胃、肠就势必加强消化功能。在这种情况下，消化腺分泌的消化液就更多，消化管道的蠕动就更加强，胃肠的血液循环就更加得到改善。由于发生了这些改变，食物的消化和营养物质的吸收进行得更加充分和顺利。另一方面，由于运动时呼吸加深，膈肌大幅度地上下移动和腹肌大量活动，这对胃肠能产生一种按摩作用，对增强胃肠的消化功能有良好的影响，使人的食欲增进，消化能力提高，有利于增强体质。

但是，如果体育运动与进餐时间安排不当，在刚进餐后就马上进行激烈运动，或是在激烈运动后马上进餐，都对消化系统有不良的影响。这是因为剧烈运动时交感神经高度兴奋，引起腹腔内器官的血管收缩，肌肉中的血管舒张，血液进行重新分配，大量血液注入肌肉，保证剧烈运动时肌肉工作的需要；腹腔器官的血管收缩供给消化器官的血液减少，因而消化腺的分泌减少，同时，副交感神经的活动受到抑制，兴奋性降低，胃肠运动也受到抑制，消化能力下降。为了解决运动与消化的矛盾，在运动和进餐之间要有一定的时间间隔。运动结束后，应进行休息，使心、肺的活动基本平静下来，胃肠做了适当的准备后再进餐。反之，在饱餐后，胃中充满食物，胃肠需要血液量多，若马上运动，不但对消化不利，甚至还会引起腹痛和呕吐。因此，饭后不应立即从事剧烈运动。

五、体育锻炼对神经系统的影响

神经系统由中枢神经系统和遍布全身各处的周围神经系统两部分组成。中枢神经系统包括脑和脊髓，分别位于颅腔和椎管内，是神经组织最集中、构造最复杂的部位，是控制人体各种生理机能的中枢。周围神经系统包括各种神经和神经节，其中与脑相连的称为脑神经，与脊髓相连的为脊神经，支配内脏器官的称植物性神经。各类神经通过其神经末梢与其他器官系统相联系。一方面，神经系统控制和调节各器官、系统的活动，使人体成为一个统一的整体；另一方面，通过神经系统的分析与综合，使人体对环境变化的刺激作出相应的反应，达到机体与环境的统一。

体育锻炼对神经系统影响很大。体育锻炼能促进中枢神经系统及其主导部分大脑皮层的兴奋性增强，从而改善神经系统的均衡性和灵活性，提高大脑皮层的分析综合能力，以保证肌体对外界不断变化的环境有更大的适应能力。经常参加体育活动，可使全身的骨骼、肌肉在神经系统的指挥下，动作灵活、准确，反应快。

坚持体育锻炼，能提高中枢神经细胞的兴奋性，表现在工作和学习上精力充沛、心情愉快、记忆力增强、注意力集中；坚持体育锻炼又能使大脑皮层细胞的抑制过程增强，入睡快且深，不易失眠；经常参加体育活动，可明显地提高内脏植物神经功能活动，使新陈代谢旺盛、食欲增强等。由于经常坚持体育活动，影响和作用于神经系统，因而提高了神经系统活动的调节功能，使机体不因气候的异常变化而诱发各种疾病。

✐ 案　例

在体质测试中有一位男生偏胖，身高 170cm，体重 87kg，肺活量 3780mmHg，立定跳远 2.1m，台阶指数 45，反映出来的体质测试成绩不及格。这位男生比较着急，怕期末成绩受影响，反复问老师应该怎样提高体能素质。老师给他制定了一套锻炼的方案，让他严格按照执行。

▼ 案例分析

这位同学身材偏胖，而且身体素质有待加强。为了能使体质测试的成绩提高，特制定了下面的锻炼方案：

（1）长跑：距离在3000m左右的长跑，对心肺功能的锻炼和腿部肌肉群的耐力提高很有好处，普通锻炼者需要的适应时间也短，大概在跑过 4～5 次的全程后（时间 1～2 周）就可以基本适应。此后可以采用每周 3～4 次的间隔强度进行锻炼。要领：刚开始锻炼，首先注意自己的手臂摆动幅度要大一些，特别是后摆要有力。注意自己的呼吸节奏，不要刻意用力呼吸，保持均匀，同时保持自己奔跑速度的均匀。戴一块手表跑步，记一下自己的时间，争取每一次都比前次有一点点进步，习惯这个距离而又不希望加长距离了，可以在最后 200～400m 使用冲刺，以加大强度。

（2）跳绳：锻炼全身的协调性及耐力。①1min×5 组，每组不要少于 80 次，使用双脚跳（双飞效果更好），组间间隔 60s，不要超过 60s；②一次性跳绳 500 次，15min 内完成。习惯后自己酌情增加强度。要领：保持呼吸均匀，跳绳时前脚掌着地，收紧上臂，抖动手腕。

（3）爬坡：爬山或者爬楼梯都可以，每天一次完成 200m 左右的累计高度即可，会让腿脚灵便、呼吸强有力。要领：中间可以用休息来平复呼吸。

（4）关于减肥：其实体能训练方法都可以运用于减肥，不同的是减肥时要更加注意控制自己的饮食，如果想减肥，那么糖果、饼干、油炸品、烧烤这些东西就不要吃了。如果想吃肉，就吃点瘦肉吧，吃饭时和饭后一小时减少饮水和汤品的摄入（注意是吃饭时，虽然不好受，但是这个很重要）。多吃蔬菜是肯定的，但是不要放弃吃米饭和馒头，每顿饭吃个六七成饱，不要吃得太快，饭后 4h 以内不要睡觉。

任务三　体育锻炼与心理健康

随着社会的高速发展，生活节奏的日益加快，竞争的不断加剧，人际关系也变得越来越复杂。工业化、都市化、人口密集化等现代城市的特征，都可能给人们造成巨大、沉重的心理压力，从而有可能引发各种各样的心理卫生方面的问题，甚至导致各种心理障碍。

心理卫生是指预防和治疗心理疾病，促进和提高人们的心理水平，增进人们的心理健康，也就是通常所讲的精神卫生，是当代卫生工作中一个新的、重要的方面，应当引起同学们的高度重视。

人不仅仅是一个生物体，而且是有复杂的心理活动，生活在一定的社会环境中的完整的人。人是生理、心理与社会层面的统一。健康是生理健康与心理健康的统一，二者是相互联系，密不可分的。当生理产生疾病时，其心理也必然受到影响，会产生情绪低落、烦躁不安、容易发怒，从而导致心理不适；同样那些长期心情抑郁、精神负担重、焦虑的人易产生身体不适。从广义上讲，心理健康是指一种高效而满意的持续的心理状态；从狭义上讲，心理健康指人的基本心理活动的过程内容完整、协调一致，即知、情、行、人格完整协调，能适应社会。

一、大学生心理健康标准

1. 正常心理的标准

著名心理学家马斯洛曾经举了下面 10 条：①充分的安全感；②充分了解自己，并对自己的能力作适当的估计；③生活的目标切合实际；④与现实保持接触；⑤能保持人格的完善与和谐；⑥具有从经验中学习的能力；⑦能保持良好的人际关系；⑧适度的情绪表达及控制；⑨在不违背团体的要求下能做有限的个性发展；⑩不违背社会的成规之下，对个人的基本要求能做到恰如其分的满足。马斯洛的健康心理标准包含着身体、精神、社会适应和道德四方面的良好状态。

我国心理学家参照国际心理健康的标准，结合我国学生的现状，对青年学生的心理健康标准作了如下概括：①具有较强的独立生活能力；②能够进行独立思考、分析、判断；③能从心理上自我接纳；④勇于面对现实，对生活、对自己充满信心；⑤具有较强的自我调节控制能力，能积极主动地适应新环境，调节、平衡各种心理冲突；⑥人际关系良好；⑦学习方法得当；⑧能应付一定的挫折。

2. 根据国内外的研究与实践，人的心理健康水平大致可划分为三个等级

（1）一般常态心理。表现为心情经常愉快满意，适应能力强，善于与他人相处，能较好地完成同龄人发展水平应做的活动，具有随挫折调节情绪的能力。

（2）轻度失调心理。不具有同龄人所应有的愉快满意心境，与他人相处略感困难，独立应对生活工作有些吃力。若能主动调节或请专业人士帮助，可以恢复常态。

（3）严重病态心理。表现为适应失调，长期处于焦虑、痛苦等消极情绪中难以自拔，严重影响正常的生活和工作。如不及时矫治，发展下去会成为精神病患者。

二、体育锻炼对心理健康的影响

心理健康教育不是一个抽象的概念，它具体的表现在学校教育的各个环节、各个方面之中。心理健康教育和体育是健康教育的两个方面，两者是相辅相成的。体育锻炼既是身体运动，又是心理活动和社会活动，不仅有利于身体健康，而且对人的心理健康和社会适应能力具有积极的促进作用。体育锻炼是生活的调节器，能帮助摆脱困惑，提高人的生活质量。那么，体育锻炼对心理健康会产生怎样良好影响呢？

1. 体育锻炼有助于智力的发展和提高

正常的智力是正确认识世界的前提，是心理健康的基础，是心理健康的第一标准。体育锻炼对人体智力的发展和提高具有促进作用。一方面，经常参加体育运动，可以促进大脑的开发，增强神经系统功能。现代医学研究表明，人的右脑的信息容量、记忆容量和形象思维能力都大大超过左脑，体育运动可以使右脑得到充分的锻炼，提高人的记忆力和抽象思维能力。另一方面，体育运动可以使神经系统的兴奋和抑制过程更加集中，对外刺激的反映更加迅速、准确，还可以提高人的视觉、听觉、感觉、神经传导速度、神经过程的均衡性和灵活性，促进神经系统功能的增强。科学的体育锻炼，可使体育锻炼者注意力、判断力、反应力、思维能力、想象力和记忆力得到进一步提高，整体能力进一步加强。体育锻炼又是一种展示人的身体运动能力、追求操纵躯体达到极限水平的最重要的方式。它显示了心灵与肉体的永恒冲突，凝聚了人类的竞争、创新、奋发向上的卓越品质。锻炼还可调节心情、稳定人的情

绪、降低人的疲劳，这些因素对智力发展有积极的促进作用。让我们充分利用体育锻炼的调节作用，在激烈多变的环境中开发自己的智力。

2. 体育锻炼有助于情感与情绪的调节和改善

情感与情绪是人对客观现实态度的体验，也是心理健康标准的一个方面。人们不是生活在真空状态中，而是在一个飞速发展和变化的错综复杂社会中。随着整个生活节奏的加快，工作压抑和忧愁的加大，社会环境的复杂，神经高度紧张的人们，经常会产生忧郁、紧张等情绪反映。

体育运动不但可以转移不愉快的意识、情绪和行为，使人从烦恼和痛苦中摆脱出来，而且不良情绪可以得到及时宣泄。人的情绪是对客观事物是否符合自己的需要而产生的体验。符合自己的需要就会产生愉快情绪，反之就会产生烦恼和忧郁等情绪。在学校，由于学习任务偏重，加上相互间的竞争及对就业分配的担忧，会产生和表现出各种不良的精神状态，如焦虑、担忧、固执、浮躁等。而每一个挫折，就会在大脑里形成一个强刺激，从而引起一个兴奋灶，使人陷入痛苦和懊丧之中，如果能积极参加体育锻炼就可以转移大脑皮层的兴奋中心。也就是说，人在参加体育运动时往往只注意身体的运动，而把烦恼抛在脑后，起到转移注意力的作用，有益于大脑活动的调节。持续、稳定地保持乐观和愉快的心境及自信心，就能使自己的生活充满活力，情感世界美好而丰富，并且能依靠自己的勤奋与智慧取得成功；还能从学习、锻炼中获得乐趣，不断激励自己向更高的目标攀登。所以，我们要充分利用体育锻炼的调节器作用，来降低或摆脱一些不愉快的精神状态，使我们生活多一些欢乐，少一些忧愁。

3. 体育锻炼有助于坚强意志品质的培养和形成

意志品质是指一个人的自觉性、果断性、坚韧性、自制能力及勇敢顽强等品质。意志品质既是在克服困难的过程中再现出来的，有时又是在克服困难的过程中培养起来的。在体育运动中，要不断地克服客观困难（如气候条件、运动的难度或外部障碍等）和主观困难（如胆怯和畏惧的心理、疲劳和运动损伤等），在战胜自我的前提下，越是克服主客观方面的困难，就越能培养良好的意志品质。有的人想运动，但是缺乏毅力，不能克服惰性，不能持之以恒，所以难以获得良好的效果。为此，我们要通过体育锻炼来培养自己的坚强意志品质，增强战胜学习和工作中困难的勇气和信心。

4. 体育锻炼有助于减轻疲劳，消除心理障碍

疲劳是一种综合性症状，与人的生理和心理因素等有关。在激烈的社会竞争和生活压力超出个人能力时，人可能产生悲观失望的情绪，在生理和心理上就会产生疲劳感，从而导致忧郁、孤独等心理障碍的产生，对事物产生逆反心理。此时通过自己喜欢的运动项目的锻炼，使自身的心理机能，身体素质得到改善，身心得到一种舒适的感受，减轻疲劳，产生积极的成就感，从而增强自信心，摆脱压抑、悲观等消极情绪，消除心理障碍。当今，体育运动已被公认为是一种有效的心理治疗方法。

5. 体育锻炼有助于自我正确观念的确立和人际关系的改善

自我是对自己一个正确的评价，是通过各种环境对自我的认识。体育运动需要在一定的空间和环境中进行，因此，经常与他人发生着交往和联系。当体育运动使他们相聚在运动场上时，彼此通过平等、友好、和谐的练习和比赛，相互之间会产生亲近感。无须用语言，只需一个手势、一个眼神，就可以直接或间接地沟通信息，交流心声，产生一种默契，尤其是

集体项目。因此，这个过程有利于每位参与者和间接参与者对自己形成一个较为客观的自我认识，通过体育运动结识更多的朋友，使每个人都融入集体中，为自己成为集体中的一员而心情舒畅，精神振奋。所以，我们应在轻松的体育锻炼中使心情变得更加开朗，身体表象更加完美，通过体育锻炼促进正确自我观念和人际关系的改善。

重点小结

（1）体育锻炼有对运动系统、呼吸系统、心血管系统、消化系统和神经系统机能的影响。

（2）体育锻炼有助于智力的发展和提高；有助于情感与情绪的调节和改善；有助于坚强意志品质的培养和形成；有助于减轻疲劳，消除心理障碍；有助于自我正确观念的确立和人际关系的改善。

（3）《国家学生体质健康标准》的内容、实施办法、测验标准。

课课练

根据测试标准进行短跑、立定跳远、耐力跑、踏台阶等素质训练。

项目六

职业病的预防和体育疗法

【学习目标】

1. 知识目标

（1）了解职业教育与体育的特点。

（2）了解职业病的形成与体育干预措施。

（3）掌握几种职业病的体育疗法。

2. 技能目标

（1）熟悉和了解我国高等职业教育的特点。

（2）掌握职业病的定义以及治病因素。

（3）熟练掌握职业病中几种常见病的体育干预措施和治疗方法。

【运动提示】

（1）深入了解职业教育与体育的关系。

（2）熟知高职学校体育教育的目标及工作任务。

（3）通过体育教育，增进知识，掌握终身受益的锻炼身体的方法。

【项目任务】

（1）熟练掌握职业教育的培养目标，要求所必须具备技术技能性的特点。

（2）掌握体育与职业教育的依存关系及体育的教育目标。

（3）掌握职业病的治病因素：①化学因素；②物理因素；③生物因素；④劳动损伤性因素。

【项目实施】

概　　述

我国的职业教育极具地方性和行业性的特点，应主要优势在于熟悉生产工艺技术，了解实际生产、管理和服务岗位从业人员的素质要求，因而职业教育的课程设置极具市场导向性，以满足毕业生就业需要。

高职体育教育的目标是培养学生的体育锻炼意识、体育鉴赏能力、增强体质、培养良好的道德意志品质和终身体育的理念。

任务一 职业教育与体育

一、我国高等职业教育的特点

1. 职业教育要求兼具地方性与行业性的特点，是发展职业教育的出发点和落脚点

按照我国现行法律和政策规定，发展职业教育的责任主体在地方、在行业，这同样决定了职业教育的地方性和行业性。地方和行业对发展职业教育的要求与积极性，来源于职业教育能够为地方和行业提供人才支持和技术支持，以此带动地方和行业发展，特别是促进经济的发展。同时，职业教育投入成本高，教学设备更新快，办学过程涉及方方面面，需要地方和行业的支持。地方和行业了解自身现状和发展趋势，熟悉生产工艺技术特点，了解实际生产、管理和服务岗位从业人员的素质要求，从而能及时并准确地指导职业学校调整专业结构、教学内容和培养规模。地方和行业能够提供学生获得技术技能所必需的真实现场和良好条件。所以，职业教育的发展需要切实依靠地方、行业和企业的深度参与。

2. 职业教育的培养目标要求其必须具备技术技能性的特点

职业教育培养的学生主要是直接进入劳动市场。因此，只有让职业教育的毕业生掌握专业技术和熟练的技能，才能胜任就业岗位需要。这也是职业教育的本质要求。社会对人才的需求是多种多样的，培养人才的教育应该有所侧重，有所分工。有关专家以生产或工作活动的过程和目的为标准，将社会所需要的人才类型大致分为学术型、工程型、技术型和技能型四种。不同类型的人才，对人的素质和能力的要求也是不同的，因而同一类教育往往难以培养出满足社会需要的所有类型的人才，这就需要不同类型的教育有明确的目标定位。从目前情况看，我国普通高等教育主要是培养学术型和工程型人才，技术性、技能型人才则更多地依靠职业教育包括专科、本科及中等层次的教育来培养，不少国家对人才的培养也是这样分工的。职业教育能不能明确这一目标，准确把握这一定位，是职业教育存在的基础和能否发展的关键。像德国、澳大利亚、瑞士等国家，之所以具有发达的职业教育，就在于他们突出了人才培养的技术性、技能型。在我国，许多职业学校能够稳定发展，也是因为他们在教学过程中坚持以这个为核心，以创业精神和创业能力为重点，以理论与实践结合为途径，以职业岗位要求为考核标准来主导和组织教学。

✐ 案 例

"工学结合、校企合作、顶岗实习"的模式，成了我国职业高校毕业生高就业率的秘诀。根本的一条就是它的市场性，即以市场机制来配置资源，通过生产、销售等手段使企业获得自身发展。那么什么样的教育具有产业性呢？

⌄ 案例分析

基础教育是不是有产业性？回答是否定的。基础教育重在学生德智体的基本知识、基本能力和基本素质的培养，没有职业定向性和市场性，因而不具有产业性。高等教育具不具备产业性？具体问题要作具体分析。从高等教育的起源来看，最初它是一种"自由"的"博雅教育"，是一种培养"高尚人"的教育，并不具有将"产品"（学生）推向"市场"（就业）的市场性。后来，高等教育演变成了一种专门教育，具有职业性和市场性，因而也才具有扩大招生、加强教学和推荐就业等一条龙的产业性。恰恰相反，职业教育是教育系统中与经济联系最紧密的产业，具有市场性。职业教育具有教育性、产业性双重特性，其与市场经济的有机融合，主要是通过人才供需关系的平衡协调来实现职业教育的产业化运作，主要是指职业教育的运行机制和管理模式要面向市场，进行投入与产出分析，并对其成本进行严格核算；彻底改变传统的国家统包统管的教育体制，使职教投资主体多元化，学校在国家宏观调控下，按教育规律和市场规律办事，真正成为自主管理、自主办学的法人实体，逐步形成"原料采集"（招生引资）——"生产"（教育教学）——"销售及售后服务"（推荐就业及业后培训）一条龙自主运行机制。

3. 职业教育的课程设置极具市场导向性，以满足毕业生就业的需要

随着世界经济的一体化和市场的全球化，当发展中国家开始其现代化进程时，职业教育就成为现代化社会的特征。科学技术的日新月异，使日益发展的跨国公司的竞争不同于传统市场的竞争，形成你中有我，我中有你的局面。而此时职业教育就成为推动市场前进的主要动力。随着科学技术和知识经济的发展，即使是最普通的职业也在发生变化，对工作人员的知识结构、技能水平提出了更高要求。因此，人们必须不断地充实和更新自己的知识，否则就无法终身从事同一工作。另外，少数人由于产业结构调整、机构重组、人口变化、工作本身的短期性等原因而失业，他们不得不学习新的知识和技能，以期重新找到工作。所以职业教育必须不断调整、更新教育结构和内容，以满足人们日益变化的学习需求。

二、我国的高职体育教育

1. 高职学校体育教育的目标

高职学校体育教育的目标是培养学生的体育意识、提高体育能力、养成自觉锻炼的习惯、增强体质、培养良好道德意志品质，使之成为合格的现代化事业的建设者和接班人。这就要求高职学校的毕业生不仅要具有为祖国建设献身的坚定志向，在所学专业领域内有扎实的基础理论知识和技能，而且还要有强健的体魄。健康的身体不仅是完成学习任务的保证，更是胜任工作的基础。

2. 高职学校体育教育的工作任务

（1）促进身心发展，增进体质健康。锻炼大学生的身体，增强大学生的体质，这是大学体育的首要任务。体质的强壮具有遗传性，但在后天的环境及一定的条件下，体质是可以变化的。如果有计划地改变生活条件、加强身体锻炼，可以增强体质。生长发育的高峰期，可塑性极大，科学合理地安排身体的锻炼十分重要。但作为大学生，他们的形态、机能、素质及心理各项指标基本上趋于平稳，所采用的方法、手段则必须有别于中小学生。特别是心理方面，要着重对大学生进行培养。

（2）增进知识，掌握终身受益的锻炼身体的方法。体育事业的发展，已经影响和波及社会的各个方面，它已属于人们生活中不可缺少的一部分。大学生掌握几种锻炼身体的方法，了解其锻炼的机理，才能终身受益。简单易行、实效性强的内容应作为首选项目进行学习，如健身操、健美操、跑步、太极拳、气功、办公室健身法，并结合大自然的环境给予选择。这些运动，也是当今风靡全社会的运动项目，这对大学生毕业后的一生将有重要的意义，也符合当代教育提出的终身化、社会化的宗旨。

（3）通过体育教育，向大学生进行思想教育和职业道德教育。学生积极参加体育锻炼，

不仅是为了个人的健康、长寿，而且还肩负着社会责任。把参加体育锻炼与热爱祖国联系，主要表现为一种行动的教育。

任务二　职业病的形成与体育

一、职业病定义及其治病因素

1. 什么是职业病

职业病是指企业、事业单位和个体经济组织（简称用人单位）的劳动者在职业活动中，因接触粉尘、放射性物质和其他有毒、有害物质等因素而引发起的疾病。

根据职业病防治法的规定，卫生部会同劳动和社会保障部发布了《职业病目录》。这一目录规定的职业病包括尘肺、职业性放射性疾病、职业中毒、物理因素所导致职业病、生物因素所致职业病、职业性皮肤病、职业性眼病、职业性耳鼻喉口腔疾病、职业性肿瘤和其他职业病共 10 类 115 种疾病。

2. 职业病的致病因素

职业病的研究较早且较多。按照致病因素及其引起的不同病因，可分为以下四大类。

（1）化学因素。主要是各种化学物质因化学作用引起的各种化学中毒。此外，矽肺是由于二氧化碳粉尘对肺泡巨噬细胞等的化学毒性而致病。化学毒物所引起的生殖异常，在发病机制方面也属于化学中毒。

（2）物理因素。如高低气温、高低气压、噪声、震动、放射线等所致的疾病。

（3）生物因素。如各种细菌等引起的职业型传染病。

（4）劳动损伤性因素。如交通运输部门的装卸工、搬运工，搬运货物所致腰肌劳损、扭伤等。

职业病的致病因素是外因，但在发病方面，内因也起作用。例如，接触矽尘作业工人，年龄相近，工龄相同，同一时间进车间，在同一岗位上一起做同样的工作，但矽尘的发病工龄却有一些差异。德国曾有报道指出，双胞胎煤矿工的煤矽肺与病情发展方面颇有相似之处。

二、职业病的体育干预措施

为了顺利地掌握专业技能、提高职业学习的效果和在独立生产活动中保持良好的工作能力必须发展某些对具体专业最为重要的身体素质，如钳工的手臂力量、电脑操作员手指的灵活性等。因此同学们在校期间除了锻炼一般身体素质外，还应根据自己所学专业的特点，选择未来职业所需要的实用性体育锻炼，为职业需要奠定良好的身体基础，但因工作环境、工作负荷、工作性质等方面的原因，或多或少会产生职业病现象。而选择实用性体育锻炼可以有效降低职业病的发生率，有效促进劳动者的健康。

现代工作中常见职业病有颈椎病、腰椎间盘突出症和肩周炎，现对这三种常见职业病的预防及体育疗法进行简单阐述。

1. 颈椎病的体疗方法

颈椎病的体疗方法主要有医疗体操、牵引疗法和按摩法。

（1）医疗体操。医疗体操是积极预防和治疗颈椎病的有效方法，下面介绍一套实用医疗体操。

1）伸颈拔肩。两足分开同肩宽站立，两手叉腰。两肩下垂，同时作引颈向上伸的动作，保持其姿势 3~8s，然后放松，还原至预备姿势。如此连续做 8~10 次。

2）与颈争力。两足分开同肩宽站立，双手十指交叉置于头后。头颈用力向后仰，同时双手用力向前拉，保持此种姿势 3~8s，然后放松，还原至预备姿势。如此连续做 6~8 次。

3）头颈侧屈。两足分开同肩宽站立，双手叉腰。①先向右侧屈颈 8~10 次；②再向左侧屈颈 8~10 次。侧屈头颈时不能耸肩，尽可能使耳垂垂及肩部，向两侧屈头颈可多做几次，动作宜缓慢柔和。

4）回头望月。头向左转，眼望左后上方，然后头向右转，眼望右后上方。左右各做 8~10 次，动作宜协调、柔和、缓慢。

5）头颈环绕。头颈向顺时针方向环绕 4~6 次，然后头颈向逆时针方向环绕 4~6 次。动作要柔和、缓慢，活动幅度逐渐增大。

（2）牵引疗法。颈椎病的牵引疗法已被国内外普遍采用，在医生指导下可在家里进行。患者可仰卧位或坐位，每天牵引 1~3 次，每次时间为 10~30min，总时间为 30~60min。牵引的重量从 3~4kg 开始，逐渐增加到体重的 1/10~1/8，应根据年龄、颈部肌力情况而定。神经根型的颈椎病患者，在座位下颈前屈约 20°时做牵引的效果更好。一般 2~3 周为一疗程，需要时间可休息 1~3 周后再做牵引。

（3）按摩法。

1）擦、揉、捏颈后肌肉和两侧斜方肌。

2）缓慢屈伸、旋转头颈 3~4 次。

3）打八邪。两手十指分开，手指互相交叉，做两手指互相冲撞动作，做 3~4min。

2. 腰椎间盘突出症的体疗方法

腰椎间盘突出症的体疗方法主要有医疗体操牵引疗法和按摩法。

（1）医疗体操。医疗体操是积极有效治疗腰椎间盘突出症的实用方法，下面介绍一套医疗体操。

1）预备姿势。患者仰卧于床上，腰部垫一小枕。

2）屈踝运动。四肢放松，两踝关节做尽力屈伸运动。重复 20~30 次。

3）交替屈伸腿。左腿用力屈曲，膝关节贴紧胸部，随后用力踢脚腿伸直。左右腿交替，重复 10~18 次。

4）举臂挺腰。两手用力后举同时用力挺腰，尽量使腰部抬离床面，重复 10 次。

5）交替直抬腿。两腿重复做腿抬高动作，重复 18 次。

6）"五点"式挺腰。屈双膝，两手握拳，双肘置于体侧，头顶、双肘、双足同时用力尽量抬高腰部，在最高处停留 3s 复原，重复 10 次。

7）"三点"式挺腰。两手握拳，屈双肘置于体侧，用头、双肘同时用力抬起腰部，重复 10 次。

8）屈膝屈髋。屈两膝用力贴近胸部，双手抱住两膝停留 2min。

9）抱膝滚腰。完成抱膝滚腰后，继续用腰作为接触面前后轻轻晃动，重复 18 次。

（2）牵引疗法。利用自身的重量进行的牵引。患者牵引前，先温水浴（水温 37℃，持续 15min），使背肌松弛，然后自我用手掌对脊柱由下而上进行轻缓地推磨。最后床头垫约 30cm，再在床头上固定两条软带（长度 1.8m，宽度 7~8cm），带中装填棉花，拴在腋部，利用自身体重进行牵引治疗。牵引时间开始为每次 30min，若无不适，可逐渐增加到 1~2h。如需要增加牵引力量，可在盆骨上部附加腰带，腰带左右两侧各拴两根布带，布带下端各挂一 3～4kg 的重物。

（3）按摩法。

1）患者俯卧在硬床板上（床面垫上约 2 寸厚的被褥）。先在腰、臀部做擦、揉、滚等，反复多遍，然后用肘尖用力垫按臀部环跳穴约 30min。

2）摩擦、揉捏患侧大腿、小腿后群肌，用掌根揉小腿外侧部，反复几遍。

3）用手指点、按、揉承山、承筋、委中、风市穴各约 30s。

4）双手拍击挤臀部、大腿和小腿，反复来回几遍，然后双手五指并拢，用指端自下而上啄击患腿后部及外侧部，反复几遍。

5）斜扳法。即对患者先实行腰臀部一般按摩后，患者取后侧卧位，左腿屈曲，右腿伸直。按摩者面对患者而立，首先双肘分别抵住患者上体前部和髋后，然后嘱患者上体慢慢向左后方旋转，当旋转到最大范围时，按摩者双手略施巧力，使患者的左臀与左肩做相反方向的轻轻扳动，此时常听到清脆一声轻响。接着患者取左侧卧位，再做斜扳法一次，方法同前。

6）晃背法。做晃背法时，患者直立，按摩者背对背立于患者身后，用手肘勾住患者手肘，用臀部顶住患者腰部，把患者背起离地颤 2 次，然后再左右晃 3 次，再轻轻放下患者。

3. 肩周炎的体疗方法

肩周炎的体疗方法主要有医疗体操和按摩法。

医疗体操通常有以下三种。

1）弯腰划圈。双足分开同肩宽站立。①向前弯腰 90°，患侧上肢自然下垂，先做顺时针方向划圈 20～30 次；②还原至预备姿势，休息约 1min；③再弯腰，患臂沿逆时针方向划圈活动 20～30 次；④还原至预备姿势。划圈的幅度逐渐加至最大，划圈的次数也应逐渐增加。

2）屈肘摸背。双足分开同肩宽站立。①患臂屈肘置于身后，手背贴在腰部，手指徐徐向上摸背，直至最高限度；②患臂放松，手指沿背后慢慢落下置于腰部。如此反复做 7～8 次。

3）旋转上肢。两足分开与肩同宽。

案 例

开始放寒、暑假了，许多同学就长期坐在了网吧或者是家里整天地上网聊天、玩游戏……随着互联网和计算机的普及，使用计算机的人越来越多，有些人也会因为工作需要长时间与计算机相伴。计算机职业病的发病率尤为突出，那么该如何预防呢？

案例分析

以下介绍的保健运动每日分上、下午做，上午及下午各做 1～2 次。①颈部松弛运动：人坐下，眼前望，头向前，头部向左右转动，幅度大但动作要慢，不要打圈，停 4s，重复 8～10 次，头部向上，望向天花板，然后，下巴向下，紧贴心口，保持 4s，重复 8～10 次；②腰髋运动：双手放在椅背或两旁，上身挺直，做上身向后的动作，做 10～15 次，令腰部不易紧硬；③抱膝运动：坐着，双脚平放，左右轮流抱膝，停 4s，每只脚各做 10～15 次；④脚部运动：可令脚部肌肉血液循环，人坐下，双脚平放，脚尖用力向下蹬起两边足踝，停 4s，然后放下，再以脚板作支撑，做脚尖向上的动作，停 4s，重复 10～15 次；⑤手腕运动：分左右手做，以左手将右手的手指和手腕拉后，然后慢转动。

总之，用计算机 1～2h 后要常常收腹、左右摇双腿、摇头晃脑、伸臂旋腕等，才能有效地防止计算机职业病的发生，更好地进行其他的学习和工作。

重点小结

（1）高职学校体育教育的工作任务：促进身心发展，增进体质健康；增进知识，掌握终生受益的锻炼身体的方法；通过体育教育，向大学生进行思想教育和职业道德教育。

（2）形成职业病的因素有化学、物理、生物、劳动损伤性因素。

课课练

学习几种体疗方法并练习几种按摩手法。

第二篇 基础体育课程

项目七 体 操

【学习目标】

1. 知识目标

（1）了解体操发展的概况。

（2）了解体操特点及锻炼价值。

（3）掌握体操技巧的基本动作要领。

（4）掌握器械体操的基本动作要领。

（5）了解体操的主要竞赛规则。

2. 技能目标

（1）熟练掌握体操技巧的基本技术。

（2）熟练掌握双杠、支撑跳跃的基本技术。

（3）掌握体操的竞赛规则，能在比赛中担任裁判工作。

【运动提示】

（1）要加强力量性、协调性、柔韧性等各项身体素质的练习。

（2）在体操练习中合理运用保护和帮助，可以从很大程度上克服恐惧心理。

（3）在练习中要遵从循序渐进原则，动作练习由简到难，同时也可以不断体会到成功的快乐。

【项目任务】

（1）掌握体操基础知识和竞赛规则。

（2）掌握体操技巧中的滚翻、倒立等基本动作。

（3）掌握双杠支撑、摆动、滚翻等基本动作。

（4）掌握分腿腾越、屈腿腾越、斜进直角腾越等基本动作。

【项目实施】

任务一 体操运动概述

一、体操运动发展概况

1. 体操运动的起源与发展

"体操"一词来源古希腊"裸体操练"。因为古希腊人在锻炼身体时都是赤身露体的。这种所谓的"体操",并非是现代体操的概念,而是体育的总称。

直到公元 16 世纪末,意大利和德国的一些儿童、青少年学校,在古希腊"体操"项目的同时,出现了像单杠、跳跃器、平衡木、软梯之类的器械体操,这就是现代器械体操的萌芽。这样,"体操"和"体育"这一当时的同义语,在世界各国相互混淆使用了很长的历史时期后开始逐步加以区分。在"体育"一词代替泛指一切身体操练的"体操"之后,体操便有了其专门的现代体操概念,即体操是以徒手,持轻器械或在特定的器械上通过不同方式完成各种类型动作的身体操练。

竞技体操起源于欧洲,早在 19 世纪初,就出现以器械练习和军事游戏为基础的德国体操,以教育体操、医疗体操为主的瑞典体操,以发展身体素质为主的丹麦体操三个不同流派。1881年欧洲成立了"欧洲体操联合会",并向全世界扩展。1896 年又成立了"国际体操联合会",同年在希腊举行了第一届世界体操锦标赛,当时体操被列入竞技项目之一。1903 年在比利时的安特卫普举行了"欧洲体操联合会"举办的第一届世界体操锦标赛,当时只有男子体操。女子体操是在 1928 年第 9 届奥运会才被正式确立下来。目前,国际性的正式比赛有奥运会体操比赛、世界体操锦标赛和世界杯体操比赛,其比赛项目为男子六项和女子四项。男子六项包括自由体操、鞍马、吊环、跳马、双杠、单杠;女子四项包括跳马、高低杠、平衡木、自由体操。

2. 我国体操运动发展简况

体操在我国有悠久的历史。在古代体操有两类,一类是强健筋骨、预防疾病的体操,如"五禽戏"、"八段锦"、"易筋经"等都是具有强健身体医疗保健性质的运动;另一类是反映在古代歌舞、戏剧、杂技和流传于民间的技巧运动。

现代体操于 19 世纪传入中国。1840 年鸦片战争以后,美、英等国先后在上海、天津、北京等地开办教会学校设置健身房和体操器械,出现早期的现代体操内容。清朝末年,在北洋水师学堂和武备学堂有外国教官教援兵式操、徒手操和单杠、双杠、平梯等器械体操。1908年在上海成立了第一所体操学校。

新中国成立后,在党和政府的一贯重视下,不仅群众性的体操活动广泛普及,而且竞技体操在世界大赛中也取得了优异成绩。马燕红在 1979 年的第 20 届世界体操锦标赛中获得高低杠并列第一,成为我国第一个女子体操世界冠军;黄玉斌在 1980 年的第 6 届世界杯体操赛中获得吊环并列第一,成为我国第一个男子体操世界冠军;在 1982 年举行的第 7 届世界杯赛中,李宁连夺 6 枚金牌,创世界体操史上又一奇迹,并荣称"体操王子";1983 年中国男队在第 22 届世界体操锦标赛中,首次夺得团体冠军。

二、体操运动的特点及锻炼价值

1. 体操运动的主要特点

(1)项目繁多、内容丰富。可分为基本体操、竞技体操、团体操和辅助性体操四大类,共有 50 多种锻炼内容和竞赛项目。具有广泛的群众性。它可根据个人兴趣选择项目和动作进行练习,并具有生活和生产的实用价值。

(2)全面锻炼、重点突出。体操运动不仅能全面锻炼身体,而且能重点锻炼身体的某些部位,发展某种身体素质。

(3)身体操练、讲究艺术。体操运动有较强的艺术性。练习者的各种动作要求准确,舒展协调、连续姿态要求刚健优美、有节奏,韵律感强。在团体体操表演女子自由体操和艺术体操比赛中都配有音乐伴奏。

2. 体操运动的锻炼价值

（1）全面健身。坚持经常锻炼，能全面提高人体各运动器官、内脏机能和神经系统的功能，增强力量、速度、柔韧和灵敏等身体素质，促进人体的全面发展。

（2）强壮体格。通过多种体操动作的锻炼，特别是经过竞技体操的训练和比赛，使人体格健壮、肌肉发达，塑造强壮、健美、匀称的体型。

（3）防止伤病，恢复功能。体操与医疗卫生相结合的医疗体操，可以通过体操锻炼防止某些疾病和创伤。还有，一些大关节扭伤，骨折及手术后在恢复阶段，均需配合医疗做各种体操练习，增强肌肉力量和活动范围，促进机能恢复原有的功能。

（4）锻炼意志。通过各种不同体操动作的练习、训练和比赛，可培养勇敢、顽强的意志品质和坚忍不拔的拼搏精神。

任务二 技 巧

技巧是由简单的单个动作和难度较大的技巧动作组合而成，包括鱼跃前滚翻、前后空翻、前手翻、徒手翻等各项动作编排组合而成。经常加强技巧练习，能增强体质，发展灵敏性和全身各部肌肉的协调性。对学习器械体操和其他运动项目都有较好的辅助作用，同时可以培养勇敢、果断、互助友爱的优良品质。

一、男生动作

1. 前滚翻

（1）动作要领：站立开始，下蹲后两手向前撑垫，两脚蹬地，腿伸直，同时提臀、屈臂、低头。用后头部着垫，经肩、背、腰、臀向前滚动。当背部着垫时，迅速屈腿、团身，两手抱小腿起成蹲立至站立（见图 7-1）。

图 7-1

（2）技术要点：蹬地提臂——低头团身——前滚抱腿。

（3）技术难点：低头团身。

（4）保护与帮助：侧面跪立，手托练习者肩背，促其前滚。

（5）易犯错误及原因：①低头过脑太慢，两手向前撑得太远；②背部着垫时团身不紧，两手抱小腿不够及时。

（6）练习方法：①做抱腿团身前后滚动的练习；②反复做蹬地伸膝、提臀、重心前移的练习；③由高往低处做前滚翻练习。

2. 鱼跃前滚翻

（1）动作要领：半蹲，两臂前举，接着两臂前摆，同时两脚蹬地向前上方跃起。腾空时含胸、稍屈髋。当手撑地时，有控制地屈臂缓冲，并及时低头，经团身前滚翻起立（见图7-2）。

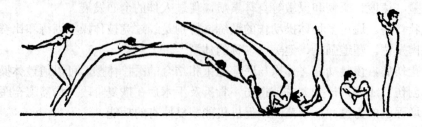

图 7-2

（2）技术要点：蹬地跃起——含胸控腿——屈臂缓冲——低头前滚。

（3）技术难点：含胸控制腿和屈臂缓冲连贯。

（4）保护与帮助：侧面站立，一手托练习者肩部，一手托腿部，帮助缓冲落地向前滚动。

（5）易犯错误及原因：①砸臂，打臂；②滚动不圆滑，背缓冲不及时，团身不紧。

（6）练习方法：①手足交换（兔跳）练习；②远撑前滚翻练习；③越过一定高度的前滚翻练习；④在帮助下完成。

3. 头手倒立

（1）动作要领：蹲撑，两手同肩宽与头前额约成等边三角形撑垫，两肘内夹、提臀，一腿上举，另一腿蹬地。当臀部提起到稍过垂直面时，伸髋立腰成头手倒立（见图7-3）。

（2）技术要点：头手撑垫——前额落垫——内夹提臀——伸髋立腰。

（3）技术难点：提臀伸髋。

（4）保护与帮助：体前侧立，用膝盖顶住练习者的肩背部，同时用手拉其腰部，帮助成头手倒立。倒立后改扶腿。

（5）易犯错误及原因：①易倒，头手不成等边三角形，头着地部位不对；②腿摆不起，提臀，重心前移不够，腰腹无控制力。

（6）练习方法：①在头手撑垫约成三角形（事先画出三角形支点）后反复做屈体提臀练习；②在屈体提臀后做一腿摆动，一腿蹬地成头手倒立的练习；③做有人扶持的头手倒立练习。

图 7-3

二、女生动作

1. 前后滚动

（1）动作要领：蹲立，两手抱小腿，低头、团身后倒，经臀、腰背、后脑依次触垫向后滚动，接着两手压小腿向前滚至蹲撑（见图7-4）。

（2）技术要点：抱腿低头——团身后滚——压腿前滚。

（3）技术难点：低头团身后滚和压腿前滚配合。

（4）保护与帮助：侧面跪立，后滚时托练习者臀部；前滚时一手压脚背，一手托背部。

（5）易犯错误及原因：①前滚动低头过脑，团身抱腿不连贯；②后滚，压腿，上提腿动作配合不协调。

（6）练习方法：①学会原地抱腿团身动作；②从仰卧开始做抱腿团身前后滚动；③从蹲立开始做团身前后滚动。

2. 肩肘倒立

（1）动作要领：两腿伸直并腿坐，上体前屈，胸部靠近大腿，两手触脚面，然后上体后倒滚动，两腿上举，两臂压垫，同时腿上伸，屈肘内收，手撑腰的上部（拇指托腰，四指托背），伸髋、挺腹，脚面绷直向上方蹬直，成肘、肩和头支撑的倒立姿势（见图 7-5）。

图 7-4

图 7-5

（2）技术要点：后倒举腿——屈肘撑腰——伸髋挺腹。

（3）技术难点：伸髋挺腹。

（4）保护与帮助：侧面站立，在练习者后倒举腿时，两手握其小腿向上提。如身体未能充分伸展，可同时用膝轻抵其腰部帮助伸髋。

（5）易犯错误及原因：①上体后倒滚动与两腿上举动作不连贯；②手没有撑到腰的上后半部；③伸髋，挺腹，脚面没绷直，上蹬时掌握不好。

（6）练习方法：①屈体仰卧举腿，反复做髋的屈伸练习；②在做伸髋练习时，可在上方设一标志物，使练习者用脚尖去碰标志物；③做肩、背、肘的倒立练习；④在帮助下练习。

3. 单肩后滚翻成单膝跪撑平衡

（1）动作要领：蹲撑，两手推垫向后滚，两腿后举屈体，头倒一侧，经单肩向后滚翻，两手及时在肩后推垫，一腿跪地，一腿后举，两臂撑直成跪撑平衡（见图 7-6）。

（2）技术要点：后倒屈体——单肩后滚——跪地举腿。

（3）技术难点：单肩后滚和跪地举腿配合。

（4）保护与帮助：侧后方跪立，一手扶练习者的肩，一手托腿。

（5）易犯错误及原因：①单肩后滚翻手在肩后推垫不及时；②一腿跪地，一腿后举时方向偏斜，使得重心不平稳。

（6）练习方法：①做单肩后滚翻练习；②从肩肘倒立姿势做单肩后滚翻练习；③在帮助下练习。

4. 跪跳起

（1）动作要领：跪立，上体前倾，臀后坐，两臂后摆，接着向前上方挥摆，同时小腿和脚面用力压垫，并迅速提腰抬上体，提膝收腿成半蹲（见图 7-7）。

（2）技术要点：两臂后摆——摆臂压腿——伸髋提膝。

（3）技术难点：猛力压腿，迅速提膝。

（4）保护与帮助：后面站立，两手扶练习者的腰部帮助腾起。

（5）易犯错误及原因：①上体前倾不够，两臂由后向前上方挥摆不协调；②小腿和脚面压垫无力，提腰抬上体过慢。

图 7-6　　　　　　　　　　　　　　　　　　图 7-7

（6）练习方法：①跪立，反复做摆臂提腰抬上体的练习；②跪立，两臂前摆同时提腰向前跪进；③从高垫上跪跳下。

此女生动作的成套动作如下：

前滚翻成直腿坐——后倒成肩肘倒立——单肩后滚翻成跪撑平衡——跪跳起。

任务三　双　　杠

双杠练习是在正面，侧面，杠两端的支撑和悬垂及其变换中做各种动作，但以两端的侧撑为主。双杠动作繁多，变化复杂，有摆动、摆越、屈伸、滚翻、回环、转体、空翻、倒立等。经常练习双杠能发展肩带（特别是三角肌，三头肌）和躯干（背肌、胸肌、腹肌）的肌群力量，同时加强关节与韧带的灵敏性和柔韧性。达到增强体质，提高身体控制能力，培养勇敢、果断、坚毅和克服困难等优秀品质。

一、男生动作

1．支撑摆动

（1）动作要领：支撑开始，以肩为轴，举腿送髋向前摆腿。当身体下摆过垂直部位时，两腿用力向后上方摆起，肩稍前倾，紧腰直体。当身体下摆过垂直部位后，迅速向前上方伸髋踢腿，同时直臂向后顶肩（见图 7-8）。

（2）技术要点：送髋前摆——后摆远伸——前摆伸髋。

（3）技术难点：前后摆动的协调用力。

（4）保护与帮助：杠侧站立，一手握练习者上臂，一手托其臀或腹部，帮助其前后摆动。

（5）易犯错误及原因：①不平衡，主要是肩的相应移动不准确；②收腹过大，摆动没有以肩为轴。

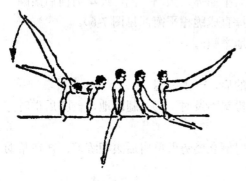

图 7-8

（6）练习方法：①低杠做支撑小摆动；②做中等幅度摆动，并用脚触及具有一定高、远度的标志物；③在帮助下练习。

2．挂臂撑摆动

（1）动作要领：挂臂屈体，两腿用力向前上方伸出，臀部前送展髋，同时两手拉杠，肩稍前移。在身体后摆至杠下垂直部位时，用力向后上方甩腿紧项，同时两臂用力压杠，使身体腾起。后摆至最高点时，身体前摆至杠下垂直部位后，迅速用力向前上方踢腿送髋上摆（见

图 7-9）。

图 7-9

（2）技术要点：挂臂屈体——展髋前送——后摆甩腿——前摆送髋。

（3）技术难点：前后摆动的协调用力。

（4）保护与帮助：杠侧站立，练习者前摆时一手托腰，帮助其前上送；后摆时，托腿帮其后摆。

（5）易犯错误及原因：①两腿向上方伸摆和臀部前送展髋不够；②后摆到最高点时没有迅速用力踢腿送髋。

（6）练习方法：①做挂臂撑小摆动；②挂臂撑反复做收腹举腿抬臀练习；③用脚触及具有一定高、远度的标志物的练习。

3. 挂前臂摆上成分腿坐

（1）动作要领：挂臂后摆向前回摆，在身体过杠下垂直面后应稍屈髋，两臂向上加速摆动并踢腿。当腿摆至杠面时，迅速伸髋两腿制动，两臂用力压杠，使身体向上升起成前摆支撑，同时分腿坐杠（见图 7-10）。

（2）技术要点：挂臂前摆——前上踢腿——伸髋控腿——压杠分腿。

（3）技术难点：伸髋前摆与两臂压杠配合。

图 7-10

（4）保护与帮助：杠侧站立，一手握练习者上臂，一手在其前摆时从杠下托背和腰，帮助上摆。

（5）易犯误及原因：①身体过杠面时，两腿向上加速摆动无力；②腿摆至杠面时，两腿制动，两臂用力压杠不协调。

（6）练习方法：①反复做挂臂摆练习；②做挂臂前伸髋和两臂压杠的练习；③在帮助下练习。

4. 分腿坐前滚翻成分腿坐

（1）动作要领：杠上分腿坐，两手于体前靠大腿处握杠，上体前倒屈臂，顺势提臀屈体，两肘外展撑杠，低头前滚。当臀部移过杠上垂直时，两手迅速向前换握杠，两腿及时分开下压，两臂用力压杠成分腿坐（见图 7-11）。

（2）技术要点：提臀屈体——两肘外展——低头前滚——分腿压杠。

（3）技术难点：提臀屈体肘外展。

图 7-11

（4）保护与帮助：杠侧站立，一手杠下托练习者的肩部防止其下落，一手先托腿助其提臀，滚翻后换手托背或臀。

（5）易犯错误及原因：①臀部提不起，手握太远指力太差；②前滚太快，腹肌无力，不能保持屈体姿势；③滚后臀部下掉或仰卧，手换握太迟。

（6）练习方法：①在垫上做屈体前滚翻分腿坐练习；②在低杠做上体前倒收腹提臀练习；③屈体后两肘外展，两脚蹬杠前滚翻成分腿坐；④在帮助下练习。

5. 支撑后摆挺身下

（1）动作要领：以左侧下为例，支撑摆动，当身体后摆接近最高点时制动腿，右手推杠换至左手后撑杠，同时身体左移，左手侧举，使身体平移出杠挺身下（见图 7-12）。

图 7-12

（2）技术要点：后摆控腿——推杠左移——出杠挺身。

（3）技术难点：推杠换握与出杠挺身配合。

（4）保护与帮助：杠下左侧站立，一手握练习者上臂，一手托腿部，帮助移出身体。

（5）易犯错误及原因：①身体出不了杠，侧移身体太晚；②收腹屈腿动作不熟练，产生害怕心理；③没有单臂支撑过程，换握时机不对。

（6）练习方法：①支撑摆动练习，要求后摆高出杠面；②做杠端支撑后摆下练习，可在杠端拉一细绳；③在帮助下练习。

此男生双杠的成套动作如下：

挂臂前摆上成分腿坐——前滚翻成分腿坐——两手体前握杠，后摆并腿前摆——支撑后摆挺身下。

🍃 案　例

2008 年北京奥运会男子体操双杠决赛高潮迭起。随着德国小将汉布钦的出场，场上的气氛瞬间被点燃，他的一套动作难度达到了 6.9，虽然中间出现了一个多余的摆动，不过他仍旧以完美的发挥得到了 15.975 分。第四个出场的是 2007 年世锦赛双杠铜牌得主、预赛中排名第三位乌兹别克斯坦的选手安东．福金，他的整套动作都完成得十分出色，空中腾跃非常高，尤其是他的下法非常新颖，而且落地稳如泰山，最终他赢得了 16.200 分，超越了德国小将汉布钦排名第一位。这也是已经出场的四位选手中唯一一个得分超过 16.000 分的。中国选手李小鹏最后一个出场，这也注定了要把冠军的悬念保留到最后。李小鹏的整套动作中有两个 F 组的动作，而多次大赛经验也使得他并没有受到前面选手失误的影响，李小鹏的整套动作干净到位，从杠上的连接到落地都发挥得十分完美，最终他得到了 16.450 分，李小鹏成为这个项目中绝对的王者。

❦ 案例分析

　　双杠可能不是观众最喜欢的体操项目，但它是运动员最喜欢的。在所有的项目中，双杠提供给运动员最大的做动作的空间，自由体操、吊环、鞍马的许多动作都可以在双杠中运用。双杠让运动员表现他们的力量和平衡。多数双杠动作要求运动员双手或单手脱杠，这使运动员的平衡及时间感显得特别重要。双杠动作允许最多三次一秒钟以上的停顿。动作要求有回环、腾空，以及力量支撑。在所有的双杠动作中，运动员的肩臂肌肉应保持紧张。具体来说应注意以下五个动作要点。

　　（1）上杠时，收腹举腿翻臀，前上打腿展髋，压杠急振跟肩分腿坐杠。

　　（2）滚翻时，屈臂用力提臀起，及时换握大分腿。

　　（3）弹杠时，小腿屈伸弹压杠，用力撑杠早并腿。

　　（4）转体时，后摆过杠分腿，纵轴转体换握撑。

　　（5）下杠时，踢腿远伸展髋，脚尖带动转体，依次推杠换握。

二、女生动作

1. 杠端跳起分腿坐

（1）动作要领：两手握杠跳起，用力向下拉压杠。同时向前上方摆腿送髋。当两腿摆出杠面时立即分腿，顺势向后滑杠成分腿坐（见图 7-13）。

（2）技术要点：跳起拉杠——前摆送髋——分腿坐杠。

（3）技术难点：拉压杠与前摆送髋配合。

（4）保护与帮助：杠后站立，扶练习者髋部，顺势上托帮助分腿坐。

（5）易犯错误及原因：①两腿摆出杠面时，分腿不及时；②分腿成分腿坐时，向后滑杠不到位。

（6）练习方法：①反复做跳上成支撑练习；②低杠做跳上分腿练习；③在帮助下练习。

2. 支撑前摆挺身下

（1）动作要领：以右下为例，支撑前摆过杠下垂直部位时，加速向前上外摆，身体重心右移。当前摆接近最高点时制动腿，左手推杠，并迅速换撑右杠（于右手前），右手推杠侧上举，同时伸腿展髋，挺身落地（见图 7-14）。

（2）技术要点：两腿前外摆——左推右移杠——伸腿又展髋。

（3）技术难点：左手推杠换握和伸腿展髋的配合。

（4）保护与帮助：杠右侧站立，右手握住练习者右上臂，左手托臀帮助出杠。

图 7-13　　　　　　　　　　　　　　　　　　图 7-14

（5）易犯错误及原因：①腿摆动高度不够，幅度过小，肩关节紧张；②跳下时，重心移动慢，最后推杠无力。

（6）练习方法：①右撑前外摆侧坐，跳下；②杠端跳起前摆下（低杠）；③在帮助下练习（可用标志物提高前摆高度）。

此女生双杠的成套动作如下：

杠端跳起成分腿坐——两手体前握杠，后摆并腿前摆——支撑前摆挺身下。

任务四　支 撑 跳 跃

体操跳跃分为一般跳跃和支撑跳跃，支撑跳跃可分为助跑、上板、踏跳、第一腾空、推手、第二腾空和落地等彼此紧密联系的七个部分。通过体操跳跃练习，能增强运动器官、血液循环器官、呼吸器官、前庭分析器官等的功能，对发展爆发力和提高动作的准确性、协调性、灵活性都有良好的影响，特别对增强下肢和肩带肌肉韧带的机能有显著的作用。

一、男生动作

1. 分腿腾越（纵箱）

（1）动作要领：起跳后两臂上摆，并迅速前伸、紧髋、伸髋、两手向前下方远撑，顶肩推手（手推离时，肩不过支撑点），两腿左右分开。在两手推离跳箱后，两臂上举，并带动身体上振成挺身姿势落地（见图 7-15）。

图 7-15

（2）技术要点：跳起腾空——两臂前伸——远撑顶肩——推手挺身。

（3）技术难点：远撑顶肩和推手挺身连贯、迅速。

（4）保护与帮助：①箱前站立，面对器械，一手或两手迎握练习者的上臂向上提拉，帮其超过器械。②跳箱侧站立，一手托练习者腹部，一手扶腰。

（5）练习方法：①地上做俯撑收腹前摆分腿，推手成两臂斜上举分腿练习；②做 3～5步助跑踏跳、提臀分腿练习；③做练习推手屈体分腿站在箱上，再挺身跳下；④山羊或低纵箱分腿腾越。

2. 屈腿腾越（山羊或横箱）

（1）动作要领：身体腾起后，两臂上摆迅速前伸，稍含胸、紧腰，两腿后摆，身体伸展，两手向前下方猛推手顶肩，同时提臀、收腹、屈腿并收向胸前。当手推离器械后，两腿迅速伸直，上体抬起成两臂斜上举的挺身落地姿势（见图7-16）。

（2）技术要点：跳起腾空——推手顶肩——提臀屈腿——伸腿挺身。

（3）技术难点：推手顶肩和提臀屈腿的配合。

（4）保护与帮助器械前站立，两手迎握练习者的上臂上提，帮助其越过器械。

图 7-16

（5）易犯错误：①减速上板，无力，有害怕心理；②第一腾空低，屈膝过大或全脚掌踏跳；③第二腾空低，前冲，下栽，两臂摆撑远度不够。

（6）练习方法：①原地屈腿跳；②高处向低处做屈腿挺身跳下；③手扶器械反复做跳起的提臀、收腹、屈腿的练习；④短距离助跑，跳上器械成蹲撑，接着向前挺身跳下；⑤做逐步增加高度的屈腿腾越。

二、女生动作

1. 分腿腾越（山羊）（参见男生纵箱分腿腾越动作）

2. 斜进直角腾越

（1）动作要领：（向右）短距离助跑,最后一步以左脚上板，上体稍后仰，右手撑箱，右腿向右前方踢起，左腿蹬离板后迅速与右腿并拢，并向前上方送髋伸腿，同时左手撑箱，随即压腿，挺身落地（见图7-17）。

图 7-17

（2）技术要点：左蹬右踢——并腿送髋——换手撑——压腿挺身。

（3）技术难点：高踢并腿髋压腿配合。

（4）保护与帮助：箱前右侧站立，右手扶练习者的右上臂，左手托其臀。

（5）易犯错误：①第二腾空低，甚至往下扎，无挺身，推手无力；②脚面碰箱，撑箱时挺胸、塌腰、提臀不够.

（6）练习方法：①斜进助跑，一手支撑，同侧腿摆起跳上成坐箱举腿；②斜进助跑，一手支撑，同侧腿用力向上踢，脚触空中悬挂的标志物；③在帮助下练习。

案例

2005 年墨尔本世锦赛，中国体操队"兵败雅典"之后参加的第一场国际大赛。处于低谷的中国体操队需要一个亮点，一方面振奋军心，另一方面重新回到媒体和公众的视线，引起大家的关注。这个"亮点"，从以往的经验来看，最好是一个得到命名的高难度动作，并且以此夺取世界冠军，才是最佳的炒作题材。幸运的是，2005 年就有一位天才运动员成功地做到了这一点，用踺子后手翻转体 180°接前直空翻 540°的高难度动作吹响了中国体操队在雅典奥运会后重新崛起的号角。她就是程菲，而这个动作就是大名鼎鼎的"程菲跳"。

案例分析

1997～2000 年，这个动作在男子跳马难度表上是 10 分起评的动作，被包括李小鹏在内的优秀男子选手所使用。5 年后，这个动作就已经被女子运动员所掌握，由此可见这个动作难度之大、程菲之天才，以及体操难度发展之快。

重点小结

（1）体操是大、中、小学体育教育中必不可少的教学内容之一，其健身价值包括：增进身体健康、提高心理健康水平、增强社会适应能力、促进道德健康。

（2）不同类型的体操练习之间的差异较大，动作多为人为设计，主要关注的是人体各部位的协调配合，具有艺术性，是展示人体运动美的项目。

（3）进行体操练习时必须根据人体的发展规律和个人的实际情况，逐步提高锻炼要求；练习中从自身条件出发，做到重点突出、兼顾其他，让身体各个部位、各个系统都得到锻炼；练习过程中要充分考虑场所、内容、方法、手段的安全因素，防治伤害事故的发生。

课 课 练

（1）身体素质练习：纵跳、单足跳、俯卧撑、仰卧起坐、仰卧两头起练习；象行、兔跳、蛙跳、分腿侧滚动、双人前滚翻练习。

（2）专项技术练习：前滚翻、鱼跃前滚翻、头手倒立练习；前滚翻成直腿坐——后倒成肩肘倒立——单肩后滚翻成跪撑平衡——跪跳起练习；挂臂前摆上成分腿坐——前滚翻成分腿坐——两手体前握杠，后摆并腿前摆——支撑后摆挺身下练习；杠端跳起成分腿坐——两手体前握杠，后摆并腿前摆——支撑前摆挺身下练习；分腿腾越、屈腿腾越、斜进直角腾越等练习。

项目八

篮　　球

【学习目标】

1．知识目标：

（1）了解篮球起源和发展的概况。

（2）掌握篮球基本技术和基本战术。

（3）了解和掌握篮球的基本战术以及战术的特点。

（4）了解篮球运动的主要竞赛规则。

2．技能目标

（1）熟练掌握篮球的基本技术。

（2）掌握篮球的基本战术以及在比赛中能合理地运用。

（3）掌握篮球的竞赛规则，能在比赛中担任裁判工作。

【运动提示】

（1）要多加强篮球基本功和各项身体素质的练习。

（2）在基本技术的练习中要多做徒手模仿练习，持球练习时应注重篮球与身体协调配合。

（3）在练习中要带着战术意识去练技术，养成良好的团队配合意识。

【项目任务】

（1）掌握篮球基础知识和竞赛规则。

（2）掌握篮球的移动、传接球、运球、投篮、突破等基本动作。

（3）掌握篮球突分、传切、策应、掩护、快攻、抢篮板球等进攻技术的基本战术。

（4）掌握篮球抢过、穿过、绕过、交换防守、关门、夹击、补防、防守快攻等防守技术的基本战术。

【项目实施】

任务一　篮球运动概述

一、篮球运动的起源与发展

　　篮球运动是在 1891 年由美国马萨诸州斯普林菲尔德（即春田市）市基督教青年会干部训练学校，在加拿大出生的体育教师詹姆士·奈史密斯博士所创造的。他受启发于当地儿童摘桃扔入桃筐的活动，在此基础上组织成一种在一定地面范围的场地两端设置两个竹质桃筐，离地约 10ft（3.048m），用足球作比赛工具向篮内投掷，投球入篮得一分，按得分多少决定胜负，后将桃篮改为活底的铁篮，并挂网子。

因这项游戏起初使用的是桃篮和球，遂取名为"篮球"。因是游戏，最初的篮球比赛，对上场人数、场地大小、比赛时间无严格限制，只规定双方上场人数必须相等。1892 年制定 13 条规则后逐步修订直至每队出场人数 5 人。1904 年在第 3 届奥运会上第一次进行了篮球表演赛。1908 年美国制定了全国统一的篮球规则，其后逐渐传遍世界各国。1932 成立了国际业余篮球联合会。1936 年和 1976 年国际奥委会先后决定将男子篮球和女子篮球列为奥运会的正式比赛项目。1949 年美国成立"国家篮球协会"，即"NBA"。1990 年，国际篮联取消对职业篮球运动员参加国际大赛的限制，职业篮球运动员给国际篮坛带来了新观念、新技术和新战术。

二、我国的篮球运动

篮球运动于 1895 年由美国国际基督教青年会协会派往中国天津基督教青年会就职的第一任总干事来会理介绍传入我国天津市，因此天津市是我国篮球运动的起源地。1896 年在天津基督教青年会举行了我国第一次篮球游戏比赛。1921 年中国篮球代表队获第五届远东运动会篮球比赛冠军，这是中国篮球队第一次在国际比赛中取得冠军。新中国成立后，我国篮球界提出了以投为纲，发扬狠、快、准、灵的风格和以我为主、以攻为主、以快为主、以小打大、积极防守的战术指导思想。经过几十年的努力，中国的篮球运动水平得到令人瞩目的发展。中国女篮分别在奥运会和世界锦标赛获得过银牌，中国男篮夺得第十二届世界男篮锦标赛第八名，并多次在亚洲篮球比赛中获得冠军。

20 世纪 90 年代中期至 21 世纪中，随着我国社会市场的建立，体育战线进一步深化改革，大胆实践，引进外资和外援，举行职业化主客场制联赛，这是我国竞赛体制改革向职业化过渡迈出的第一步。

1997 年篮球运动管理中心成立后，在篮球管理体制上迈出了第一步。六年改革的实践，使我国篮球事业发生了深刻变化。联赛的成功进行，联赛的发展，展现出更为广阔的前景。近年来，随着中国球员王治郅、姚明、巴特尔等登陆 NBA，中国的篮球运动水平必将得到进一步的发展。

任务二 篮 球 技 术

篮球技术是在篮球比赛中所运用的各种专门动作方法的总称。分进攻和防守两大部分。

一、移动

移动是运动员在比赛中，控制自己身体和改变位置、方向、速度，争取高度所采取的各种动作方法的总称。它包括走、跑、跳、急停、转身、滑步等各种脚步动作。

1. 起动

动作方法：基本站立姿势是起动的准备姿势。起动时以后脚或异侧脚的前脚掌短促用力蹬地，同时上体迅速前倾或侧转，向跑动方向移动重心，手臂协调摆动，两脚连续交替蹬地，充分利用蹬地的反作用力，在最短的时间内把速度充分发挥出来。

动作要点：快移重心，蹬地起步突然，碎步加速。

2. 跑

跑是队员在球场上改变位置，提高速度的重要方法，也是移动中运用最多的一项基本技术。在比赛中经常运用的跑有变速跑、变向跑、侧身跑、后退跑等。下面主要介绍变向跑和侧身跑。

变向跑：篮球比赛中采用最多的脚步动作方法之一。在改变跑动方向时（以从右向左变方向为例），最后一步右脚前脚掌用力蹬地同时，脚尖稍向内转，迅速屈膝，腰部随之内转，使重心向左移动，上体向左前倾，左脚向左前方跨出一步，并用力蹬地，右脚快速向左侧前方跨出，继续加速跑动。

侧身跑：这是比赛中队员在移动时为了更好地观察场上情况而经常采用的一种方法。

动作方法：向前跑动的同时，头部和上体自然地向有球方向扭转，做到既保持跑速，又要注意观察场上情况。

动作要点：上体侧身转肩，脚尖向前，看球跑动。

3. 跳

跳是篮球运动中攻守争夺空间常用的主要手段。跳的方法有两种，一种是双脚起跳，另一种是单脚起跳。双脚起跳多用于跳起投篮、抢篮板球等情况，单脚起跳多用于行进间投篮及抢、断球等情况。双脚起跳由基本站立姿势开始，双脚快速用力蹬地，同时双臂上摆，向上腾起，在空中要保持身体平衡。单脚起跳一般由助跑开始，以一脚快速用力蹬地向需要的方向腾起，完成空中动作后，落地时恢复基本站立姿势。

4. 急停、转身、跨步

急停、转身、跨步是篮球运动攻守行为中被广泛运用并与其他攻守动作结合起来运用的基本技术。

急停：是指队员在跑动过程中与接球结合运用成面向对手的姿势，或在徒手跑动时用于摆脱对手的方法。急停的方法有跳步急停（一步急停）和跨步急停（两步急停）两种。跳步急停是指停步之前以一脚蹬地跳起并腾空，接着采用双脚同时落地的方法（见图8-1）；跨步急停为双脚依次落点的方法（见图8-2）。无论采用哪种方法，都要在停步前适当降低身体重心，两脚落地时两膝弯曲，重心保持在两脚之间，上体稍前倾，目视前方，成基本站立姿势。

图 8-1   图 8-2

转身：是根据篮球运动规则的要求，以一脚为轴，另一脚蹬地、转体并改变身体的朝向，从而改变与对手关系的技术方法。转身时，两腿微曲，重心下降，一脚做轴并将脚跟稍提起，前脚掌碾地，另一脚蹬地，同时移动重心，以转头、转肩和转腰的力量带动身体进行弧线移动，使身体改变原来的面向。转身技术包括前转身和后转身两种。移动脚蹬地在中枢脚前方进行弧线移动的叫做前转身（见图8-3），反之叫做后转身（见图8-4）。

图 8-3　　　　　　　　　　　　　　　图 8-4

跨步：在基本站立姿势的基础上，以一只脚为轴，另一只脚向侧或前方跨出的技术方法，包括同侧步（又称顺步，见图 8-5）和异侧步（又称交叉步，见图 8-6）两种。同侧步是向移动脚的同侧跨出，而异侧步是向移动脚的异侧跨出。跨步时，两腿弯曲，重心降低，中枢脚的脚跟稍提起，用力碾地，另一脚向身体的侧方或前方跨出，跨出后要控制好身体重心，以便衔接下一个动作。

图 8-5　　　　　　　　　　　　　　　图 8-6

5. 防守步法

滑步：是个人防守时应用最广泛、最主要的脚步动作方法，是一切个人、整体防守战术行为的基础。滑步分为侧滑步、前滑步、后滑步、后撤步等。侧滑步时（以向左侧滑步为例），右脚前脚掌内侧蹬地，左脚向左（移动方向）跨出，在落地的同时右脚紧随滑动，向左脚靠近，两脚保持一定距离，左脚继续跨出。在滑步时，要保持屈膝低重心的姿势，身体不要上下起伏，重心保持在两脚之间，眼要注视对手（见图 8-7），向右侧滑步时脚步动作相反。前（后）滑步的动作方法与侧滑步相同，只是两脚前后站立，向前（后）方移动。后撤步的方法为前脚蹬地，在转腰的带动下前脚变为后脚的防守脚步动作（见图 8-8）。

图 8-7

二、传、接球

1. 传球

传球是篮球比赛中进攻队员有目的地转移球的方法，也是队员之间互相配合和组成进攻战术的纽带。传球方法虽然多种多样，但各种传球大体都是由持球方法、传球出手动作和传球后的身体姿势三个环节所构成。其中传球的出手动作是关键。

图 8-8

持球方法可分为双手和单手两种。双手持球时，两臂要自然屈肘，五指自然分开，两拇指相对成八字形，用指根以上部位握球的侧后方，掌心空出，抬头注视场上情况。单手持球时，两脚开立，肩部肌肉放松，自然屈肘，五指分开翻腕，用指根以上部位持球的侧后下方。

传球出手动作是指球出手的一刹那手腕翻转、屈扣和手指弹拨用力的方法。它是控制球飞行方向、路线和落点的关键。出手时，手腕、手指力量作用于球的正后方，球向前方水平飞行；指、腕力量作用于球的后下方，球向前上方飞行；指、腕力量作用于球的后上，则球向前下方呈折线弹出。在球即将出手时，指、腕翻转屈扣、弹拨越急促，作用于球的力量越大，球飞行的速度越快；若指、腕用力和缓，球飞行的速度就会减慢。

传球后的身体姿势是指队员将球传出后，在任何情况下，都应保持正确的基本站立姿势，以利于根据本队的战术配合和场上的具体情况，及时转入下一个进攻行动。

传球的基本要求是准确、及时、隐蔽和多变。准确是指选择的机会准确、观察判断准确、球的落点准确。及时是指善于抓住战机，一旦同伴摆脱防守跑出空挡能及时传球到位。隐蔽是指能把自己的真实传球意图隐蔽起来，真假结合，使对手不易觉察。多变是指传球的方式方法多样，传出的球落点面广。

传球动作方法包括以下六种。

（1）双手胸前传球。双手胸前传球是最基本、最常用的传球方法。这种传球快速有力，可在不同距离中使用，而且便于和投篮突破等动作相结合。持球时（见图 8-9），两手五指自然分开，拇指相对成八字形，用指根以上部位握球的侧后方，手心空出，两肘自然弯曲于体侧，将球置于胸前。肩、臂、腕肌肉放松，两眼注视传球目标，身体成基本姿势。传球时（见图 8-10），后脚蹬地，身体重心前移，同时两臂前伸，手腕由下向上翻转，同时拇指用力下压，食、中指用力弹拨，将球传出。出球后手心和拇指向下，其余手指向前。

图 8-9　　　　　　　　　　　　　　　图 8-10

动作要点：蹬（地）、伸（臂）、翻（腕）、抖（腕）、拨（指），动作协调连贯，双手用力均匀。

（2）双手头上传球。这种传球出手点高，便于和头上投篮结合，高大队员在内线策应时运用较多。特别用于抢获后场篮板球发动快攻第一传、外线队员转移球及向内线高吊球时也经常采用。

　　双手头上传球方法与双手胸前传球相同。双手举球于头上，两肘向前，近距离传球时，前臂前摆，手腕前扣并外翻，同时拇、食、中指用力向前拨球（见图 8-11）。传球距离较远时，要用蹬地和腰腹力量带动上臂发力。前臂前甩，腕、指用力前扣，将球传出。

图 8-11

　　动作要点：前臂前摆和手腕前扣要快速有力，带动手指用力拨球。
　　（3）单手胸前传球。这是一种近距离传球方法，具有快速、灵活、隐蔽的特点，并便于和运球突破、投篮结合运用。掌握了这种传球方法，可以较容易地掌握其他单手传球。单手传球见图 8-12。

图 8-12

　　双手持球于胸前，右手传球时，两手将球引至右肩下部，右手腕稍向后屈，手心向前，左手扶球的侧下部，出球时右臂短促前伸，手腕急促向前抖翻，同时食、中、无名指用力弹拨，将球平直向前传出。
　　动作要点：前臂短促前伸，同时急抖腕，食、中、无名指用力拨球。
　　（4）单手肩上传球。这是一种常用于中、远距离的传球方法。特别在抢到后场篮板球发动长传快攻时运用较多。
　　持球方法与双手胸前传球相同，两脚平行开立，右手传球时，左脚向传球方向跨出半步，同时双手将球引到右肩侧上方，右手大臂与地面近似平行，前臂与地面近似垂直，手腕后曲，右手持球的后下方，左肩对着传球方向，体重落在右脚上。出球时，右脚蹬地的同时转体带动上臂，肘领先，前臂迅速前甩，手腕前扣，最后通过食、中、无名指弹拨下压动作将球传出。
　　动作要点：单手持球的后下方，利用蹬地扭腰、转肩动作，向前甩臂、扣腕将球传出。
　　（5）单手体侧传球。这是一种近距离隐蔽传球的方法，外围队员传球给内线同伴时常用这种方法。与跨步、突破等假动作结合运用效果较好。
　　以右手传球为例。两脚开立，两腿微屈，双手持球于胸前。传球时，左脚向左跨步的同时将球移至右手引到身体右侧，出球前一刹那，持球手的拇指在上，手心向前，手腕后屈，出球时，前臂向前作弧线摆动，当球摆过身体右前方时，迅速收前臂，用手腕、手指的力量将球传出（见图8-13）。

动作要点：当持球手引球到体侧时，前臂摆动要快，幅度要小，腕、指急促用力抖动将球传出。

（6）反弹传球。这是常用的一种近距离隐蔽传球方式，是小队员对付高大防守者的有效进攻手段。

反弹传球的方法很多。如单、双手胸前、单手体侧、单手背后等，都可通过地面反弹传球给同伴。所以动作方法与各种传球相同，但运用反弹传球时要掌握好球的击地点，一

图 8-13

般应在传球者距接球者三分之二的地方，如防守自己的对手距自己较远，而传球的距离又较近时，可向防守者的脚侧击地传出。球弹起的高度一般在接球人的腹部为宜。

2. 接球

接球分双手接球和单手接球两种。按照来球的路线和落点不同，可分为接胸部高度的球、接头部高度的球、接低于腰部的球，接反弹球和接地滚球等动作方法。但各种接球动作都是由准备接球、接球和接球后动作三个环节组成。而无论哪一种接球动作，接球时用眼睛余光注视来球，肩、臂、腕、指要放松，手臂要迎球伸出，手指自然分开。当手指接触到球时，手臂要随球后引，以缓冲来球的力量，同时两手握球，保持身体平衡，以便继续做下一个进攻动作。

（1）双手接胸部高度的球。这是最基本的接球方法（见图 8-14），眼视来球，两臂迎球伸出，两手手指自然分开，拇指相对成八字形，其他手指向前上方，两手成一个半圆形。当手指触球时，两臂顺势屈肘后引缓冲来球的力量，两手持球与胸腹前，成基本站立姿势。

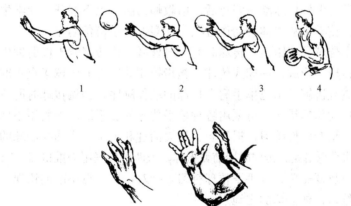

图 8-14

动作要点：伸手迎球在手接触球时，收臂后引缓冲，握球于胸腹前，动作连贯一致。

（2）双手接头部高度的球。方法要点与双手接胸部高度的球相同，只是两臂向前上方迎球伸出。

（3）双手接低于腰部的球。接球时两腿弯曲，一脚向前跨出，上体前倾，双手迎球向前方伸出，五指自然分开，两小指成八字形，掌心向着来球方向。当手指触球时，两臂顺势屈

肘收回，握球于胸腹之间，保持基本站立姿势。

（4）双手接反弹球。接球时迎球跨步，上体前倾，两臂迎球向前下方伸出，五指自然分开，在球刚刚离地弹起时，手指触球将球接住，并顺势将球引至胸腹之间，保持身体平衡，成基本站立姿势。

（5）双手接地滚球。接球时向来球方向跨出一步，身体下蹲，两手迎球伸出，手指向下，手掌向前。触球后顺势将球握住。注意两腿不要平行开立，以免漏球。接球后成基本姿势。

（6）单手接球。单手接球范围大，适用于接来自身体两侧或侧后方的来球（但不如双手接球牢稳）。

图 8-15

原地单手接球时，接球手向来球方向伸出，五指自然分开，掌心正对来球，腕、指放松（见图 8-15）。当手指接触时，顺球的来势迅速收臂置球于身前或体侧，另一手迅速扶球，保持身体平衡，做好下一进攻动作的准备姿势。在移动中单手接球时，要判断来球的时间和落点，及时向来球方向跨步移动，接球后要迅速降低重心，衔接运球突破或跳起投篮等动作。

动作要点：手指自然张开伸臂迎球，当手臂触球时，瞬时后引，另一手及时扶球。

3. 传接球易犯错误与纠正方法

（1）双手胸前传球易犯错误。接球方法不正确；用手掌握球，指端没贴住球；肩、腕关节紧张；传球时曲肘外展；伸臂和翻腕动作脱节形成挤球；两臂用力不均匀；全身动作配合不协调。

纠正方法：学生做好持球准备姿势后，由教师的两手上下握球。让学生做传球时腕翻转和指拨球的动作，使学生从中体会动作方法，并多做徒手模仿动作。

（2）单手肩上传球易犯错误。传球时臂、肘外展，或传球时不以肘领先带动小臂摆甩和扣腕，指拨动作传球，形成推铅球式传球，腕指控制球能力差传球落点不准。

纠正方法：重复讲解、示范单手肩上传球的动作顺序，强调传球时肘关节领先，并针对传球时前臂和腕指动作的错误，可采用各种单手传球的徒手练习和利用小球练习传球体会动作，以及其他腕、指专门性练习，提高腕、指灵活性和力量，增强控制球的能力。

（3）反弹传球易犯错误。传球时用前臂抵球，或两肘外张用力推挤球，球的击地点不合适。

纠正方法：可反复做单、双手平传球练习。针对击地落点不准的错误，进行一人用反弹传球通过防守的练习，体会球的击地点。

（4）双手接球易犯错误。接球手形不正确，手指朝前，拇指向上，形成由两侧或上下之捂球或挟球；伸臂迎球时臂、腕、指紧张，引球动作不及时，两手掌心触球。

纠正方法：多做自抛自接球练习，养成张手、伸臂迎球和及时屈肘引臂的习惯。

总之，在纠正错误动作时教师应反复讲解这一动作的要点，并以分解教学法做出正确示范动作。

三、投篮

投篮是队员根据人体运动的科学原理，运用正确的身体姿势和手法，将球从篮圈上面投入球篮的各种动作方法的总称，是队员在进攻中得分的唯一手段，是篮球运动最重要的基本技术。它包括原地投篮、行进间投篮和跳起投篮。

比赛中运用任何进攻技术、战术的最终目的都是为了投篮得分。因此，要取得比赛的胜利，就必须正确和熟练地掌握投篮技术，提高命中率。这就有个基本规律可循，归纳起来是投篮持球动作的手法要正确；投篮要有瞄准点，投篮出手球要有正确的飞行弧线，正确运用球的旋转等。

1. 原地投篮

这是最基本的投篮方法，它是行进间投篮和跳起投篮的基础。原地投篮便于保持身体平衡，能更好地发挥全身的力量，是一种比较容易掌握的投篮技术。原地投篮有以下三种。

（1）单手肩上投篮。是篮球比赛中应用比较广泛的一种投篮方法，是行进间、跳起和转身单手投篮的基础。它具有出手点高、便于结合其他技术动作和不易防守的优点，能在不同的距离和位置上应用。

动作方法：右手投篮时，右脚在前，左脚稍后，两膝微屈，重心落在两脚掌上。右手五指自然分开，翻腕持球的后部稍下部位，左手扶在球的侧下面，将球举到头部右侧上方位置，目视球篮，大臂与肩关节平行，大、小臂约成90°，肘关节内收。投篮时，由下肢蹬腿发力，身体随之向前上方伸展，同时抬肘向投篮方向伸臂，用手腕前屈和手指拨球动作，使球柔和地从食、中指端投出。球离手时，手臂要随球自然跟送，脚跟提起（见图8-16）。

图 8-16

动作要点：翻腕持球于肩上，抬肘要领切莫忘，蹬伸屈拨要柔和，中指食指控方向。

（2）双手胸前投篮。这是较早的投篮方法，这种投篮虽然出球点较低，但易于保持投篮前持球的稳定性，充分地发挥全身的力量，也便于和传球、突破相结合，同样具有突然性的优点。远距离投篮适用这种投篮方法。

动作方法：投篮的准备姿势与双手胸前传球的准备姿势基本一致，投篮前将球置于胸前，目视球篮，两肘自然下垂，两脚前后或左右开立，两膝微屈，重心落在两脚掌上。

投篮时，两脚蹬地，腰腹伸展，两臂向前上方伸出，两手腕同时外翻，拇指稍用力压球，使球通过拇指、食指、中指指端投出。投球出手后，脚跟提起，腿、腰、臂随出球方向自然伸展。

动作要点：两肘下垂要自然，双手用力要均匀，手腕外翻指拨球，蹬地伸踝、髋。

（3）双手头上投篮。这种投篮方法的准备姿势和出球点都在头上，具有出球点高不易防守，便于由投变传的优点。缺点是重心高，不易与运球和突破相结合。

动作方法：双手持球于头上，两肘自然弯曲，两脚前后或左右开立，两膝微屈，重心落在两脚之间。投篮时，两臂随下肢的蹬伸向前上伸出，两手腕同时外翻，拇指稍用力下压，用指端拨球，使球从拇指、食指、中指指端投出。出手后，脚跟提起，腿、腰、臂随出球方向自然伸直。

原地投篮易犯错误通常有以下五种。

（1）持球手形不正确，掌心未离球体，手指端未贴在球体，持球不稳。

（2）肘关节外展，致使上肢个关节运动方向不在一条线上。

（3）投篮时，肘关节过早地前伸，形成抛物线偏低。

（4）投篮出手时，抬肘伸臂不充分，缺乏随球跟送动作，出球动作僵硬。

（5）双手投篮时，两手用力不平均，肩关节紧张，手臂伸展不充分，食指、中指拨球动作不明显。

针对原地投篮易犯错误通常采用以下纠正方法。

（1）重复讲解和示范投篮动作的重点，使学生了解投篮动作的基本结构，建立明确概念。

（2）针对存在的问题，采用各种专门性练习，如对照镜子做模仿练习，观察自己投篮的全身协调用力动作和投篮出手的手指、手腕动作。

（3）针对肘关节外展错误，可让学生以投篮出手的手臂侧靠墙，徒手投篮模仿动作。

（4）针对投篮时肘关节前伸过早，弧线偏低的缺点，让学生坐在地上持球做投篮动作，教师站在学生对面用手捂住球的上方，让学生体会投篮时抬肘，后伸臂、压腕、指拨投篮出球的动作顺序。

（5）练习投篮时，要启发学生动脑思考，善于鉴别哪次投篮动作是正确的，哪次是不正确的。教师在教学中对正确的要及时予以肯定强化，对出现的错误动作及时予以分析纠正。

2. 行进间投篮

行进间投篮是在快攻中或突破防守切入篮下时，最常用的投篮方式。行进间投篮的动作方法很多，但其动作结构基本相同，都是由跨步接球起跳和腾空举球出手两个主要部分组成的，这种动作的共同点是：跨第一步的同时接球，跨第二步时跳起在空中投篮出手。要做到右手投篮先跨右腿接球，接着左脚跨步蹬地起跳。根据投篮的具体方法不同，以及运用时临场情况不同，跨步的大小、快慢和方向也有变化。如做行进间单手肩上投篮和跑投时，为了向上起跳，提高出手点，第二步要小些。做低手上篮时，为了加快速度，目前已有人采用一步上篮的技术，即接球与起跳合成一个动作。不论采用那种投篮动作，在投篮出手一刹那，都应控制好身体平衡。行进间投篮通常可分为以下四种。

（1）行进间单手高手投篮：是在比赛切入到篮下时常用的一种投篮方法。

动作方法：以右手投篮为例，右脚向前跨出时接球，接着迅速上左脚起跳，右脚屈膝上抬，同时举球至头右侧，腾空后，上体稍后仰，当身体跳到最高点时，右手臂伸直，用手腕前屈和手指力量将球投出。

动作要点：一跨大步接球牢，二小步用力跳，三要翻腕托球举球高，四要指腕柔和用力巧。

（2）行进间单手低手投篮：是在快攻中或突破防守切入篮下时，最常用的一种方法。特别是在背后有防守人追赶的情况下，运用低手投篮具有远离防守人和出球平稳的优点。

动作方法：跑动步法与行进间篮下单手肩上投篮基本相同，只是在接球后的第二步要继续加快速度，向前上方起跳，腾空时间要短。投篮时，持球手五指自然分开，托球的下部，手心朝上，手臂向上伸展，接近球篮时，用手指上挑的动作，使球向前旋转投向球篮（见图8-17）。

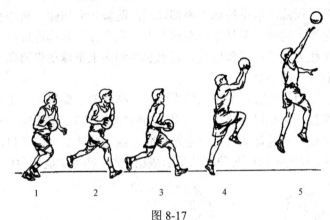

图 8-17

动作要点：第二步用力蹬地向前方起跳，投篮出手前保持单手低手托球稳定性，用指腕上挑力量使球向前旋转投入。

（3）反手投篮：这种投篮多在沿端线运球突破，越过篮下时运用。

动作方法：以从球篮右侧底线突破，到左侧投篮为例。步法与行进间篮下单手肩上投篮为例。第一步要大，第二步要制动向上起跳，控制冲力，同时上体稍向后仰，抬头看篮，将球由胸前直接向篮方向上举。当右臂快要伸直时手腕沿小指方向向内捻转，用小指、无名指、食指拨球，使球向侧后旋转碰板投篮。

（4）勾手投篮：这是以身体隔开对手的投篮方法。多在背对球篮或横切到篮下接球后运用，它具有远离对手，出手点高，不易防守的优点。勾手投篮不仅是中锋队员应当重点掌握的投篮方法，其他队员也应当学会这种投篮，特别是身体矮小的队员，应当学好这种投篮方法，以便在遇到高大对手时运用。

动作方法：以运动员横切至篮下接球用右手投篮为例，右脚跨出接球，同时用力侧蹬，接着左脚向篮下跨出一大步，身体重心下降，上体向左侧倾斜，左脚用力蹬地起跳，右腿屈膝上提，右手持球由胸前经体侧向上做弧形摆动，举球到头侧上方最高点，同时目视球篮用手腕和手指力量使球碰板投篮。

行进间投篮易犯错误及其纠正方法通常有以下三种。

（1）初学时学生往往掌握不好右手投篮时先跨右脚接球，后跨左脚起跳的动作。右手投篮时先跨左脚接球，上右脚起跳造成上下肢配合不协调的错误动作。针对这一情况，应采用分解练习，可做三、五步助跑单脚跳起摸篮网或篮板的练习，模仿左右手跑篮动作。

（2）控制球能力差，做单手上手跑篮时举球不稳，不能用指腕力量柔和投球，用力过大；做单手低手跑篮时，掌握不好用腕、指挑球出手动作。针对这一情况，除多做控制球的练习外，可分解进行上举手肩上、单手低手投篮出手动作的练习。

（3）跑动中跨步接球与上第二步制动起跳衔接不好，腾空后身体前冲力过大。针对这一情况，可在篮下画一限制区，要求学生投篮出手后落地落在限制区内。

3. 跳起投篮

简称跳投，它具有突然性强，出球点高和不易防守的优点，可与传球、运球突破等动作结合，可在原地、行进中急停或背对球篮接球后转身等情况下运用。跳投已成为现代篮球运动普遍应用的主要投篮方式，现将几种主要的跳投方法分述如下。

（1）原地跳起单手投篮。双手持球于胸部以上，两脚开立屈膝，重心在两脚之间。两脚用力蹬地垂直向上起跳，同时双手举球至额前上方，当身体上升接近最高点时，投篮手稳定托球，利用压腕、指拨力量将球柔和投出。要求起跳和向上举球动作协调一致，在空中要含胸收腹保持身体平衡（见图 8-18）。

动作要点：两脚用力垂直跳，腾空放松平衡好，举球头上要稳定，出手时机掌握巧。

（2）运球急停跳投。常在以下情况下运用，当防守队员降低重心集中精力防运球时，或防守队员为了防止突破，与运球队员有一定距离时，或运球队员突破了自己防守的对手，又遇到对方队员补防时，或在运球中与防守队员形成错位时，都可做运球急停跳投（见图 8-19）。

图 8-18　　　　　　　　　　　　　　　　　　　图 8-19

动作方法：快速运球中最后两步减速，最好利用两步急停跳投，在运球急停的同时，双手持球迅速上举，两脚突然用力蹬地垂直向上起跳，身体腾空接近最高点时投篮出手。

动作要点：运球急停接球与起跳衔接要紧凑，起跳动作要突然用力，空中保持身体平衡。

（3）接球急停跳投。在快速移动中接球同时急停，如防守者稍有迟疑，尚未做出防投篮的动作时，可采用突然跳起投篮动作。接球急停跳投与持球突破结合运用效果更好。

动作方法：在快速移动中利用一步或两步急停接球，用腿、腰、背的力量控制身体重心，突然跳起投篮。起跳后的空中出手动作同运球急停跳投。

动作要点：接球急停控制身体重心，急停与起跳要紧密衔接，起跳动作突然用力，空中投篮出手的一刹那间保持球的稳定性。

跳投易犯错误通常有以下三种。

（1）起跳速度慢，缺乏爆发力；腰腹力量差，上下肢配合不协调；腾空时全身肌肉过分紧张或过分放松，控制身体平衡不好。

（2）投篮出手时机掌握不好，不是在接近最高点时出手，而随跳随投或身体下落时才出球。

（3）空中举球不稳，投篮手法不正确。

针对以上错误的纠正方法如下：

（1）重复讲解跳投动作要点，有针对性地示范。

（2）针对投篮手法问题，多在篮下原地做举球投篮出手练习。

📕 案　例

在 NBA 赛场上，有许许多多令人难忘的瞬间，其中最经典的莫过于 1997～1998 赛季的总决赛公牛客场对阵爵士。乔丹和他的队伍在第 6 战最后时刻还落后 3 分，在突破上篮得到 2 分之后，他从马龙手上断下篮球，冲向篮圈，晃过防守他的拜伦·拉塞尔（Bryon Russel），在还剩 6.6s 时投出制胜球。这个进球的精彩镜头印刻在无数球迷的记忆中，而那张记录了球出手瞬间的著名照片也永载史册。

🍸 案例分析

投篮是篮球最基础的进攻方法，掌握正确的投篮方法，提高投篮命中率是取得比赛胜利的法宝。投篮的质量高低与平时训练程度、体能和心理状态有密切联系。保持顽强的斗志，拥有必胜的信念，以稳定的身体状态为基础，才能确保投篮命中率的稳定。

四、运球

持球队员在原地或移动中，用单手连续按拍和迎引从地面反弹起来的球叫运球。运球是队员在比赛中携带球移动的唯一方法，是控制支配球，组织战术配合及突破防守的重要手段。

运球技术是由身体姿势、手按拍与迎引球的动作和脚步动作三个主要环节组成。运球的方法较多，下面介绍常见的六种运球技术方法。

1. 高运球

它是在没有防守队员阻挠情况下，为了加快向前推进的速度或在进攻中调整进攻速度和攻击位置时，所采用的一种运球方法。特点是队员运球中身体重心高，按拍球的力量大，球反弹的高度高，距离远，速度快，便于观察场上情况。

动作方法：抬头，目视前方，上体稍前倾，以肘关节为轴，用手按拍球的后侧上方，球的落点在身体侧前方，球反弹的高度在腰、胸之间，一般拍一次球跑两步（见图 8-20）。

动作要点：手按拍球的部位正确，手脚配合协调。

图 8-20

2. 低运球

当受到对手紧逼或接近防守队员受到抢阻时，常采用低运球方法摆脱防守。

动作方法：抬头，目视前方，两腿迅速弯曲，降低重心，上体前倾，靠近防守队员的一侧，用身体和腿保护球。同时，用手短促地按拍球，控制球从地面反弹的高度在膝部高度，以便摆脱防守继续前进。

动作要点：两腿迅速弯曲，降低身体重心，上体前倾；手按拍球短促有力，控制球的高度；手脚配合协调一致。

3. 体前变向换手运球

它是运球队员利用突然改变运球方向来突破防守的一种运球方法。这种方法多在对手堵截运球前进路线时运用。

动作方法：运球队员要从对手右侧突破时，先向对手左侧快速运球，当对手向左侧转移身体重心准备堵截时，运球队员突然变换运球方向，用右手按拍球的右侧上方，并靠近身体向左侧送拍球，使球的落点靠近左脚，向身体左侧反弹，同时，右脚向左前方跨步，上体左转侧肩，以臂、腿、上体保护球，换左手按拍球左侧上方，从对手右侧运球突破（见图 8-21）。

4. 体前不换手变向运球

如图 8-22 所示，运球接近对手时，先将球从自己身体右侧拨至体前中间的位置，同时上体向左做假动作，当对手其右侧移动堵截时，左脚快速蹬地，向右移动重心，同时仍用右手迅速将球拨回右侧，然后按拍球的后上方，右脚向右前方跨出的同时，上体向右转，接着跨出左脚，同时侧肩挡住对手，从防守的左侧加速超越，继续运球前进守的左侧加速超越，继续运球前进。

图 8-21　　　　　　　　　　　　　　图 8-22

5. 背后运球

如图 8-23 所示，当对手紧逼防守时，运球队员向防守者的左侧跨出右脚以吸引对手向其左侧移动进行堵截，同时右手将球拉到身后，迅速转腕拍按球的右后方并向左侧转体，将球从身后拍按至身体的左侧前方，然后换左手运球，同时右脚用力蹬地，左脚向前侧方跨出，加速运球超越防守队员。

动作要点：抬头，目视前方，变向时，手臂迎球提拉时要右脚在前；在上左步的同时，用屈臂、转腕，指拨的动作加力，使球从左脚后侧左前反弹。左手运球加速前进。

6. 运球转身

当运球队员向对手某—侧突破而路线被对堵住，双方距离很近，无法运用变方向运球突破时，可运用运球后转身摆脱，突破对手。

动作方法：当对手堵截运球路线时，运球队员将球控制在身体右侧；左脚向前跨出一步为中枢脚，置于对手两脚之间，然后右脚用力蹬地后撤，顺势做后转身动作。在转身的同时，右手按拍球的右侧前方，将球拉引向身体的侧后方落地，转身换用左手推拍球，从对手的身体右侧突破（见图 8-24）。

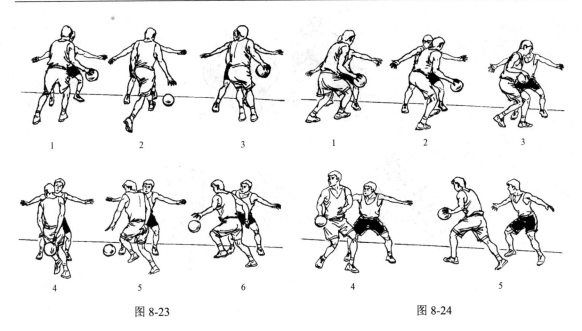

图 8-23　　　　　　　　　　　　　　图 8-24

动作要点：运球转身时，使上臂紧贴躯干来减小球的转动半径，同时运球臂提拉球的动作和脚的蹬地，跨步、转身动作紧密结合。转身时要加力运球，以加大球反作用力，增加手触球的时间，利于拉引球动作的完成。

运球易犯错误及纠正方法通常如下。

（1）用手掌拍击球。主要原因是运球手型和最后对球加力部位不对，缺少迎、送球动作。

纠正方法：强调运球手法、徒手做模仿练习，反复练习手、臂迎送动作；单手举球到头前侧上方，用手腕前屈，后仰和手指拨球动作连续做对墙运球练习。

（2）控制不住球。主要原因是按拍球的部位、手指手腕动作和加力不对，以及球的落点不适当等造成。

纠正方法：讲解产生错误的原因，进行正确示范，反复进行按拍球的动作练习。

（3）低头运球。主要原因是上体过于前倾，不能保持基本姿势；手对球控制能力差。

纠正方法：采用让学生目视教师手势进行运球，也可采用戴遮视线的"眼睛"进行运球练习。

五、持球突破

持球突破是持球队员运用脚步动作与运球技术相结合的快速超越对手的一项攻击性很强的进攻技术。根据持球突破时应出的步法，可分为交叉步持球突破和顺步（同侧步）持球突破两种。

1. 交叉步持球突破

交叉步持球突破又称异侧步突破。在获得球并面对防守队员时（以右脚做中枢脚为例），两脚左右开立，两膝微屈身体重心降低，持球于胸腹之间（见图 8-25）。突破时，左脚前脚掌迅速蹬地，并向右侧前方跨出，同时上体稍向右转，侧身使左肩前探，重心向右前方移动，此时将球引于右侧，在做轴脚抬起之前运球，在球离手瞬间做中枢脚的左脚蹬地向前跨出，加速超越对手。

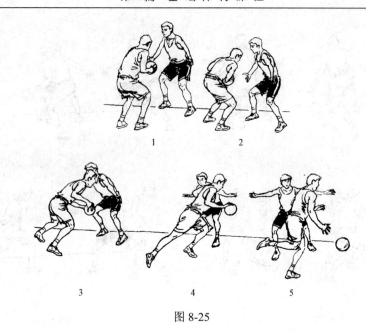

图 8-25

2. 顺步持球突破

顺步持球突破又称同侧步突破。在获得球并面对防守队员时（以左脚为中枢为例），准备

图 8-26

姿势同交叉步突破（见图 8-26）。突破时左脚内侧蹬地，右脚迅速向前方跨出，同时向右转体侧身探肩，重心前移，在左脚离地前，用右手放球于右脚侧前方，然后左脚迅速蹬地向右前方迈出，超越对手。

持球突破技术主要运用在以下三个方面。

（1）根据本队进攻战术的需要或为了扭转当时的被动局面，可利用持球突破打乱对方防守部署，创造良好的进攻机会。

（2）根据对方防守情况，有意识地攻其薄弱环节，在局部地区形成一对一局面，利用持球突破攻击防守能力较差的队员。

（3）随时了解和掌握防守对手在距离、位置、步法和身体重心控制的情况，

抓住其某一点错误，及时运用持球突破攻击对手。

运用持球突破应注意以下两方面问题。

（1）持球突破一定要与投篮、传球、假动作等技术结合运用，而且结合得好，运用恰当，才能充分发挥它的威力。因此，运用持球突破既要积极主动，又要善于掌握、调动对手，制造和利用突破时机，既要正确选择突破方向，又要做到及时、快速和灵活。

（2）突破前要观察了解双方队员在附近位置的分布情况。既要考虑个人攻击，也在考虑配合；既要估计到对手防守能力，也要估计到可能遇到意外阻挠。这样才能根据突破时双方

队员变化的情况，及时变换动作，展开有效的、合理的攻击。

持球突破通常在以下三方面易犯错误。

（1）突破时双脚移动和中枢脚离地过早。

纠正方法：

1）讲解规则要求，明确中枢脚概念，剖析造成原因，进行正确示范。

2）做针对性练习。如两脚开立，足踵稍提起，做身体重心向左、右脚转移练习；基本姿势站立，做向左、右侧前跨步，再还原成基本姿势的反复练习。

3）在慢速中做持球突破练习，逐步提高突破的速度。

（2）跨步时身体挺直或远离防守。

纠正方法：

1）针对错误讲解跨步时转体探肩的目的和作用，明确跨步方向和身体姿势。进行正确示范。

2）多做模仿练习。

3）要使学生明确，它是持球突破技术动作过程的一个环节，不能有意停顿。

（3）放球落点不对，被防守队员打掉。

纠正方法：

1）讲清突破时持球移动的路线，放球时间、球的落点和反弹高度等方面的要求。应强调指出适宜的落点应该是便于保护、控制球和加速超越对手，进行正确示范。

2）教师防守，让学生反复进行试做。

六、个人防守

1. 防守有球队员

在比赛中，球是攻守双方争夺的焦点，持球队员可能直接投篮得分和传球；因此持球队员经常是最有威胁的。在防守过程中，一旦自己所防守的对手接到球时，防守者要及时调整与对手的位置和距离，做到球到手、人到位。

（1）防投篮。两脚前后斜部站立，与前脚同侧的手掌对准球，上体不可过分前倾，用腰部力量控制身体平衡。注意对手眼神和重心位置的变换，判断对手进攻的意图，不要被其假动作迷惑。当对手投篮刚出手或起跳时，防守者及时起跳，伸直手臂用指腕力封球，干扰其出球弧度（见图8-27）。

（2）防突破。当进攻队员接到球后，防守者逼上距对手大约一步的距离，两脚平行站立，两手分开，重心下降；若对手突破时，就要迅速向对手突破方向的侧后方撤步、滑步抢占有利位置，堵截其突破路线。

（3）防运球。防守者左右开立，两腿弯曲，两臂向两侧自然张开，降低重心，对于运球时，防守人首先要堵截其向篮下的道路，迫使进攻者改变运球方向或停球，对手一旦停止运球就应立即靠近并挥舞双臂，积极干扰和封堵对手的传球，应注意不要犯规。

图 8-27

2. 防无球的队员

在比赛中，绝大部分时间是无球队员之间攻守对抗。多数情况下无球队员的移动是构成进攻配合的关键。要提高防守的主动性，有效制止对手进攻的威胁，应重视对防守无球对手的认识，提高防守无球队员的技能。

（1）防接球。在防守中，要随时观察场上的情况，根据进攻队员和球的位置变化，随时调整，改变自己的防守姿势、位置和距离；尽量不让对手接球或让对方很难受地接球而不能迅速进攻。

（2）防纵切。主要是不让对手在限制区及其附近接到球。当④向⑤移动要接球时，应抢前占据有利位置，伸出左臂阻截④接球，并始终保持在④与⑤之间，断其传球路线，以合理的身体接触，阻截④向有球一侧移动，迫使④向远离球的一侧移动（见图8-28）。

（3）防横切。主要是不让对手在限制区内接球。球在⑤手中，当⑥向罚球线左侧横切要球时，⑥要及时调整位置，抢在前面一步面向球，并利用身体合理触球和手的感觉随之移动，同时注意观察（见图8-29）。

图 8-28　　　　　　　　　　　　　　　　　　　图 8-29

3. 打球

打球是发展攻击性防守必须掌握的重要技术之一。在进攻队员持球、运球、投篮时，防守队员都可以利用积极的脚步移动，保持有利的位置，出其不意地突然打球。

（1）进攻队员持球时的打球。进攻队员在接球刹那尚未保护好球时或持球观察时，防守队员可突然进行打球。采用自下而上的打球方法，前臂向前伸，掌心向上，手腕用力带动手指和手掌根部，用短促的力量将球打掉。如进攻队员持球与腹部以下时，则采用自上而下的打球方法，方法同前相反。

（2）进攻队员运球突破时的打球。首先要保持有利的防守位置，在防守移动中进行打球。如在进攻对准备向运球时，向侧方打球。打球动作要迅速、短促而正确，以免犯规。

（3）进攻队员上篮时的打球。进攻队员上篮时，防守队员首先应迎前防守，用离对手近侧的手在他起步上篮时，自上而下地将球击落。随即撤步，以免犯规。

（4）进攻队员投篮时打球（盖帽）。当对手起跳投篮时，防守队员立即跟随起跳，身体和手臂充分伸展，在对手举球最高点或球刚离手的一刹那，迅速用离对手近侧的手向侧或前拨球。动作要小而突然，尽量避免接触对手的身体，否则犯规。

4. 抢球

抢球常用自上而下的方式。首先要靠近对手，动作要突然、果断，当两手接触球时，利用前臂和手腕、手指的转动力量，迅速将球抢下。当进攻队员终止运球刚拿起球时，或持球转身将球暴露时，或进攻队员跳起接球，以及抢到篮板球刚落地保护不好时，防守者出其不意地将球抢掉。

5. 断球

根据进攻队员传球的方向以及防守队员和对手所处的位置不同，可分为横断和纵断球两种。

（1）横断球。是从侧面突然跃出，以截获进攻对的传球（见图 8-30）。

（2）纵断球。是从对手的背后或侧后方突然用绕前防守的步法跃出截获进攻对的传球。

七、抢篮板球

比赛中双方队员在空间争抢投篮未中的球统称为篮板球。进攻队员投篮未中，争抢在空间的球，称为进攻篮板球或前场篮板球。对方投篮未中，防守队争抢在空间的球，称为防守篮板球或后场篮板球。

抢篮板技术是由抢占位置、起跳动作、空中抢球动作和抢球后的动作所组成。

图 8-30

抢位：是抢篮板球技术的关键环节。抢位时判断要正确，防守队员抢篮板球时要先挡后抢；进攻队员抢篮板球时要快速起动摆脱防守冲抢篮板球。

起跳：要正确地判断球的反弹的高度、方向和落点，即时起跳，力争在最高点将球抢获。防守队员多采用原地上步、撤步或跨步的双脚起跳；进攻队员则采用助跑单脚起跳或跨一两步双脚起跳。

空中抢球动作有双手、单手、点拨球三种方法。用哪一种则要根据场上情况来定。

抢球后的动作：无论防守与进攻队员，在抢到篮板球后落地时，都应两膝弯曲，两肘稍外展，护球于胸腹间或持球于头上。并迅速衔接其他动作。

1. 防守时抢篮板球

防守队员抢篮板球时，关键在"挡人"。就是要利用身体合理地挡住进攻队员向篮下冲抢篮板球的路线，使自己抢占有利的位置。同时，既要判断球的落点，又要及时起跳，以最大的力量跳到最高点抢球转为攻。防守队员右脚在前，左脚在后，侧向进攻队员，进攻队员投篮后，从防守队员的右侧切进抢篮板球时，防守队员以右脚为中枢脚，左脚向后跨步做后转身把对方"挡"住（见图 8-31）。

技术要点：判断球向，站住挡抢，及时起跳，迅速完成第一传。

练习方法：半场一对一练习，一人投另一人专练挡人技术，攻守互换。

易犯错误：挡人抢位不及时。

纠正：一攻一守，练习抢位，提高合理抢位技术。

2. 进攻时抢篮板球

抢进攻篮板球时，要强调冲抢，突出"冲"字。起动要快，当球在空中飞行还没有触及篮圈时，就要判断可能反弹的方向，利用突然快速的移动或借助于闪、晃的假动作，绕过防守队员，冲向篮下抢占有利位置起跳。抢到球后，立即投篮或传给同伴，重新进攻。进攻队员先假做从对手的右侧跑过，吸引防守若做出相应的移动进行阻挡，然后突然由左侧跑过去冲抢篮板球（见图 8-32）。

图 8-31　　　　　　　　　　　　　图 8-32

技术要点：判断球向，绕位冲抢，及时起跳、补篮或迅速组织第二次进攻。

练习方法：半场一对一或二对二，进攻队员投篮，防守队员要转身全力"挡"位；进攻队员则设法摆脱去抢篮板球。练习 10 次，攻守互换进行。

易犯错误：起跳过早或过晚，未能在跳至最高点时抢球。

纠正：加强手对球控制能力的辅助练习和弹跳力练习，提高抢球能力。提高判断力，正确及时起跳。

任务三　篮球战术

篮球战术是篮球比赛中队员个人技术的合理运用和全队队员相互协调的组织形式和方法，其目的是为了充分发挥本队的特长，制约对方，以争取比赛的胜利。

篮球战术的作用就是把队员已获得的身体、技术、心理等方面的训练效果，根据比赛双方的具体情况综合运用，使全体队员形成一个团体战斗的集体，保证每名队员的技术特长都得到充分的发挥。

根据篮球运动的对抗特征，通常将篮球战术分为进攻与防守两大系统。

一、战术基础配合

篮球战术基础配合是指在篮球比赛中队员两三人之间有目的、有组织、协调行动的简单攻守配合方法，它是组成全队战术配合的基础。战术基础配合包括进攻战术和防守战术基础配合两大部分。

1. 进攻战术基础配合

（1）传切配合。传切配合是指进攻队员之间利用传球和切入技术组成的简单配合。它包括一传一切配合和空切配合。

一传一切配合：⑤传给④后，立刻摆脱对手❺向篮下切入，接同伴④的回传球投篮（见图8-33）。

空切配合：④传球给⑤时，⑥乘其对手不备之机，突然横切或从底线切入篮下接⑤的传球投篮（见图8-34）。

图8-33

图8-34

（2）掩护配合。掩护配合是掩护队员采用合理的行动，以自己身体挡住同伴的防守者的移动路线，使同伴借以摆脱防守的一种配合方法。掩护配合有很多形式和方法，根据掩护者做掩护时站位的不同，有前掩护、侧掩护和后掩护三种形式。下面以侧掩护配合为例说明。

示例1：给无球队员做侧掩护（反掩护），⑤传球给④后，即向相反的方向跑动给⑥做侧掩护，当⑤跑到⑥侧面掩护到位时，⑥摆脱防守切入篮下接④的传球投篮（见图8-35）。

示例2：给持球队员做侧掩护，⑤传球给④后跑到❹的侧面做掩护，④接球后做投篮或突破的动作，吸引❹的防守，当⑤掩护到位时，④持球从❹的右侧同样突破投篮。⑤掩护后及时移动到有利的位置去接或抢篮板球（见图8-36）。

图8-35

图8-36

（3）策应配合。策应配合是指进攻队员背对或侧对篮球接球，以他为枢纽，与同伴配合而形成的一种里应外合的配合的方法。④摆脱防守插到罚球线做策应，⑤将球传给④，并立即空切篮下，接④的策应传球投篮（见图8-37）。

（4）突分配合。突分配合是指持球队员突破对手后，主动地或应变地利用传球与同伴进行攻击的一种配合方法。④持球从底线突破❹遇到❻补防时，及时传球给插到有利位置的⑤投篮（见图8-38）。

2. 防守战术基础配合

防守战车基础配合是在篮球比赛两三人之间为了破坏对方进攻配合所组成的简单配合。防守战术基础配合包括抢过、穿过、绕过、关门、夹击、补防和交换防守配合等。

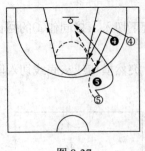

图 8-37

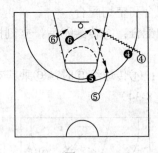

图 8-38

（1）抢过配合。④传球给⑤后给⑥做掩护，⑥在④靠近自己的一刹那，迅速抢前一步靠近⑥，并从⑥和④中间抢过去继续防守⑥（见图 8-39）。

（2）穿过配合。⑤传球给⑥后去给④做掩护。⑤要及时提醒同伴，④当⑤掩护到位前一刹那主动后一步，从⑤和⑤中间穿过去，继续防守④（见图 8-40）。

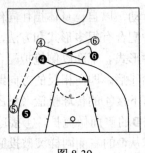

图 8-39

图 8-40

（3）绕过配合。⑥传球给⑤并去给④做掩护，⑤传球给④后利用⑥的掩护向篮下切入，⑤从⑤和⑥的身后绕过继续防守⑤（见图 8-41）。

（4）交换防守配合。⑤去给④做掩护，⑤要主动给同伴发出换人的信号，及时堵截④向篮下突破的路线。此时④应及时调整自己的防守位置，防止⑤向篮下空切（见图 8-42）。

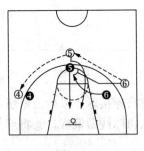

图 8-41

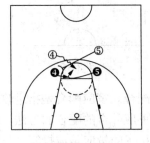

图 8-42

（5）关门配合。当⑤向右侧突破时，④和⑤进行"关门"；向左突破时，⑥和⑤进行"关门"（见图 8-43）。

（6）夹击配合。④从底线突破，④封堵底线，迫使④停球，⑤同时迅速向底线跑去与④协同夹击④，封堵其传球路线，迫使其违例或失误（见图 8-44）。

（7）补防配合。⑤传球给④后，突然摆脱⑤的防守直插篮下，此时，⑥放弃对⑥的防守而补防⑤，❺去补防⑥（见图8-45）。

图 8-43

图 8-44

图 8-45

二、快攻

快攻是防守转入进攻时，以最快的速度、最短时间超越对手，争取造成人数上的优势，以多打少或在人数上不占优势情况下，趁对方阵脚未稳，抓住战机，果断合理地进行攻击的一种积极快速的进攻战术。

1. 发动快攻的时机

（1）抢获后场篮板球时发动快攻。

（2）抢、打、断球，获球时发动快攻。

（3）掷界外球时，可发动快攻。

（4）跳球获球后发动快攻。

2. 快攻的组织形式，一般分为长传快攻、短传快攻和结合运球突破进攻三种

快攻的组织结构，除长传快攻是由发动和结束两部分组成外；其他形式的快攻都是由发动与接应、推进和结束三部分组成。

（1）长传快攻。是防守队员在后场获球后，立即快速地用—次或两次传球给迅速超越的同伴进行投篮的一种配合方法。断得④传给⑧的球时，立即全速快下，接的长传球进行攻击（见图8-46）。

技术要点：由守转攻获球队员迅速观察场上情况快速地传球，快下队员要全力快跑，并正确判断来球的方向和落点，在跑动中完成接球和投篮。

（2）短传快攻。是防守队员在后场获球后，几个队员在快速奔跑过程中运用短而快的传接球，迅速推进过中场迫近对方篮下进行攻击的一种配合。

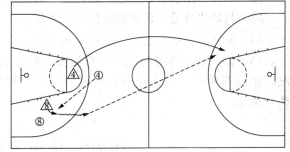

图 8-46

短传快攻的推进是指快攻发动后与结束之前，在中场一带快速向对方篮下转移的配合方法。有边线推进和中间推进两种，或将这两种方法结合起来运用。

短传快攻的结束是指快攻推进到前场，展开对篮攻击时所运用的配合方法。它是快攻战术组织的重要环节。快攻结束阶段经常形成的局面有多打少、人数相等和少打多三种情况，就是通常所说的"二打一"、"三打二"、"二打二"、"三打三"或"二打三"等。示例在这里就不赘述了。

✍ 案 例

2006 年 8 月 24 日世界男篮世锦赛上，中国对阵斯洛文尼亚，这是一场关乎小组出线的重要比赛，终场前 20s，斯洛文尼亚队员斯洛卡与队友进行了一次掩护配合，投篮得分，此时场上的比分为 75:77，中国队落后 2 分，而比赛时间仅剩下 5.8s。刘伟抓住时机，抢发端线球将球传给王仕鹏，王仕鹏冲到对方三分线外出手，场上的球员、观众，以及所有电视机前的人们都将目光对准了那个篮筐，一记压哨的三分球命中，中国男篮神奇地在最后一秒以 78:77 击败斯洛文尼亚队，以小组第四的身份晋级 16 强。这戏剧性的一幕让喜出望外的中国球员狂喜地抱着王仕鹏，一张张激动的面孔在拥抱、庆祝、喊叫……而另一边斯洛文尼亚的教练仿佛接受不了这个事实，沉默地双手抱头，对于双方来说，胜利和失败都来得太突然了。

❦ 案例分析

这是一次有效的、通过抢发端线球、运用传球结合个人突破的快攻战术，赢得比赛胜利的进攻。只有掌握了在高速运动当中，如何传接球、运球和投篮技术的运动员，才能在最短的时间内准确无误地完成快攻战术。而这种高速运动当中运球、传接球和投篮的技术通常被称为"快速技术"。

三、防守快攻

防守快攻是在进攻转入防守的刹那间，快速地、有组织地制约对方的反击速度和破坏对方快攻路线的配合方法，是防守战术的主要组成部分。

防守快攻最积极的方法包括以下五个方面。

（1）提高进攻成功率。要特别注意减少进攻中的失误和违例，这是控制对手进攻速度，减少其发动快攻机会的重要手段。

（2）积极拼抢前场篮板球。这是控制对手抢篮板球后快速反击的最有效的方法。

（3）封堵快攻第一传和截断接应。是制止对方发动快攻的关键。

（4）退守时要堵中卡边，防止长传快攻。

（5）提高以少防多的能力，首先要选择有利的防守位置，要沉着、冷静地观察对方情况。正确判断对方的主攻方向和薄弱环节，积极移动，合理运用技术，及时补位，提高防守效果。

任务四　篮球竞赛规则简介

一、场地设备与比赛通则

1. 场地设备

篮球场是长方形，无障碍物。球场长 28m，宽 15m，球场的丈量是从界线的内沿量起。篮圈的内径最小为 45cm，最大为 45.7cm，其距离地面的高度为 3.05m。篮球的外壳由皮革、橡胶或合成物质制成。球的圆周不得小于 74.9cm，不得大于 78cm；重量不得少于 567g，不得多于 650g。充气后，使球从 1.8m 的高度（从球的底部量起）落到球场的地面上，反弹起来的高度不得低于 1.2m，不得高于 1.4m（从球的顶部量起）。

2．比赛通则

每场比赛由两个队参加，每场出场 5 名队员，如果某队在场上准备比赛的队员不满 5 名时，比赛不能开始。

比赛由 4 节组成，每节 12min。第 1 节和第 2 节、第 3 节和第 4 节之间的休息时间为 2min；第 2 节和第 3 节之间的休息时间为 15min。如果第 4 节结束时得分相等，要延长 5min 作为决胜期继续比赛，必要时延长几个决胜期，直到分出胜负为止。

对于 4×12min 的比赛，每队每半时（两节）的比赛时间内可以允许请求 3 次暂停，每一决胜期内准许 1 次暂停。

二、违例部分

违例是违犯规则，罚其失去球权，将球判给对方在最靠近发生违例的地点掷界外球。

1．带球走规则

（1）确定中枢脚。队员静立时接球或双脚同时着地接到球，可用任何一脚作中枢脚。

一脚抬起的一刹那另一脚就成为中枢脚队员在移动过程中接到球，如果脚分先后着地，只能用先着地的脚做中枢脚。

（2）确定中枢脚后。在传球或投篮时，可抬起中枢脚，但必须球离手后，中枢脚才能落回地面。开始运球时，在球离手前，不能抬起中枢脚。

2．运球规则

（1）运球开始。队员控制球后，将球掷、拍或滚在地面上，并在球触及另一队员前在触及球为运球开始。

（2）运球结束。运球过程中，队员用双手同时触球或使球在一手或两手间停留的瞬间运球即完毕。

1）投篮。

2）球被对方队员触及。

3）传球或漏接，然后球触及了另一队员或被另一队员触及。

3．球回后场规则

（1）如何划分前、后场。对方球篮的端线与中线的场区（不包括中线）是某队的前场；本方球篮的端线与中线之间的场区（包括中线）是某队的后场。

（2）如何判断球回后场。

1）前场控制活球队的队员使球进入后场。

2）球进去后场后，最先触球的是控制球队队员，则构成球回后场违例。

4．罚球规则

（1）罚球队员规则。

1）可用任何方式投篮，但罚球队员在处理球时，必须在 5 秒钟内投球出手；投篮的球必须从篮圈上方进入球篮或触及篮圈。

2）在球触及篮圈前不得触及罚球线或罚球线前的地面。

3）当球已在飞翔球篮的途中不得触及球。

判罚：违犯规则，罚中不得分；如果是仅有的一次罚球或最后一次罚球，则将球判给对方队员在罚球线的延长部分掷界外球。

（2）非罚球队员规则。

1）不得占据非罚球队员无权占据的位置区。

2）在球离开罚球队员的手之前不得进入限制区、中区区域或离开位置区。

3）不得干扰罚球队员。

4）在球飞向球篮的途中不得触及球；当球与篮筐接触时不得触及篮球或篮板。

判罚：

1）双方队同时违例，球中篮计得分；罚球不成功，判给对方队员掷界外球。

2）罚球队员的对方队员违例，球中篮计得分；罚球不成功，判给罚球 队员重罚一次。

5. 时间规则

（1）3s 规则。某队在场上控制球并且比赛计时钟正在走动时，该队的队员不得在对方的限制区内停留超过持续的 3s。

（2）8s 规则。当一名队员在后场得控制活球时，该队必须在 8s 内使球进入前场。

（3）24s 规则。当一名队员在场上获得一个控制活球时，球队在 24s 内设法投篮，并且投篮的球只有在进入篮圈或触及篮圈时，24s 装置才能恢复。

6. 干扰球规则

（1）当投篮的球在飞行下落，并完全在篮圈水平面时，进攻或防守队员都不得触及球，在投篮中，当球碰击篮板后并完全在篮圈水平面时，也不可以触及球。

（2）当投篮的球接触篮圈时进攻或防守队员都不得触及球篮或篮板。

判罚：

1）如果进攻队员违例，不能得分，将球判给对方队员在球线的延长线部位掷界外球。

2）如果防守队员违例，判给投篮队员得两分；如在三分区投篮，则判得 3 分。

三、犯规部分

犯规是违反规则的行为，含有与对方队员的身体接触或有违反体育道德的举止。

1. 犯规的类型及其判罚

（1）侵人犯规及其判罚。

1）一般性侵人犯规。主要有阻挡、非法用手、拉人、推人、非法掩护和持球撞人等。在上述情况下都要登记犯规队员的每一次侵人犯规。如果对没有做投篮动作的队员犯规，球中篮并判给一次罚球；如果对已在做动作的队员犯规，投球进篮计分并判给一次罚球；如果两分投篮没有成功，则判给两次罚球，如果三分球没有投中，则给三次罚球。如果是控制球队的队员犯规，由非犯规队在犯规处的界外掷界外球。

2）双方犯规。指两名对抗的队员大约同时发生接触犯规的情况。登记每个队员一次侵人犯规，不判给罚球；如果犯规时某队已经控制球或未控制球，但已拥有球权，则应判给该队做界外球；如果犯规时，两队都不控制球，则由裁判根据轮流进攻的原则判罚；如果犯规时投篮有效并得分，则由得分队得分队员在端线掷界外球。

3）违反体育道德的犯规。指队员蓄意、过分地对对方队员造成侵人犯规。登记犯规队员违反体育道德的犯规，判给非犯规队两次罚球再加一次中线界外球。

4）取消比赛资格的犯规。指侵人犯规、违反体育道德的犯规及技术犯规中任何十分恶劣的道德的犯规。登记一次取消比赛资格的犯规，判给非犯规队两次罚球再加一次中线处掷界外球。

5）特殊情况下的犯规。指在一起犯规或一起违例后的同一个停止比赛计时钟期间，又发生一起或多起犯规。登记每个犯规队员一次犯规。如果几乎同时宣判双方球队多起犯规，裁判员必须确定犯规发生的次序。双方球队的犯规涉及相同的裁罚，它们要互相抵消；双方球队的犯规不涉及相同的罚则，要按犯规发生的次序判罚和执行。

（2）技术犯规及其罚则。技术犯规是指所有不包括与对方队员发生接触的犯规。主要包括队员、教练员、替补员或随队员的技术犯规及比赛休息时间内的技术犯规。

1）队员技术犯规。登记违反者一次技术犯规，判给对方一次罚球再加一次中线处掷界外球。

2）教练员、替补队员或随队人员的技术犯规。登记教练员一次技术犯规，判给对方两次罚球再加一次中线处掷界外球。

3）比赛休息时间内技术犯规。如果是队员犯规，则登记该队员一次技术犯规，判给对方两次罚球，该犯规要计入全队犯规之中；如果是教练员或随队人员技术犯规，则对教练员进行登记，判给对方两次罚球，该犯规不计入全队犯规之中。

2. 全队犯规的处罚规则

（1）在每节比赛中，当一个队的队员侵入犯规累计已达 4 次时，所有以后发生的队员侵入犯规要判给对方两次罚球。

（2）如果是控制球队的队员犯规，则判给对方掷界外球。

（3）在任何一决胜期内发生的所有全队犯规要看做第 4 节发生犯规的一部分。

任务五 三人制篮球赛

一、三人制篮球赛的起源

三人制篮球赛起源于美国黑人社区的青少年，也是最早流行于美国街头的三人篮球赛，亦称为"街头篮球赛"。场地设备要求简单，一般设在街头或公园里，只要走在大街上人们愿意，就可以随意组成三人一队进行一场篮球比赛，并在具有强烈节奏感音乐伴奏下，把打球、娱乐、健身融为一体。极易吸引人，观赏性强，也富有魅力。近年来，由于特定形成，在各地迅速传播蔓延，形成了篮球运动大众化的又一道绚丽变化的风景线，受到了许多企业、机关、单位、学校的青睐和参与。三人制篮球赛作为源于实践的非正规的竞赛形式，经历一百多年，不同地域的考验，展现出其自身的社会价值。据资料所知，领导世界篮球运动发展方向是美之篮（即 NBA），而主宰美之篮的则是黑人选手，他们的成才之路在于黑人的居住区的街道、校园、公园及停车场等到处都有铁圈和篮球架。凡是有篮圈的地方，总会围着一群孩子们，经常组织"三人对三人"的比赛，因为它的广泛性和普遍性，所以得到各界的支持和帮助，并形成有专职的教练员和裁判员来指导训练和比赛机构，定期颁布比赛成绩。

二、三人制篮球赛的比赛规则

（一）场地和器材

（1）场地：半个标准的篮球场地（14m×15m）或按照半场比例适当缩小（长度减少 1m，宽度减少 2m），地面坚实、平整。

（2）球篮：距地面 3.05m 的球篮提供给男女成年组和男子初中（含初中）以上青年组，距地面 2.8m 的球篮提供给男子小学组、女子初中和小学组。

（3）球：男女成年组和男女初中（含初中）以上青年组可使用圆周在 75～78cm、质量在

567～650g 的球；男女小学组可使用圆周在 68～72cm、质量在 450～500g 的球。

（二）工作人员及其职责

（1）裁判人员。设 1～2 名裁判员和 1 名记录员。

（2）服装。裁判员与记录员要着装一致，但其颜色、款式应区别于运动员。

（3）权利。比赛设 1 名裁判员时，他是比赛中唯一的执法宣判人员。比赛设 2 名裁判员（主裁判员和副裁判员）时，两名裁判员对场上违反规则的行为都有权作出宣判，如发生矛盾，主裁判员是终决人员，并负责在记录表上签字。副裁判员兼管记 20s 违例。

（4）记录员职责。记录员兼管计时、记分。记录两队累计的分数（包括投篮和罚球的得分）、全队及个人犯规次数及比赛时间，并按照规则要求宣布比赛进行的时间和比分。

（三）规则

（1）运动员人数。比赛双方可报名 4～5 人，上场队员为 3 人。

（2）比赛时间。初赛、复赛不分上下半时，全场比赛时间为 10min（组织者可根据参赛队数多少修订时间为 12 或 15min）。比赛进行到 5min 和 9min 时，记录员各宣布一次时间。如果只有 10min 比赛时间，则双方队都不得暂停（遇有队员受伤，裁判员有权暂停比赛 1min）。如比赛安排为 12 或 15min，则分别允许请求一次或两次暂停，每次暂停时间为 30s。决赛分上下两个半时，每半时 8min，上半时与下半时之间休息 3min。比赛中除在罚球、暂停、球员受伤及比赛结束等情况下停止计时表外，其余情况均不停表。

（3）比赛开始。双方以掷硬币的形式决定发球权，然后在发球区掷界外球开始比赛。决赛阶段，上半时获发球权的队，下半时不再获发球权，由对方队在发球区掷界外球开始比赛。

（4）发球区。中圈不在场地中的半圆叫做发球区，发球区的地面（包括线）算界外。

（5）发球。在发球区掷界外球算做发球。

（6）攻守转换。①每次投篮命中后，都由对方发球。②所有交换发球权的情况（如违例、界外球及投篮命中后），均为死球，在发球区掷界外球继续比赛。所有不交换发球权的情况（如不执行罚球的犯规），则在就近的三分线外发球。在这种情况下，发球前，必须由裁判员递交球。③守方队员断球或抢到篮板球后，必须将球运（传）出三分线外（持球队员必须双脚踏在三分线外），才可以组织进攻，否则判进攻违例。④争球时，在罚球圈跳球，任何一方得球都必须将球运（传）出三分线（持球队员必须双脚踏在三分线外），才可以组织进攻，否则判进攻违例。跳球中得意外投中无效，重新跳球。凡因涉及③和④中出现的违例，裁判员的手势为两手前臂交叉于脸前，以示违例，交换发球权。

（7）秒规则。24s 规则改为 20s。

（8）犯规法则。①比赛中，每个队员允许三次犯规，第四次犯规罚出场。②任何队员被判取消比赛资格的犯规，则取消该队比赛资格。③每个队累计犯规达 5 次后，该队的第六次以后的侵人犯规由对方执行 2 次罚球。前 5 次犯规中，凡对正在做投篮动作的队员犯规，如投中，记录得分、对方个人和全队犯规次数，不追加罚球，由守方发球继续比赛；如投篮不中，则判给攻方被侵犯的队员 1 次罚球，如罚中得 1 分，并由攻方继续掷界外球，如罚不中，仍由攻方掷界外球。④在使用小篮架的比赛中，不允许队员出现扣篮动作，也不允许队员将身体的任何部位悬挂于篮圈或篮球架上，否则，可被判罚离场并不能再被替换上场，且该队失去球权。

（9）替换。只能在比赛计时钟停止的情况下替换，被换下的队员不能再被替换上场（场上队员不足 3 人时除外）。

（10）得分相等和决胜期。比赛时间终了，以得分多者为胜方。初赛及复赛阶段，比赛时间终了，如得分相等，执行一对一依次罚球，只要出现某队领先 1 分即为胜方，比赛结束。在决赛阶段，比赛时间终了，如得分相等，则增加 3min 决胜期，发球权仍以掷硬币的形式决定。如果决胜期得分仍相等，执行一对一依次罚球，只要出现某队领先 1 分即为胜方，比赛结束。

（11）队长。比赛中，队长是场上唯一发言人。

（12）纪律。比赛中应绝对服从裁判，以裁判员的判罚为最终判决。

重 点 小 结

（1）建立正确的技术动作概念，选择正确的练习方法，掌握两个或两个以上技术动作并合理、快速、省力的衔接组合。在能衔接连贯地完成组合技术的基础上，进一步掌握组合技术的节奏、速度与动作的准确性。

（2）培养战术素养，在比赛中发挥集体力量和个人作用，利用篮球战术将队员组织起来，保证整体实力和特长的发挥，制约对方，掌握比赛的主动争取比赛的胜利。

（3）篮球运动可以培养顽强的意志、勇于斗争、敢于斗争的作风和力争胜利的精神，形成正确的世界观和人生观，养成团结、协作和热爱集体的良好思想作风。

课 课 练

（1）身体素质练习：滑步、交叉步、击剑步练习；侧身跑、转身加速跑、折返跑练习；仰卧起坐、俯卧撑练习；纵跳、单脚连续纵跳、蛙跳练习。

（2）专项技术练习：单双手传接球、长传球练习；高运球、低运球和胯下运球练习；行进间高手投篮、行进间低手投篮练习；顺步突破、交叉步突破练习等。

项目九

排　球

【学习目标】

1. 知识目标

（1）了解排球起源和发展的概况。

（2）掌握排球基本技术和基本战术。

（3）了解和掌握排球的基本战术及战术的特点。

（4）了解排球运动的主要竞赛规则。

2. 技能目标

（1）熟练掌握排球的基本技术。

（2）掌握排球的基本战术及在比赛中能合理地运用。

（3）掌握排球的竞赛规则，能在比赛中担任裁判工作。

【运动提示】

（1）要多加强排球基本功和各项身体素质的练习。

（2）在基本技术的练习中要多练习发球、垫球、传球、扣球、拦网等基本技术，同时结合集体进攻战术、集体防守战术练习。

（3）在练习中要带着战术意识去练技术，这样才能练就真正实用的技术。重点技术要经常练、反复练，做到精益求精。

【项目任务】

（1）掌握排球基础知识和竞赛规则。

（2）掌握排球准备姿势、移动、发球、垫球、传球、扣球、拦网等基本动作。

（3）掌握排球个人进攻、个人防守、集体进攻、集体防守等基本战术。

【项目实施】

任务一　排球运动概述

一、排球运动的起源传播

排球运动始于 1895 年，创始人是美国马塞诸塞州基督教青年会干事威廉·莫根，1896年开始有了排球比赛。

排球运动在美国问世后，由美国的传教士和驻外国的军官、士兵带到了世界各地。由于排球运动开展的时间及采用的规则不同，世界各地排球运动形式也不同。经历了由十六人制——十二人制——九人制——六人制的演变过程。

排球运动在其发展过程中又不断分化繁衍，形成了多种多样的形式，如沙滩排球（Beach VB）、九人制排球（9 Men System VB）、小排球（Min VB）、软式排球（Soft VB）、残疾人排球。

二、排球运动的特点

1. 形式的多样性和广泛的群众性

排球运动的场地设备比较简单，可设在室内亦可设在室外。地板上、沙地上、草地上、雪地上，甚至水中都可以进行排球活动，其形式多种多样，比赛规则容易掌握且可以变通。参加人数可多可少，运动负荷能大能小，适合不同年龄、性别、体质和训练程度的人在不同环境条件下进行活动。因此有广泛的群众性。

2. 技术的全面性和高度的技巧性

排球比赛中，任何位置上的队员都要参与防守和进攻；而且在大多数形式的比赛中，规则还要求队员轮转位置。因此每个队员都须全面地掌握各项攻、防技术。由于排球比赛具有球不能落地，以及必须将球击出不能持住、同一名队员不得连续击球两次、每队击球次数又有规则等特点，决定了排球技术的高度技巧性。

3. 激烈的对抗性和严密的集体性

排球比赛中双方的攻防转换始终是在激烈的对抗中进行的，其对抗的焦点主要集中在网上的扣与拦之间。一分球的争夺往往要经过七八个回合。水平越高的比赛，对抗争夺越激烈。排球比赛双方都在利用规则允许的三次击球机会，通过精心设计和巧妙配合，在瞬间完成激烈的攻防转换和完美的战术组合，体现了严密的集体性。

4. 轻松的娱乐性和高雅的休闲性

排球运动不拘泥形式，可支网相斗，亦可围圈嬉戏，只要有一块空间，或沙滩和草地，尽可享受击技的乐趣。排球比赛隔网进行，双方斗技，没有身体接触，安全儒雅，是人们欢悦、休闲的理想方式。

三、比赛方法

排球运动是由两支人数相等的球队，在被球网隔开的两个均等的场区内，根据规则以身体任何部位，将球从网上击入对方场区，而不使其在本方场区内落地的、集体的、攻防对抗的体育项目。排球比赛的形式是多种多样的，其基本方法是由一名队员在发球区内用一只手将球直接击过球网开始的。每方最多击球 3 次使球过网，不得持球。一名队员不能连续击球 2 次。比赛不间断地进行，直至球落地、出界或某队犯规。

发球队胜一球后，该队同一名队员继续发球。接发球队胜一球后，按预先登记的发球顺序，换由下一名队员发球。在每球得分制的比赛中，如六人制排球，发球队胜一球得一分，接发球队胜一球得发球权同时得一分。在发球权得分制的比赛中，如沙滩排球，发球队胜一球得一分，接发球队胜一球只得发球权不得分。

比赛有五局三胜制、三局两胜制和一局胜负制。每局的胜负为限分制，即首先达到规则分数的队为胜队。

四、排球运动发展概况

1. 世界排球运动的发展

世界排球运动的发展大致分为娱乐排球、竞技排球和现代排球三个阶段。

（1）娱乐排球。排球运动诞生之初，作为一种娱乐性的游戏被人们所接受。这一阶段排球运动的特点是从开始的娱乐游戏性质，逐渐向竞技对抗方向发展。国际上的比赛没有统一的组织、统一的竞赛制度、统一的竞赛规则。

（2）竞技排球。1946 年 8 月 26 日，法国、捷克、波兰 3 国的排球代表在布拉格召开会议，倡议成立国际排球联合会。1947 年 4 月间，国际排联在巴黎正式召开成立大会。会议制定了国际排联宪章；选举了法国人保尔·李博为第一任主席，指定巴黎为总部所在地；成立了技术委员会、竞赛委员会和裁判委员会，正式出版了国际通用排球竞赛规则。

国际排联的成立标志着排球运动从娱乐游戏时代进入了竞技时代。其后，国际排联成功地领导和组织了一系列的世界大赛，比赛 2 年或 4 年举办一次并延续至今。此外国际排联下属的各洲联合会也定期举办洲锦标赛、洲运动会排球赛、洲青年锦标赛等。

（3）现代排球。排球运动自 20 世纪 80 年代进入了现代排球阶段。现代排球的概念是广义的，它包括一切与排球有关的活动。其特点表现为：技战术向全攻全守发展；排球运动的社会化、商业化和职业化；竞技排球与娱乐排球并存，已经形成了"大排球"的观念。

2. 中国排球运动的发展

排球运动 1905 年传入我国。我国排球运动同样经历了十六人制——十二人制——九人制——六人制的演变过程。新中国成立后，排球运动被作为重点体育项目加以推广，发展较快。1950 年 7 月，中华体育总会第一次介绍了国际排联制定的六人制排球竞赛规则和方法。1953 年中国排球协会成立，1954 年 1 月 11 日国际排联正式接纳我国排协为正式会员。

20 世纪 50～60 年代我国排球一方面抓普及，一方面抓提高。迅速普及推广了六人制排球运动，排球运动在我国得到快速发展。各省市根据自己的特点，形成了不同风格的技战术打法，并在国际比赛中取得了较好的成绩。

十年动乱严重干扰了排球运动的发展，技术水平下降，运动队伍青黄不接。1972 年开始恢复训练，1976 年重新组建了国家男女排球队，开始了正常训练。1981 年 3 月，中国男女排球队继 1979 年后，再次双双获得世界杯亚洲预选赛的冠军。1981 年 11 月我国女排在日本第 3 届世界杯赛中，七战七捷首次荣获世界冠军，此后在奥运会排球赛、世界杯、世锦赛上连连夺冠，创造了世界女子排球"五连冠"的奇迹。中国女排顽强拼搏的精神，成为一个时代的标志。

1988 年兵败汉城奥运会，中国排球步入低谷，在亚洲也失去了霸主地位。1994 年国家体委召开"国家男、女排球队工作汇报会暨重振雄风研讨会"，提出了"精诚团结，同心同德，共同奋斗，重振排球雄风"的口号。1997 年国家排球管理中心成立，进一步推动了排球运动的发展。在 1998 年的第 13 届亚运会上，中国男女排球队双双夺冠，标志着中国排球逐步走出低谷。

3. 排球运动世界大赛简介

当今世界上规模较大影响广泛的比赛有世界锦标赛、世界杯赛、奥运会排球赛和世界沙滩排球锦标（巡回）赛。

任务二 排球的基本技术

一、排球技术及其分类

排球技术是指运动员在比赛规则允许的条件下采用的各种合理的击球动作的总称，它是排球运动的基础和重要组成部分。

排球技术有两种：一种是有球技术，包括传球、垫球、扣球、发球和拦网；另一种是无球技术，包括准备姿势、移动、起跳、信号联络及各种掩护动作等。排球技术主要由步法和手法组成，同时与视野活动、躯干活动和意识活动相配合为一体。

二、排球技术的特点

（1）完成各种技术动作的时间短。

（2）各种技术动作都是球在空中飞行时完成。

（3）大多技术具有攻防两重性。

（4）在不持球的前提下，身体各部位的都能触球。

注：本章所述均为"六人制排球"技术。

三、排球基本技术

1. 准备姿势与移动

准备姿势与移动是排球基本技术之一，属于无球技术之一，是完成发球、垫球、传球、扣球和拦网等各项技术的前提和基础，并对各项有球技术的运用起串联和纽带作用。准备姿势和移动是不可分离、相辅相成的。

（1）准备姿势。为了便于完成各种技术动作而采取的合理的身体姿势称为准备姿势。一般按照身体重心的高低，分为半蹲、稍蹲、低蹲三种准备姿势。

1）半蹲准备姿势。两脚左右开立稍比肩宽，一脚稍前，两脚尖内收，脚跟提起，膝关节保持一定的弯曲，膝关节的投影在脚尖前面。上体前倾，重心靠前。两臂放松自然弯曲，双手置于腹前。全身肌肉适当放松，两眼注视来球，两腿始终保持微动（见图9-1）。

动作要点：屈膝提踵，含胸收腹，微动。

2）稍蹲准备姿势。与半蹲准备姿势动作方法相同，只是重心稍高（见图9-2）。

3）低蹲准备姿势。比半蹲准备姿势的身体重心更低、更靠前，两脚左右、前后的距离更宽一些，膝部歪弯曲程度更大一些；肩部投影过膝，膝部投影过脚尖，两手置于胸腹之间（见图9-3）。

（2）移动。从起动到制动的过程称之为移动。移动由起动、移动步法和制动三个部分组成。

1）起动。起动是移动的开始，是在准备姿势的基础上，改变身体重心的位置，破坏身体的平衡，使身体向目标方向移动。

动作要点：移动重心，抬腿蹬地。

2）移动步法。是起动后根据技战术的要求，为接近目标而采取的并步、滑步、跨步、跨跳步、交叉步、跑步、综合步等各种步法。

并步与滑步：以向前为例，则后腿蹬地，前脚向来球方向跨出一步，后腿迅速跟上做好击球准备。连续并步就是滑步。

跨步与跨跳步：以向前为例，则后腿用力蹬地，前脚向来球方向跨出一步，膝部弯曲，上体前倾，身体重心移至前腿上。跨步过程中有跳跃腾空即为跨跳步（见图9-4与图9-5）。

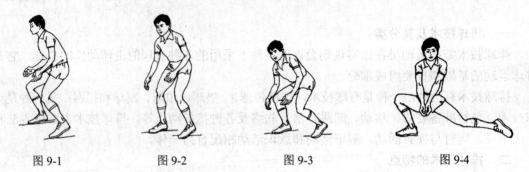

图9-1　　　　　　　图9-2　　　　　　　图9-3　　　　　　　图9-4

交叉步：以向右为例，上体稍向右转，左脚从右脚前面向右交叉迈出一步，然后右脚再向右跨出一大步，同时身体转向来球方向，保持击球前的姿势（见图9-6）。

跑步：两臂要配合摆动，注意与变向、转身结合。

综合步：以上各种步法的综合运用。

图9-5　　　　　　　　　　　　图9-6

动作要点：确定目标，移动重心，第一步快。

3）制动。是快速移动之后，为了保持稳定的击球姿势和克服身体惯性的冲力，而采取的技术。一般分为一步、两步制动法。

一步制动法：一步制动时，最后跨出一大步，同时降低重心，膝和脚尖适当内转，全脚掌横向蹬地，抵住身体重心继续移动的趋势，并用腰腹力量控制上体，使身体重心的投影落在两脚所构成的支撑面内。

两步制动法：两步制动时，以倒数第二步做第一次制动，紧接着跨出最后一步做第二次制动，同时身体后仰，重心下降，双脚用力蹬地，使身体处于有利于做下一个动作的姿势。

动作要点：降低重心，跨大步。

准备姿势与移动在以下三种情况下的运用。

（1）稍蹲准备姿势一般用于扣球助跑之前，对方正在组织进攻不需要快速反应起动的时候。半蹲准备姿势多用于接发球、拦网和各种传球。低蹲准备姿势主要用于防守和各种保护动作时，由于重心低，便于倒地和插入球下，防守低远球。

（2）并步的特点是容易保持平衡，便于做各种击球动作，主要用于传、垫球和拦网；跨步适用来球较低、离身体 1~2m 垫击时使用；滑步适用于来球较远、使用并步不能接近球时使用；当来球距体侧 3m 左右时，可采用交叉步，其特点是步子大、动作快、制动强，主要用于二传、拦网和防守；球距身体更远时，可采用跑步。

（3）一步制动法多在短距离移动之后，前冲力不大时采用；两步制动法多在快速移动之后，前冲力较大时使用。

2. 发球

发球是排球最基本技术之一，是排球比赛中一项重要的进攻技术，是 1 号位队员在发球区内自己抛球后，用一只手将球直接击入对方场区的一种击球方法。发球是排球技术中唯一不受他人制约的技术。

发球按照发出球的性能主要可分为发飘球和发旋转球。发飘球主要有正面上手发飘球、勾手发飘球和跳发飘球；发旋转球主要有正面上手发球、勾手大力发球、跳发球、正面下手发球、侧面下手发球、侧旋球和高吊球。

（1）正面下手发球。正面下手发球是正面对网，手臂由后下方向前摆动，在腹前将球击入对方场区的一种发球方法。

动作方法：面对球网，两脚前后开立，左脚在前，两膝微屈。上身稍前倾，重心偏后脚，左手持球于腹前，将球轻轻抛起在体前右侧，离手高约 20cm，在抛球的同时右臂伸直以肩为轴向后摆动，借右腿蹬地力量，身体重心随着右手向前摆动击球而移至前脚上。在腹前以全手掌、掌根或虎口击球后下方（见图 9-7）。

（2）侧面下手发球。侧面下手发球是侧对网站立，转体带动手臂由体侧后下方向前挥动，在体前肩以下的高度击球过网的一种发球方法。

动作方法：队员左肩对网，两脚左右开立，约与肩同宽，两膝微屈，上体稍前倾，重心落在两脚间。左手将球平稳抛送至胸前，距身体约一臂之远，离手高约 30cm。在抛球的同时，右臂摆至右侧后下方，接着利用右脚蹬地向左转体的力量，带动右臂向前上方摆动，在腹前用全手掌、掌根或虎口击球的右下方（见图 9-8）。

图 9-7 图 9-8

（3）正面上手发球。这种发球由于面对球网站立，便于观察，发球的准确性较高，并能充分利用蹬地、转体，收腹带动手臂加速挥动，以及运用手指手腕的推压动作，故可以加大发球的力量和速度，同时使球呈上旋，不易出界。

动作方法：队员面对球网，两脚前后自然开立，左脚在前，左手托球于身前，用抬臂和手掌的平托上送，将球平衡地垂直抛于右肩前上方，高度适中。在左手抛球的同时，右臂抬起，屈肘后引，肘与肩平，上体稍向右转。击球时，利用蹬地、转体和收腹带动手臂挥动，在右肩前上方伸直手臂的最高点，以全手掌击球的中下部。击球时，手指自然张开吻合球，手腕要迅速主动做推压动作，使击出的球呈上旋飞行（见图9-9）。

（4）正面上手发飘球。正面上手发飘球是采用正面上手的形式，发出球不旋转、不规则地飘晃飞行的一种发球方法。由于面对球网，便于观察对方接发球情况。

动作方法：准备姿势同正面上手发球，但抛球比正面上手发球稍低稍靠前。击球前，臂自后向前做直线挥动。击球时，五指并拢，手腕稍后仰，用掌根平面击球的中下部，作用力通过球体重心。击球瞬间手指、手腕紧张，手形固定，不加推压动作，手臂并有突停动作（见图9-10）。

图9-9　　　　　　　　　　　　　　　　　　图9-10

（5）勾手发飘球。勾手发飘球是侧对球网站立，利用勾手的形式，使发出的球不旋转、不规则地飘晃飞行的一种发球方法。由于这种发球方法能较多地借助下肢和腰部力量，所以比较适合远距离发球。

动作方法：身体侧面对网，两脚自然开立，左手持球于胸前，将球平稳地抛在左肩前上方约一臂之高处。击球时，右脚蹬地，上体向左转动发力，带动手臂挥动。挥动时手臂伸直，在右肩的左上方，用掌根击球的中下部。在击球前，突然加速挥臂，手的挥动轨迹保持一段直线运动。击球瞬间，五指并拢，手腕后仰，并保持紧张，手臂挥动有突停动作（见图9-11）。

下面介绍发球技术的动作要领。

抛球稳：抛球的稳与否是影响发球准确性的主要原因。

击球准：要以正确的手形击准球的相应部位，才能使发出球的性能与预期相一致。

手法正确：击球的手法不同，发出球的性能也不同。只有采用正确的手法击球才能发出相应性能的球。

图 9-11

用力适当：用力大小与发球站位的远近、击球弧度的高低、发出球的性能、落点密切相关。

3. 垫球

垫球是排球基本技术之一。通过手臂或身体其他部位的迎击动作，使来球从垫击面上反弹出去的击球动作，称为垫球。

垫球按动作方法可分为正面双手垫球、体侧垫球、背垫、挡球、跨步垫球、跪垫、让垫、滚翻垫球、前扑垫球、单手垫球、侧卧垫球、鱼跃垫球、铲球、脚垫球等；按用途可分为接发球、接扣球、接拦回球垫球和接其他垫球。

（1）正面双手垫球。正面双手垫球是双手在腹前垫击来球的一种垫球方法，是各种垫球技术的基础，是最基本的垫球方法，适合于接各种发球、扣球和拦回球，在困难时也可以用来组织进攻。

动作方法：正面双垫球的基本手型有抱拳式、叠掌式和互靠式（见图 9-12），但无论采用哪种手形都应该注意手腕下压，两臂外翻。利用关节以上 10cm 左右处的桡骨内侧平面击球，击球点保持在腹前一臂距离（见图 9-13）。

抱拳　　　　　　　叠掌　　　　　　　互靠

图 9-12

（2）体侧垫球。体侧垫球简称侧垫，是在身体侧面垫球的一种垫球方法。其特点是控制面宽，但较难把握垫击的方向、弧度和落点。

动作方法：以左侧垫球为例。右脚前脚掌内侧蹬地，左脚向左跨出一步，身体重心随即移至左脚，并保持左膝弯曲，两臂夹紧向侧伸出，左臂高于右臂，右肩向下倾斜，再用向右转腰和收腹的力量，配合两臂在体侧截击球的后下部，切忌随球摆臂（见图 9-14）。

（3）背垫。背对出球方向的垫球方法叫背垫。大多用于接应同伴垫飞的球或将球处理过网。其特点是垫击点较高。由于背对垫球方向，不便于观察目标和控制击球的方向和落点。

图 9-13   图 9-14

动作方法：背垫时，首先判断来球的落点、方向和离网的距离，迅速移动到球的落点
处，背对出球方向，两臂夹紧伸直、插到球下。击球时，蹬地、抬头挺胸、
展腹，直臂向后上方摆动击球。在垫低球时，也可利用屈肘、翘腕动作，
以虎口处将球向后上方垫起（见图 9-15）。

4. 传球

传球是排球基本技术之一，是利用手指手腕的弹击动作将球传至一定目
标的击球动作。传球技术主要用于二传。

按照传球的方向把传球动作分为正面传球、背传球和侧传球，上述三种
传球技术是指在原地完成。跳起在空中完成传球动作的，称为跳传。

（1）正面传球。面对出球方向的传球动作，称为正面传球。正面传球是
最基本的传球方法，是其他一切传球技术的基础。

图 9-15

动作方法：采用稍蹲准备姿势，抬头看球，双手自然抬起，放松置于脸前。当来球接近
前额时，开始蹬地、伸膝、伸臂，两手微张经脸前向前上方迎球。击球点在额前上方约一球
距离处。当手触球时，两手自然张开成半球状，手腕稍后仰，两拇指相对成"一"字或"八"
字形（见图 9-16），两手间有一定距离，用拇指内侧，食指全部，中指的二三指节触球的后
下部，无名指和小指在球两侧辅助控制传球方向。两肘适当分开，两前臂之间约成 90°角，
传球时主要靠蹬地伸臂和手指手腕力量，以及球的反弹力将球传出（见图 9-17）。

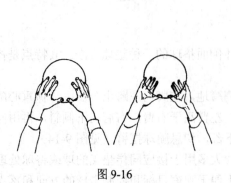

图 9-16

图 9-17

（2）背传。背对传球目标的传球动作叫背传。

动作方法：传球前身体背面要对正传球目标，上体保持正直或稍后仰，身体重心在两脚之间，双手自然抬起，放松置于脸前。迎球时，抬上臂、挺胸、上体后仰。击球点保持在额上方，比正传稍高、稍后。触球时，手腕后仰并适当放松，掌心向上，击球的下部，手形与正面传球相同。背传用力要靠蹬地、展腹、抬臂、伸肘和手指手腕的弹力，把球向后上方传出（见图 9-18）。

图 9-18

🍃 案 例

冯坤是中国女排的主力二传，是中国队快、变战术的核心。曾夺 2003 年女排世界杯赛最佳二传手，第 12 届亚锦赛最佳二传。身高 1.83m 的她是中国女排有史以来最高的二传手。在 2003 年女排世界杯的技术排名上，以平均每局有效传球 10.38 个名列第一。除了传球之外，主攻手出身的冯坤擅打两次球，常常能够自己直接得分。2004 年率领中国女排夺得雅典奥运会金牌并荣膺最有价值球员和最佳二传。

Y 案例分析

除了中国女排，一般都是主攻手为队长。但二传手的作用却不能忽视。二传的作用不仅要把球既稳又准地调整起来，便于本方队员扣球；而且应根据临场情况灵活巧妙地运用各种隐蔽动作，以迷惑对方，造成对方拦网上的错觉和失误。二传是衔接攻防的枢纽，二传手则往往是一个队的场上核心。

5. 扣球

扣球是排球基本技术之一，是队员跳起在空中，将高于球网上沿的球有力地击入对方场区的一种击球方法。一般由助跑、起跳、空中击球、落地缓冲等动作组成。

扣球技术按照动作方法，一般分为正面扣球、小抡臂扣球、单脚起跳扣球和勾手扣球等几种；按照扣球的节奏可分为强攻和快攻；按照扣球起跳的区域可分为前排扣球和后排扣球。

正面扣球是最基本的扣球技术。由于面对球网，便于观察来球和对方的防守布局，因此击球准确性较高。由于挥臂动作灵活，能根据对方拦防情况，随时改变扣球路线和力量，能控制击球落点，因而进攻效果好。

动作方法：以扣一般高球为例，扣球助跑前采用稍蹲准备姿势，两臂自然下垂，站在离球网 3m 左右处，观察判断，做好向各个方向助跑起跳的准备。助跑时（以右手扣球两步助跑为例），左脚先向前迈出一小步，接着右脚迅速跨出一大步，左脚及时并上，踏在右脚之前，两脚尖稍向内转，准备起跳。在助跑跨出最后一步的同时，两臂绕体侧向后引，左脚在并上踏地制动的过程中，两臂自后积极向前摆动。随着双腿蹬地向上起跳，两臂快速上摆，配合起跳。两腿从弯曲制动的最低点，猛力蹬地向上起跳。起跳后，挺胸展腹，上体稍向右转，右臂向后上方抬起，身体成反弓形。挥臂时，以迅速转体、收腹动作发力，依次带动肩、肘、腕各部位成鞭打动作向前上方挥动。击球时，五指微张呈勺形，并保持紧张，以全手掌包满球，掌心为击球中心，击球的后中部。同时主动用力屈腕向前推压，使扣出的球加速上旋。落地时，以前脚掌先着地，同时顺势屈膝、收腹以缓冲下落力量（见图 9-19 与图 9-20）。

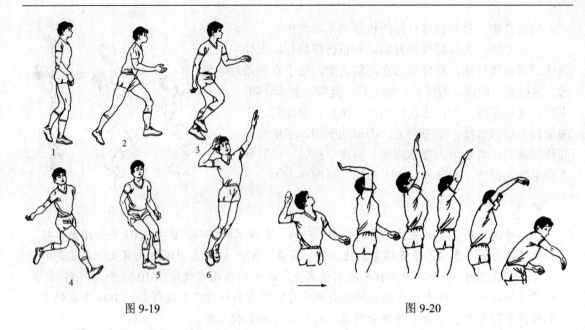

图 9-19　　　　　　　　　　　　　　　　　　图 9-20

扣球技术在以下三种情况的运用。

（1）扣近网球：击球点距网 50cm 左右的扣球称为扣近网球。扣近网球的特点是击球点高、路线变化多、威力大，但易被拦网。扣近网球时，要向上垂直起跳，以免前冲力过大，造成触网或过中线犯规。跳起后，主要利用收胸动作发力，以肩为轴，向前上方挥臂，以全手掌击球的后中上部。击球后，手臂要顺势回收，以防止手触网。

（2）扣远网球：通常把击球点距球网 1.5m 以外的扣球称为远网扣球，这种扣球力量大，角度较平，对方不易拦网。远网扣球时，跳起后击球点要保持在右肩前上方最高点，用全手掌击球的后中部，击球瞬间手腕要有明显的推压动作，使球呈上旋飞出。

（3）扣调整球：扣由后场调整至网前的球为扣调整球。扣调整球难度较大，要求扣球队员能适应来自后场不同方向、角度、弧度、速度和落点的球，以灵活的步伐和空中动作，及时调整好人、球、网的关系，运用不同手法，控制扣球的力量、方向、路线和落点。在助跑时可边助跑边看球。对小角度二传来球，要后撤斜向助跑，对大角度二传来球，可采用外绕助跑。

✎ 案　例

　　1981 年，第 3 届世界杯在日本举行，比赛采用单循环制，经过了七轮二十八场比赛，中国女排以七战全胜姿态，压倒卫冕的主办国日本，获得冠军，成为中国在三大球运动队伍中的首个世界冠军。郎平获优秀球员奖。20 世纪 80 年代初的中国，正是百废待兴，女排以拼搏精神赢得三连冠和五连冠的成绩，中国女排成为了当时中国人的模范和骄傲，更是中国在 20 世纪 80 年代腾飞的象征。

❧ 案例分析

　　郎平的高点劈打、凌厉的斜线扣杀和直线扣杀都是世界第一流的。她具有男子气魄的助跑和腾空姿势。腾在空中，动作舒展、刚劲矫健，富有男子的气魄。挺胸、展腹、敞肩、拉臂，小腿后屈几乎 90°，身体成反弓形，依靠的是强劲坚韧的腰腹背肌作为支撑，在空中保持平衡。郎平这种特有的"带空力扣杀"的秘密还要归功她具有良好的助跑起跳。她身材修长、体格匀称，下肢富有弹力，她的助跑摸高可达到 3.17m。这也就是被我们亲切地称为铁榔头的郎平成为世界三大扣球手之一的原因。

6. 拦网

拦网是排球的基本技术之一，是队员靠近球网，将手伸向高于球网处阻挡对方来球的技术动作。

拦网具有强烈的攻击性，可以直接拦死、拦回对方的扣球，能够削弱对方的锐气，动摇对方的信心，给对方造成心理压力。拦网是防守的第一道防线，是反攻的重要环节，有效拦网可以将对方有力的扣球拦起，减轻后排防守的压力。拦网水平的高低直接影响着比赛的胜负，在没有前排拦网的情况下，后排防守是极其困难的。

从参与拦网的人数上分，拦网可分为单人拦网和集体拦网，集体拦网又分为双人拦网和三人拦网。

（1）单人拦网。一名球员面对球网，两脚左右开立约与肩宽，距网 30~40cm，两膝微曲，两臂在胸前自然屈肘。移动可采用并步、交叉步、跑步，向前或斜前移动。原地起跳时，重心降低，两膝弯曲，用力蹬地，使身体垂直起跳。如果是移动后起跳，制动时，双脚尖要转向网，同时利用手臂摆动帮助起跳。拦网时两手从额前平行球网向网上沿前上方伸出，两臂平行，两肩平行，两肩尽量上提，两臂尽力过网伸向对方上空，两手接近球，自然张开，手触球时两手要突然紧张，用力屈腕，主动盖帽捂住球（见图9-21与图9-22）。

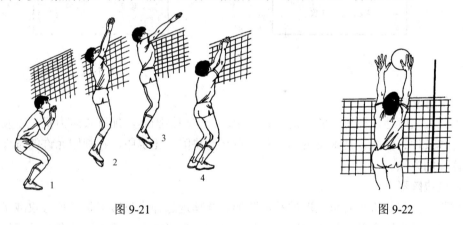

图 9-21   图 9-22

（2）集体拦网。由两名或三名队员组成的拦网，技术动作与单人拦网相同。但要求动作一致，相互配合默契。

任务三　排球的基本战术

排球战术，是运动员在比赛中根据排球运动的比赛规律，敌我双方的具体情况和临场变化，有效地运用技术及所采取的有预见、有目的、有组织的行动。

一名队员根据临场情况有目的地运用技术的过程为个人战术。如扣球时的变线、轻扣、打手出界等。两名或两名以上队员之间有组织、有目的的集体协同配合为集体战术。两者相辅相成、互相促进、互相补充。

一、阵容配备

阵容配备就是合理地安排场上队员技术力量的组织形式。阵容配备的主要形式有以下两种形式。

1. "四二"配备

"四二"配备是指场上队员有 4 个进攻队员和 2 个二传队员。4 个进攻队员又分为 2 个主攻，2 个副攻，他们都站在对角位置上。其优点是无论怎样轮转，前后排都能保持 1 个二传和 2 个进攻队员，便于组织和发挥攻击力量，给对方的拦网及防守造成困难。但对 2 个二传队员的进攻和拦网能力要求较高，否则就会影响"四二"配备的进攻效果（见图 9-23）。

2. "五一"配备

"五一"配备是指场上队员有 5 个进攻和 1 个二传队员。这种阵容配备的优点是拦网和进攻力量得到加强，全队只要适应一个二传队员的打法，相互之间容易建立默契。有利于二传队员统一贯彻战术意图。但二传队员在前排时，只有两点攻。要充分利用两次球、吊球及后排扣球等战术变化突袭对方，以弥补"五一"配备的不足（见图 9-24）。

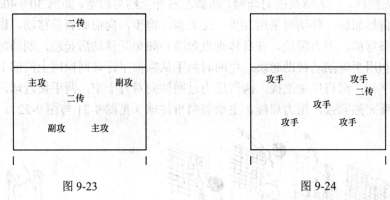

图 9-23　　　　　　　　　　　　　　　　　　图 9-24

二、位置交换

为了最大限度地发挥每个队员的特长，调动一切积极因素，加强攻防力量，以及弥补由于队员身体条件、体能、技术发展不平衡所带来的缺陷，比赛中，在规则允许的条件下，采用交换位置的方法。

三、进攻阵形

进攻阵形，就是进攻时所采取的基本队形。合理地选择进攻阵形是各种进攻战术变化的基础，过去排球界取得共识的有"中一二"、"边一二"、"插上"、"两次球及其转移"四种进攻阵形。随着排球运动的发展，作为现代排球一个重要部分的全攻全守整体排球，在技战术打法上已形成了高快结合、前后结合、全面型进攻的局面。原先的由前排中担任二传，2、4号位队员扣球的"中一二"进攻阵形和由前排 2 号位做二传，3、4 号位队员扣球的"边一二"进攻阵形都已不能涵盖当前 1 名队员做二传，其他 5 名队员都参与进攻的立体进攻阵形。为此，我们以二传组织进攻时的位置，把目前的进攻阵形定名为"中二传"进攻阵形、"边二传"进攻阵形和"心二传"进攻阵形，以期能更准确地表述其内涵。

1. "中二传"进攻阵形及其变化

由一名前排或后排队员在前排中位置做二传，其他队员参与进攻的阵形，称作"中二传"

进攻阵形是最基本的进攻阵形，其特点是二传队员在中间，一传容易到位，战术可简可繁，适合不同技术水平的队。技术水平较低的队可组织前排 2、4 号位扣一般高球，技术水平较高的队可组织各种战术进攻乃至立体进攻。其站位及变化为"大三角"站位，这是最基本的站位方法，其变化主要以 2、4 号位进攻为主，辅以后排进攻等（见图 9-25）。

2."边二传"进攻阵形

由一名前排或后排队员在前排 2、4 号位做二传，其他队员参与进攻的阵形，称作"边二传"进攻阵形。"边二传"进攻阵形也是基本的进攻阵形，其特点是二传队员在边上，对一传的要求稍高，但战术变化比"中二传"进攻阵形多，战术可简可繁，同样适合不同技术水平的队。其站位如图（见图 9-26 与图 9-27）。

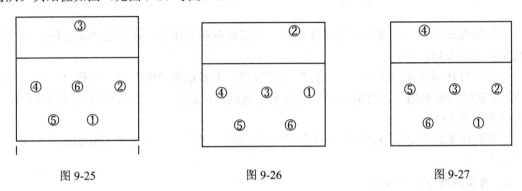

图 9-25   图 9-26   图 9-27

采用"中、边二传"进攻阵形时应注意以下两点。

（1）采用"中二传"进攻阵形时，二传队员的站位应稍靠近 2 号位，避免与 6 号位队员重叠，以免阻挡视线影响其接发球。

（2）采用"边二传"进攻阵形时，二传队员的站位不宜太靠近边线，以免运用"拉开"、"围绕"等快攻战术时，因距离远而影响战术质量。

四、防守战术

1.接 发 球 及 其 阵 形

接发球是进攻的基础，它是由守转攻的转折点。如果没有可靠的一传作保证，就难以组成有效的进攻战术，甚至还会造成直接失分。

（1）接发球的基本要求。

正确判断：接发球的质量。很大程度上取决于能否进行正确的判断。接发球时，队员的注意力要高度集中，充分做好接发球的准备，根据对方的发球动作、性能、力量及速度，迅速作出正确的判断，及时移动取位，对准来球路线，运用合理的垫球垫给二传队员。

合理取位：在组成接发球阵形时，应以前排靠近边线的队员为基准取位，同列队员之间不能重叠站位，同排队员之间保持适当距离，以免相互影响。根据射出角的原理，快速有力的球发不到 A、B 两区。所以，取位时不要站在这两个区域内，2、4 号位队员的取位距边线 1m 左右即可（见图 9-28）。

分工与配合：接发球时，每一个接发球队员都应明确接发球防守的范围。划分范围不仅是平面的，还应根据来球的弧度高低进行立体空间划分。接发球队员之间应既有分工，又有配合，注重整体接发球的实效性，接发球能力好的队员范围可大些，后排队员接球范围可大些（见图 9-29）。

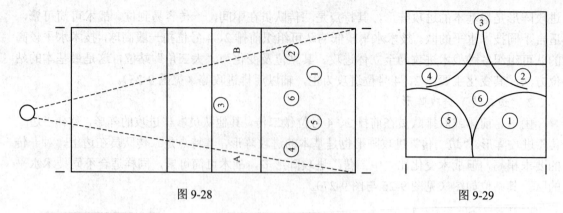

图 9-28　　　　　　　　　　　　　　　　　　　图 9-29

（2）接发球阵形。在选择接发球阵形时，不仅要有利于接球，还要考虑本方所采用的进攻战术及对方发球的特点。

初学者打比赛多采用"中、边二传"进攻阵形，大多站成"W"形，也称"一三二"型站立。5 名队员分布均衡，前面 3 名队员接前场区的球，后排 2 名队员接后场区的球，职责分明（见图 9-30）。

这种站位的缺点是队员之间的"结合部"相应增多，也不利于接对方发到边角上的球（见图 9-31）。

2. 接扣球防守及其阵形

接扣球防守包括拦网、后排防守两个环节。其中拦网是第一道防线，有效的拦网不仅可以遏制对方的进攻能力，减轻后排防守的压力，还能提高防起率为反攻创造机会。

根据前排拦网队员的多少接扣球防守阵形可分为单人拦网、双人拦网、三人拦网和无人拦网下的防守阵形。每个队必须熟练掌握并运用各种防守阵形，才能适应比赛的需要。

（1）单人拦网时的防守阵形。与对方扣球队员相对应位置队员拦网的防守阵形：以对方 4 号位进攻为例，由本方 2 号位队员单人拦网，3 号位队员后撤防吊球，4 号位队员后撤防小斜线或吊球，后排 3 名队员组成半弧形防守圈，每人防守一个区域（见图 9-32）。

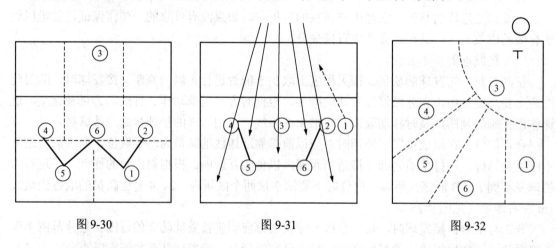

图 9-30　　　　　　　　　　图 9-31　　　　　　　　　　图 9-32

（2）双人拦网、三人拦网的防守阵形。要求拦网队员与其他队员密切配合，拦网队员负责封锁进攻线路，其他队员负责防守空当和有效拦网后的起球。

（3）无人拦网时的防守阵形。比赛中，由于对方战术多变，本方拦网受挫，导致无人拦网。在这种情况下，要根据临场变化灵活取位，力争把球防起。

在对方扣球能力很弱或进攻时球离网很远的情况下，可以主动不拦网，以"中二传"、"边二传"或"心二传"进攻阵形布防。

初学者在比赛中常以传、垫球为进攻手段，可以不拦网，以加强防守的力量。

任务四　排球运动的基本竞赛规则及裁判法

一、场地、器材

排球比赛场地包括比赛场区和无障碍区，其形状为 18m×9m 对称的长方形（见图 9-33）。球网的高度男子为 2.43m，女子为 2.24m。比赛用球可是单一的浅色或国际排联批准的多色球，圆周为 65～67cm，重量为 260～280g。

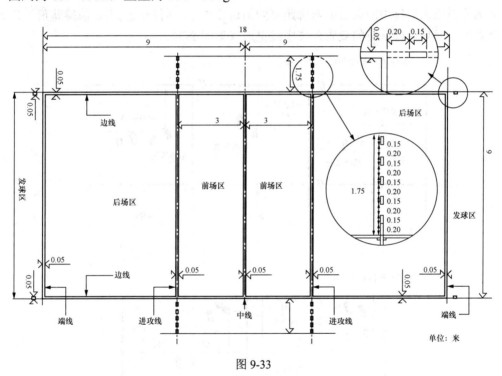

图 9-33

二、主要规则及裁判方法

1. 胜一分、胜一局和胜一场

比赛采用每球得分制，胜一球即胜一分。

比赛的前 4 局以先得 25 分，并同时超出对方 2 分的队为胜一局。当比分为 24:24 时，比赛继续进行至某队领先 2 分为胜一局（如 26:24，27:25）。决胜局以先得 15 分，并同时超出对方 2 分的队获胜。当比分为 14:14 时，比赛继续进行至某队领先 2 分为止（如 16:14，17:15）。

2. 犯规与判罚

排球运动中属于犯规的情形有以下几种。

（1）发球击球时的犯规。①发球次序错误；②发球区外发球；③发球击球时球未抛起或持球手未撤离；④发球 8s。

（2）发球击球后的犯规。①发出的球触及发球队队员、球网或未能通过球网垂直面；②界外球；③发球掩护。

（3）位置错误。发球击球瞬间，双方任何一名队员不在规则规定的位置上，则构成位置错误犯规。

判断位置错误必须明确以下三点。

1）位置错误犯规只在发球击球瞬间才有可能造成，发球击球前、后两队队员可在本场区任意移动或交换位置，不受任何限制。

2）队员的场上位置应根据脚的着地部位来确定。

3）明确"同排"与"同列"的概念及位置关系，1、6、5 及 2、3、4 号位队员为同排队员。1、2 号位，3、6 号位，4、5 号位队员为同列队员。规则规定同排左边或右队员的一只脚的某部分必须在同排中间队员的双脚距离同侧边线更近。同列队员中，前排队员一只脚的某部分必须比同列后排队员的双脚距离中线更近（见图 9-34）。

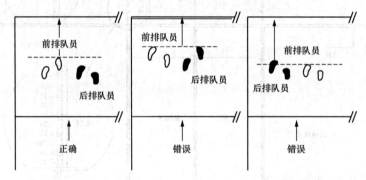

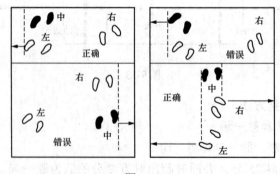

图 9-34

（4）击球时的犯规包括四次击球、持球、连击、借助击球。

（5）队员在球网附近的犯规包括过网击球、过中线、网下穿越进入对方空间并妨碍对方比赛、触网。

（6）拦网犯规包括过网拦网、后排队员拦网、拦发球、从标志杆外伸入对方空间拦网并触球。

（7）进攻性击球犯规包括后排队员进攻性击球犯规、在前场区对发过来的并且整体高于球网的球，完成进攻性击球（如扣发球、吊发球等）为犯规。但在后场区起跳，击跳后仍在后场区落地不犯规。

（8）不符合规定的请求间断包括超过规定次数请求普通暂停、超过规定次数请求换人、同一队未经比赛过程再次请求替换、无权"请求"的成员提出请求、在比赛进行中或裁判鸣哨发球的同时或之后提出请求。

判罚：判犯规一方失去球权、同时判对方获得一分或判对方直接得分。

三、裁判员的组成及其职责

1. 裁判员的组成及其工作位置

正式比赛的裁判员应由第一裁判员、第二裁判员、记录员和 2 名司线员组成。正式的国际比赛要求有 4 名司线员。

2. 裁判员的职责

（1）第一裁判员的职责。第一裁判员自始至终是比赛的领导者。他对所有裁判员和比赛队成员行使权力。在比赛中他的判定是最终判定。如果发现其他裁判员的错误，他有权改判，他有权决定涉及比赛的一切问题，包括规则中没有规定。

比赛前第一裁判员应检查场地、器材和比赛用球，主持抽签，掌握正式准备活动时间。

（2）第二裁判员的职责。第二裁判员是第一裁判员的助手，他负责掌握比赛间断的时间及各队暂停、换人的次数。在每局比赛开始、决胜局交换场地及任何必要的时候，检查场上队员的实际位置是否与位置表相符。第二裁判员对第一裁判员的手势都要重复，进行配合。

（3）记录员的责任。登记有关比赛和两队的情况，登记各队的上场阵容，记录得分；掌握并记录暂停和换人次数；记录最终结果。

任务五 沙 滩 排 球

一、概述

沙滩排球，简称"沙排"，是现在风靡全世界的一项体育运动。沙滩排球比赛是一项每队由 2 人组成的两队在由球网分开的沙地上进行比赛的运动。

沙滩排球最早出现于 20 世纪 20 年代美国加利福尼亚州，其在美国的开展比竞技排球更为广泛，被视为美国排球的"国粹"。20 世纪 80 年代是国际排联在世界范围内开始宣传、普及沙滩排球形式。自 1996 年亚特兰大奥运会被列为正式比赛项目以来，这项运动正以方兴未艾的势头席卷全球。1997 年沙滩排球被列为我国全国运动会正式比赛项目，2003 年 8 月和 9 月，田佳/王菲在印度尼西亚和意大利站的世界沙滩排球巡回赛中分别获得冠军，实现了我国沙滩排球历史性的突破。2008 年北京奥运会，田佳/王洁获得女子沙滩排球亚军，薛晨/张希获得季军。

二、沙滩排球基本规则

沙滩排球的基本规则、场地大小、排球大小、得失分和交换发球权等方面与室内排球运动基本一样。细洁柔软的场地，长宽各为 8m 和 16m，但场内没有发球区和前后排的限制。

一般采用 3 局 2 胜制, 每局握有发球权一方才能得分, 先得 21 分者赢得一局。如果双方打成 20 比 20 平分时, 净胜 2 分一方才能获胜。其实, 这项运动更具休闲和娱乐性, 你对种种规则大可置之不理, 甚至可以自定规则, 对于服装的要求也非常宽松, 只要愿意, 背心、短裤、遮阳帽、太阳镜随意穿戴, 对自己身材有信心者, 比基尼应该是最佳选择。对于大多数人而言, 沙滩排球的魅力在于轻松随意和热闹有趣。

国际排联组织的两人制沙滩排球比赛, 比赛规则与室内排球比赛规则的不同之处有以下十一点。

(1) 一个队由两名队员组成。每队的两名队员必须始终在场上, 没有换人。当发球队员击球时, 除发球队员外, 双方队员必须在本场区内, 可随意站立, 没有固定的位置, 没有位置错误或轮转错误, 但有发球次序错误。一局比赛每队首次发球时, 记录员启示发球次序, 比赛中, 启示员应展示发球队员 1 号或 2 号的号码牌, 指明该队的发球次序。记录员发现发球次序错误, 应在发球击球后立即通知裁判员。

(2) 每队最多可击球三次, 拦网触手也记一次击球, 第三次必须将球从球网上空击回至对方场区。

(3) 队员不得用手指吊球的动作来完成进攻性击球。

(4) 队员用上手传球完成进攻性击球时, 传球轨迹不垂直于双肩连线, 即犯规。

(5) 用上手传球防守重扣球时, 允许球在手中有短暂的停滞。当双方队员网上同时触球时可以持球。

(6) 在不妨碍对方比赛的情况下, 允许队员穿入对方空间、场区和无障碍区。

(7) 任何队员在本场区空间都可以对任何高度的球进行进攻性击球。

(8) 每局比赛中, 每队最多可请求 4 次暂停, 每次暂停时间为 30s, 任一队员都可向裁判员提出暂停请求。

(9) 在任何方式的比赛中, 当双方得分相同为 5 时, 由记录员通知裁判员, 随即双方交换场区。交换场区时可给球队最多 30s 的休息时间。但三局两胜制的决胜局交换场区时, 没有休息时间。

(10) 三局两胜制比赛时, 所有局间休息时间均为 5min。

(11) 队员在比赛过程中受伤, 可给予 5min 的恢复时间, 但一局比赛中最多给予同一名队员两次恢复时间。队员 5min 内没有恢复或一局内同一名队员超过两次恢复时间, 则宣布该队为阵容不完整。

三、沙滩排球的基本战术

按照沙滩排球运动特点, 把排球战术内容分为个人战术和集体战术。

1. 个人战术要点

(1) 发球个人战术的要点。

1) 控制球的落点和变化球的线路。

2) 根据不同的风向, 采用的发球技术。

3) 加强发球的攻击性, 变化发球的节奏。

(2) 二传个人战术的要点。

1) 根据临场的情况, 控制比赛的节奏。

2) 根据对方的情况, 选择有效的进攻位置。

3）二次球。

（3）扣球个人战术的要点。在沙滩排球比赛中，由于场上只有两名队员，场上的情况多变，因此扣球位置无法固定。加上沙地的原因，对运动员的助跑、起跳都有一定的影响。

1）根据对方的防守阵型，变化扣球线路。

2）根据临场的情况，变化扣球的力量。

3）扣球时，打、吊结合。

4）扣球时，远网与近网相结合。

（4）拦网个人战术的要点。

1）控制对方进攻区域。

2）做假动作拦网。

3）变换拦网手形。

4）球被拦起后，具有战术意识的做自我保护。

5）起球后将球直接击过网。

（5）防守个人战术的要点。

1）观察对方，加强防守的预判。

2）拦防配合。

3）将球直接垫到对方空当。

（6）一传个人战术的要点。

1）直接将球垫至对方场区。

2）组织二次球进攻。

3）变化进攻位置。

4）控制比赛节奏。

2．集体战术要点

（1）接发球及其进攻集体战术的要点。

1）根据对方发球的情况，安排不同的进攻战术。

2）根据发球队员的进场快慢和另一个队员的站位情况，可将球直接垫至空当。

3）根据对方防守站位情况，有意识地将球调至近网，进行吊球。

（2）防守及其进攻集体战术要点。

1）无人拦网时：根据对方进攻的情况，采用两人前后交错站位并组织有效的反攻。

2）有人拦网时：避开拦网的区域进行防守，防守起球后要采用打、吊结合进行反攻。

重 点 小 结

（1）排球的移动、发球、垫球、传球、扣球、拦网基本技术是排球运动的基础。要熟练地掌握垫球方法，练习中提高传球稳定性和准确度，加强扣球进攻力量，提高拦网能力。

（2）在排球运动的基础练习中，脚步动作很重要，在练习中必须掌握快速、多变、灵活的脚步移动，争取在进攻与防守中占据有利的空间位置，争取时间上的优势，从而取得主动权。

（3）排球运动是一项需要合作交流的运动项目，一支球队的胜利不仅要靠个人的技术和努力，还要靠每个人的共同努力。

课　课　练

（1）身体素质练习：30s 快速跳绳、30m 跑、400m 间歇跑练习、单腿跳练习、并步、跨步练习；仰卧起坐、俯卧撑练习；引体向上、双臂屈伸练习。

（2）专项技术练习：反复练习接发球配合、进攻配合、拦网配合战术；强化进攻、防守位置交换与阵型意识。

项目十

足 球

【学习目标】

1. 知识目标

（1）了解足球起源和发展的概况。

（2）掌握足球基本技术和基本战术。

（3）了解和掌握足球的基本战术以及战术的特点。

（4）了解足球运动的主要竞赛规则。

2. 技能目标

（1）熟练掌握足球的基本技术。

（2）掌握足球的基本战术及在比赛中能合理地运用。

（3）掌握足球的竞赛规则，能在比赛中担任裁判工作。

【运动提示】

（1）要多加强足球基本功和各项身体素质的练习。

（2）在基本技术的练习中要多练习踢球、接球、头顶球、运球、抢球等基本技术，同时结合个人、局部、整体的进攻防守战术练习。

（3）在练习中要带着战术意识去练技术，这样才能练就真正实用的技术。重点技术要经常练、反复练，做到精益求精。

【项目任务】

（1）掌握足球基础知识和竞赛规则。

（2）掌握足球准备踢球、接球、头顶球、运球、抢球等基本动作。

（3）掌握足球摆脱跑位、传球、射门、"二过一"等基本战术。

【项目实施】

足球运动是世界上最受人们喜爱、开展最广泛、影响最大的体育运动项目，被誉为"世界第一运动"。一场精彩的足球比赛，吸引着成千上万的观众和数以亿计的电视观众。据不完全统计，现在世界上参加比赛足球队约为80万支，登记注册的足球运动员约为4000万人，其中职业足球运动员近10万人。

任务一　足球运动概述

足球运动是一项古老的运动项目。公元前，中国就有了用脚踢球的游戏。在欧洲古代也有苏里特游戏、萨依游戏等。虽然名称不同，时间不一，游戏方法也不尽相同，但都属于足球游戏的范围。

2010 年国际足联宣布古代足球起源于中国的临淄（蹴鞠）。

1863 年 10 月 26 日，由伦敦 11 个最主要的俱乐部和学校在伦敦的弗里斯酒店举行会议，创立了英格兰足球协会，同时产生了世界上第一个统一的足球规则，共有 14 条。这一日被世界公认为现代足球的诞生日，所以世人认为现代足球运动起源于英格兰。

1904 年 5 月 21 日由法国、比利时、丹麦、荷兰、西班牙、瑞士、瑞典 7 个国家发起成立了国际性足球组织——国际足球联合会（简称国际足联，英文缩写为 FIFA）。目前，国际足联会员已增加到 203 个，成为会员协会最多的国际单项体育组织。

从 1896 年第 1 届现代奥运会举办以来，奥运会足球比赛每 4 年一届。世界杯足球赛至今已举办了 16 届（1942 年和 1946 年因第二次世界大战中断）。除此之外，国际足联还举办了 19 岁以下世界青年比赛、17 岁以下少年比赛、世界杯足球锦标赛、5 人制比赛、世界杯女子足球锦标赛、世界俱乐部锦标赛。

1840 年由于鸦片战争，现代足球随着英国帝国主义的入侵而传入我国。由于众所周知的原因，中国足球水平总的趋势是波动起伏的，未能有较大的突破。从整体水平看，我国足球水平与世界先进水平相比还存在较大的差距，要与欧美强队抗衡还必须经过相当艰苦的努力。

任务二　足球的基本技术

足球技术是指运动员在足球比赛中所采用的合理动作的总称。足球运动是一项技术动作相当复杂的运动项目。从足球比赛队员在场上的分工和技术特点可分为锋卫队员技术、守门员技术、有球技术和无球技术。

一、无球技术

无球技术是指比赛中运动员在不控球的情况下所采用的合理动作的总称。无球运动的主要内容包括起动、跑动、急停、转身、跳跃、移位和假动作。

二、有球技术

有球运动是指运动员在比赛中，为达到进攻和防守目的所采用的各种支配球的技术。有球技术包括踢球技术、颠球技术、接球技术、运球技术、头顶球技术、抢截球技术、掷界外球技术和守门员技术。

（一）颠球

颠球可分为拉挑球、脚背正面颠球、脚内侧颠球、脚外侧颠球、大腿颠球、头颠球、肩颠球和胸部颠球。

1. 技术要领

拉挑球：支撑脚站在球的后方约 30cm 处，膝关节微屈，身体重心在支撑脚上，拉挑球的脚前掌踩在球的上方并向后轻拉，在球开始向后滚动的同时，脚掌着地，脚尖插向球的底部，脚尖微翘向上挑起。

脚背正面颠球：支撑脚微屈，当球低至于膝关节时，颠球脚向前甩动小腿，脚尖微翘，用脚背击球的底部，将球向上颠起。

大腿颠球：当球低至接近髋关节高度时，颠球的大腿屈膝上摆，当大腿摆到水平状态时，击球的底部，将球向上颠起。

2. 练习方法

（1）原地颠手抛的下落球。

（2）原地拉挑球练习。

（3）原地拉挑球接颠球。

（4）原地拉挑球左右交替颠。

（5）原地拉挑球左右交替颠不高于膝的球。

（6）原地拉挑球接高低交替颠球（3、4 次低球，1 次高球）。

（7）多部位交替颠球。

（8）二人对颠。

3. 教法提示

以脚背正面颠球为例。颠球练习是一种熟悉球性的方法，是今后学习各种足球技术的基础，教师可把颠球作为准备活动的一部分内容，做到课课练。

4. 易犯错误与纠正方法

（1）直腿颠球，动作僵硬。

纠正方法：提示学生膝关节放松，甩小腿。

（2）脚尖翘起时间过长，形成"勾"脚背，使球离身体太近。

纠正方法：强调踝关节在自然状态下固定。

（二）踢球

踢球的方式有脚内侧、脚背正面、脚背内侧、脚背外侧、脚跟、脚尖。该技术由助跑、支撑脚站位、踢球腿的摆动、踢球后的随前动作组成。

1. 动作要领

脚内侧：用脚的内侧踢地滚球时应直线助跑，支撑脚踏在球的侧方 15cm 左右，膝关节微屈，在支撑脚着地的同时踢球腿以膝关节为轴由后向前摆，在前摆过程中屈膝外展，踢球脚的脚内侧正对出球方向，小腿急速前摆，脚尖翘起，脚底与地面平行，击球的后中部，踢球脚随球前摆落地。脚内侧可以踢定位球，直接踢由各个方向来的地滚球、反弹球、空中球（见图 10-1）。

图 10-1

用脚内侧踢空中球时原地或跑上前迎球，踢球腿屈膝提起，大腿外展，小腿摆动使脚内侧正对来球，然后击球后中部。

脚背正面踢球：脚背正面可以踢定位球、空中球、反弹球、倒勾球等。脚背正面踢地滚球时直线助跑，最后一步稍大一步并要积极着地，支撑脚站在球的侧方约 10cm 左右，脚尖正对出球方向，膝关节微屈；摆动腿要在准备做支撑的脚前跨和助跑的最后一步蹬离地面时，顺势向后摆起，小腿屈曲。在支撑脚着地的同时，以髋关节为轴，大腿带动小腿由后向前摆，当膝关节摆至接近球的正上方的刹那，小腿做爆发式前摆，以髋关节为轴，大腿带动小腿由后向前摆，脚背绷直，脚趾扣紧，一脚背正面击球的后中部，踢球腿提膝随球继续前摆。

脚背正面踢反弹球时应准确判断球的落点：当球将要落地时，快速前摆小腿；在球刚反弹离地时，以脚背正面击球的后中部。

脚背内侧踢球:脚背内侧可以踢定位球、地滚球、过顶球、弧线球和转身踢球。脚背内侧踢地滚球时，斜线助跑（助跑方向与出球方向约成 45°），支撑脚是以脚撑外沿积极着地，踏在球的侧后方 20～25cm 左右处，膝关节微屈，脚尖指向出球方向，身体稍向支撑脚倾斜。在支撑脚着地的同时踢球腿以髋关节为轴，大腿带动小腿由后向前摆。当身体转向出球方向，膝盖摆至接近球的内侧上方时，小腿做爆发式前摆，脚尖稍外转，脚背绷直，脚趾扣紧，脚尖指向斜下方，以脚背内侧踢球的后中部（踢过顶球时，踢球的后下部）。

脚背外侧踢球：可以踢直线球、弧线球、弹拨球和蹭踢球。脚背外侧踢直线球时，助跑、支撑脚的站位和踢球脚的摆动，基本上与脚背正面踢球相同，但是踢球腿的膝盖摆至接近球的正上方的刹那，小腿做爆发式前摆，膝盖、脚尖内转，脚趾扣紧，以脚背外侧踢球的后中部，踢球腿提膝随球继续前摆。

2. 练习方法（以脚背内侧踢球为例）

（1）摆腿模仿练习。重点强调小腿的加速摆动和摆动时的转体动作。

（2）两人一组，一人踩球，一人原地做踢固定球练习。重点强调踢球脚的脚尖斜下指，用脚背内侧踢球的后下部，把球往上"铲"起。

（3）两人一组，相距 25～30m，踢定位球。要求动作协调、思想放松，按模仿练习的感觉进行练习，防止动作"走形"。

（4）学生熟练掌握脚背内侧踢固定球后，可练习踢活动球。结合停球后向两侧拨球，然后用脚背内侧将球踢出。提醒学生注意支撑脚的提前量。

（5）踢准练习。可以采取踢画有标志的足球墙，按规定的距离击中目标的计算成绩。

（6）两人一组，相距 20～25m，并向前跑动，进行长传球练习。

3. 教法提示

脚背内侧踢球主要用于长传过顶球和射门。教学时要求传的球平稳、落点好。

4. 易犯错误和纠正方法

（1）直腿摆动，动作僵硬。

纠正方法：进行反复摆腿模仿练习。

（2）脚触球部位不正确。

纠正方法：要求学生踢球前注视一下球，踢球时不要勾脚尖，支撑脚距球不要太远，踢球脚的前脚掌轻蹭一下地面。

（3）踢球腿摆动时，没有相应的转动身体，影响正确的部位触球。

纠正方法：身体重心移至支撑脚，踢球的刹那，以支撑脚的前脚掌支撑地面，身体向出球方向转动。

（三）停球

停球方式有脚内侧、脚底、脚背正面、脚背外侧、胸部和大腿停球等。

1. 动作要领

脚内侧停球：脚内侧停地滚球时，根据来球路线选择停球位置并及时移动到位。支撑脚正对来球，膝关节微屈。停球腿屈膝外展并前迎，脚尖翘起，当脚与球接触前的刹那开始后撤，在后撤过程中用脚内侧触球，把球控制在衔接下一个动作需要的位置上。

脚内侧停反弹球时，支撑脚踏在球的落点的侧前方，膝关节微屈，上体稍前倾并向停球方向微转，同时停球脚提起，踝关节放松，脚内侧对准球的反弹线路，当球落地反弹时，用脚内侧挡压球的后中部。

脚底停球：该部位可停地滚球和反弹球。

停地滚球时面向来球，支撑脚踏在球的侧后方，膝关节微屈，脚尖正对来球，同时停球脚提起，膝关节自然弯曲，脚尖翘起高于脚后跟（脚跟离地稍低于球）。踝关节放松，用脚前掌挡压球的中上部。

脚底停反弹球时，支撑脚站在球的落点的侧后方。停球腿屈膝抬起，当球落地的刹那，脚尖上翘，小腿稍向前倾，用脚掌覆盖在球的反弹路线上，触压球的后上部。

胸部停球分为挺胸和收胸两种方法。挺胸法准备停球时，稍收下颌。当球运行到与胸部接触前的刹那，两脚蹬地上挺的同时屈膝，上体后仰，用胸大肌触球。采用收胸法准备停球时，两脚前后开立，身体重心前移，挺胸迎球。当球运行到与胸部接触前的刹那，重心迅速后移的同时收胸、收复挡压或拍击球（见图 10-2 与图 10-3）。

大腿停球：大腿停高球时，停球腿屈膝抬起，以大腿中部对准落下的球，肌肉适当放松。当大腿与球接触的刹那，快速后撤，将球挡落在体前衔接下一个动作需要的位置上。大腿停低平球时，停球腿以大腿中部对准来球，屈膝前迎，肌肉适当放松。当大腿与球接触的刹那，快速后撤，将球挡在衔接下一个动作需要的位置上。

图 10-2

图 10-3

脚背正面停球：停球脚提起迎球，以脚背正面对准下落的球。在脚背与球接触前的刹那开始下撤，在下撤过程中用脚背正面触球的底部，使球落在体前适当的位置上。

2. 练习方法（以脚内侧停反弹球为例）

练习1：两人一组，一人手抛或轻踢地滚球，一人做脚内侧停地滚球，主要体会停球部位。

练习2：逐渐增加踢球力量，主要掌握好停球脚回撤或下切的时机。

练习3：两人一组，迎面向前跑动，然后用脚内侧向内、向外或向后转身接球。

3. 教法提示

（1）先练习停地滚球，依次练习反弹球和空中球。

（2）停地滚球练习。二人相距6～8m相对站立。

（3）两人互抛互停反弹球、空中球（包括用大腿、胸部、脚底、脚内侧、脚背正面）。

（4）结合踢球技术进行停球练习。

4. 易犯错误与纠正方法

（1）动作僵硬。

纠正方法：强调膝、踝关节放松。身体重心放在支撑脚上。

（2）回撤或切挡的时机掌握不好。

纠正方法：多做模仿动作，提高触球缓冲的灵敏反应能力。

（3）与下一动作衔接不连贯。

纠正方法：养成先观察周围情况再截球的习惯。回撤停球要提起支撑脚，与转身结合起来，将球引向合理的位置。切挡停球与下一步踢球动作密切衔接，用力不可过大，停球后立即移动重心接近球。

（四）头顶球

头顶球分为前额正面顶球和前额侧面顶球，这两个部位都可以做原地、跳起和鱼跃顶球。

1. 动作要领

原地前额正面头顶球：身体正对来球，两脚前后或左右分开，膝关节微屈，上体稍后仰，重心放在后脚上，两臂微屈自然张开，眼睛注视来球。当球运行至身体垂直面前的刹那，后脚用力蹬地，身体重心由后脚移向前脚的同时，迅速向前摆体收下颌，颈部紧张，快速甩头，用前额正面顶球的后中部。

原地跳起前额正面头顶球：准备起跳时，两腿屈膝，重心下降，然后两脚同时蹬地，两臂屈肘上摆向上跳起。在跳起上升过程中挺胸展腹，两臂自然张开，眼睛注视来球。在跳起到达最高点准备顶球时，身体成背弓。当球运行到身体的垂直面前的刹那，快速收胸折体前屈并甩头，用前额正面将球顶出。顶球后两腿同时屈膝、缓冲落地（见图10-4）。

6   5   4   3   2   1

图 10-4

2．练习方法（以原地前额正面头顶球）

练习1：复习头顶颠球，体会头触球部位。

练习2：原地模仿头顶球动作，体会腰部的摆动，同时两臂自然张开，协助身体向前摆动。

练习3：一人持球至适当高度，另一人用前额正面击球，体会顶球部位及摆体动作。

练习4：两人一组，相距5m左右，互抛高球，练习头顶球。

练习5：两人顶球熟练后，可连续头顶球。要求顶准，尽量不让球落地。

3．教法提示

重点强调头顶球的部位，"睁眼"顶球，做到"目迎目送"。要向学生讲清楚头顶球的力量不是来自颈部，而是腰部的摆动。两臂的自然张开、上举，是为了增加"头锤"力量，使头顶球更加有力。

4．易犯错误与纠正方法

（1）头顶球的部位不正确。

纠正方法：克服惧怕心理，强调两眼注视来球，主动用前额迎击来球。

（2）不能正确运用摆体动作顶球。

纠正方法：多做摆体模仿动作，强调蹬后腿，腰部发力，两臂同时协助用力，上体积极前摆。

（五）运球

运球是运动员在跑步中用脚连续推拨球，使球处于自己控制范围内的触球动作。利用运球可以变换进攻的速度，调节比赛的节奏。在对手紧逼和密集防守的情况下，利用运球和过人可以摆脱对方的阻截和围抢，扰乱对方防守阵型，造成以多打少的主动局势，为传球或射门创造有利时机。

1．技术要领

脚背内侧运球：跑动时，身体自然放松，步幅要小，上体前倾要稍向运球方向转动；运球脚提起时，膝关节稍弯曲，脚跟提起，踝关节外展，脚尖斜下指，用脚背内侧部位推拨球前进。在比赛中，大多用在改变方向或者为了护球的情况下使用。

脚背外侧运球：跑动时，身体自然放松，上体稍向前，两臂自然摆动，步幅不要过大；运球脚提起时，膝关节弯曲，脚跟提起，踝关节内旋，脚尖向内斜下指，用脚背外侧部位推拨球前进。在比赛中，大多在快速推进或为超越对手、前方纵深距离较大或者改变方向时使用。

脚内侧运球：运球时，支撑腿向前跨出一步，落在球的侧前方，膝关节微屈，重心落在支撑脚上，上体向带球方向前倾，用运球脚内侧推拨球后中部前进。在比赛中，主要适用于以身体掩护球时。

正脚背运球：运球时，上体前倾，步幅放大，运球脚提起时，膝关节微屈，脚尖向下，以脚背正面推拨球前进。在比赛中，主要适用于突破对手后做较长距离的快速运球时。

✐ 案　例

2007年3月10日，2006～2007赛季，西甲第26轮，巴塞罗那对阵皇家马德里。速度、灵活性、进球，独一无二的帽子戏法，三次落后，三次扳平，梅西的超群能力征服了包括皇马主帅卡佩罗在内的所有人。第11分钟埃托奥直传，梅西突入禁区右肋左脚推射远角入网。第 28 分钟小罗禁区左侧突破射门被卡西利亚斯扑出，梅西补射空门命中。第 91 分钟小罗妙传，梅西强行突破埃尔格拉，禁区左肋斜射，完成个人在巴萨的首个帽子戏法。

🌱 **案例分析**

　　梅西的球感和脚下技术是超一流的，带球时球就像粘在他脚上一样，对手很难从他脚下断下球，他最令对手畏惧的武器是带球突破，出众的球感、速度、爆发力和平衡能力组合成了最可怕的盘带机器，他能够在最狭小的空间里寻觅到突破的可能，在当今足坛，梅西可以说是这方面能力的第一人。梅西的 5m 内速度是 20km/h，12～16m 内速度是 28km/h，非常出众，启动速度很快，急转急停在当今足坛无人能出其右。

　　运球过人：运球时要逼近防守者，距对方 2m 左右。身体要保护球并用远离防守者的脚控制球。过人时重心要低并落于两脚之间，有利于假动作使对方失去重心，运用拨、拉、扣、挑等技术动作，突然快速地摆脱越过对手（见图 10-5～图 10-7）。

图 10-5

1　　　　　　　　2　　　　　　　　3

图 10-6

3　　　　　　　　2　　　　　　　　1

图 10-7

　　（1）拨球：是运用脚背抖拨的动作，从对手的一侧越过。

　　（2）拉球：一般是指用脚底将球从前向后拖或用脚内侧将球由身体左侧拖至右侧。

　　（3）扣球：是运用转身和脚腕急转压扣的动作，以脚内侧或外侧触球，将球迅速停住或转变方向。用脚内侧扣球的动作称"里扣"，用脚外侧扣球的动作称"外扣"。

　　（4）挑球：是用脚尖上翘或脚背上撩的动作，使球向上改变方向，从对手身侧或头上越过。

2. 练习方法

练习 1：各种脚法的往返直线运球。每人一球，每组 6～8 人，在相距 30～40m 的两根标志物之间进行，练习依次进行，前后两人相距 5m 左右。

练习 2：直线穿梭运球练习。5～6 人一组一球，在相距 15～20m 之间进行练习。如单数组时，在人多的一端开始运球，一人运球至终点同伴前 3～4m 将球轻传给同伴，自己留在这一端等待下一次练习。

练习 3：蛇形推进运球练习。每人一球，每组 6～8 人，在相距 30～40m 的两根标志物之间进行。

练习 4：侧身左右脚交替往返变向运球练习。每人一球. 每组 6～8 人，在相距 30～40m 的两根标志物之间进行。

练习 5：30m 曲线运球绕杆（10 根杆）。每隔 3m 插一根标志物，起点与终点以标志物代替或画一直线。练习者一人一球，依次进行。此外，曲线运球方法多种多样，如利用场地进行的中线蛇形进行的运球和三角形路线运球等。

练习 6：两人一组，在积极或消极的防守下，做一对一的运球过人练习。

3. 教法提示

运球过人是个人控球能力的重要体现，是学生在比赛中进行个人突破、摆脱防守的关键性技术。要求学生发挥各个关节的灵活性，加强身体重心移动的练习，密切与支撑脚配合。

4. 易犯错误与纠正方法

（1）低头运球过人。

纠正方法：教师应时刻提醒学生抬头观察周围情况，或在学生做各种运球过人练习中，做各种手势，让学生对手势作出反应。

（2）身体僵硬。

纠正方法：僵硬的主要原因是技术生疏、思想紧张。教师要不断提醒学生放松。

（3）技术动作不到位。

纠正方法：提醒支撑脚要靠近球并多做髋关节灵活性练习。

（4）支撑脚距球过近或过远。

纠正方法：运动中支撑脚的落地要注意提前量。

（六）抢截球

抢截球是防守中的主动行动，是转守为攻的积极手段。抢截球包括抢球和截球两个内容。

1. 动作要领

正面跨步抢球：抢球者面对对手两脚前后开立，两膝微屈，在对手运球脚触球后即将着地或刚着地时，支撑脚立即用力后蹬，抢球脚以脚内侧对着球跨出，膝关节弯曲，上体前倾，身体重心移至抢球脚上，另一脚立即前跨；如果双方脚同时触球，抢球者则要顺势向上提拉，使使从对方脚背滚过，同时身体重心要迅速跟上，把球控制好。如离球稍远可用脚尖。

侧面冲撞抢截：当与对方平行跑动争球时，身体重心要降低，两臂紧贴身体，当对方近侧脚着地时，可用肩和上臂做合理冲撞动作，使对方失去平衡，从而截获球。侧面冲撞抢截用于抢截者和运球者平行跑动时。

侧后铲球：防守人遇到距运球人侧后 1m 左右，可用脚掌或脚背外侧进行铲球。当运球人将球拨动时，防守者先蹬腿，随后抢球腿跨出，以脚掌或脚掌外侧在地面滑行而将球踢出。

小腿、大腿、臀部上方依次着地。侧后铲球适用于对手运球刚越过防守者时。

2. 练习方法

（1）两人并肩走步中练习冲撞，慢跑和快跑中进行冲撞，体会合理冲撞的方法。

（2）一人在慢跑中运球，另一人练习侧面用肩冲撞抢球。

（3）一对一抢截，正面抢截后相互交换，以抢到球为准。

（4）一对一抢截，正面、侧面抢截，以触到球为准，相互交换练习。

（5）原地练习铲球，一人站在固定球的后面佯做停球，一人从侧后方跑上来练习铲球倒地动作。

（6）助跑练习铲球，一人带球前进，一人在带球人身后，待球推出后铲球。

✒ 案 例

2007～2008 年曼联首循环对伯明翰攻入一球后，C 罗的入球潮一发不可收拾，并成为 2007～2008 赛季四大联赛以中场球员的身份第一位率先打破 20 球大关的球员，而 C 罗更在主场对纽卡斯尔的比赛中上演在曼联足球生涯的第一次帽子戏法，助球队以 6:0 大胜纽卡斯尔。本赛季他一共攻入了 42 球，并获得了几乎所有个人荣誉，包括世界足球先生、PFA 英格兰足球先生、FWA 英格兰足球先生、英超最佳射手、欧洲金靴、欧洲冠军联赛最佳射手、欧洲足联俱乐部最佳前锋、欧洲足联俱乐部最佳球员，并帮助球队获得了联赛、欧洲冠军联赛两项最重要的赛事冠军。

❦ 案例分析

C 罗的盘带是现役球员中最具观赏性的，街头足球的盛行和 C 罗有着一定关系，其变相过人和花哨都属于几十年难遇。C 罗的射速很快，力量较足，远射威力较大，左右脚均能射门，2010～2011 单赛季 53 球就是最好的证明。C 罗的任意球虽然不及米哈伊洛维奇、贝克汉姆那般精巧，但 C 罗的任意球绝对不差，算的上是任意球高手，他的任意球力度大，弧线比较平直，被球迷称为"电梯球"，门将即使是判断对了方向也很难控制住皮球，所以不得不说他是门将的噩梦。

3. 教法提示

抢截球是足球防守技术中的一项重要内容。在现代足球比赛中，抢截球技术已成为全体队员必须掌握的一项技术。良好的抢截球技术，不仅可以有效地防守对方的进攻，而且能迅速地进行反击，提高防守反击的成功率。

4. 易犯错误与纠正方法

（1）冲撞时，用手或肘推对手，造成犯规。

纠正方法：讲解规则裁判法。

（2）侧面抢球时，合理冲撞的时机掌握不好。

纠正方法：讲解规则，指出在对手同侧脚离地的一刹那，合理冲撞对手，才能使对手失去平衡。向外侧倒以便使自己抢到球。

（3）铲球时，出脚的时机掌握不准。

纠正方法：讲明应该在对手拔出球的一刹那铲球，才能铲到球和避免犯规。

（4）铲球动作不连贯，容易造成自己摔伤。

纠正方法：多做模仿练习，掌握自我保护的动作。

（七）假动作

1. 技术要领

（1）无球假动作。

变速假动作：先慢速诱使对手跑慢，然后突然加速，或慢、快变速跑，摆脱对手。要求步幅小、频率快，变速突然性强。

变向假动作：变向、折转等方法，要结合跑动速度的变化，加上突然、快速的变向，摆脱对手。

假抢：可先向左（右）侧，佯做抢球动作，诱使对手改变方向从右（左）侧运球，再突然向右（左）抢球。

（2）有球假动作。

踢球假动作：佯装摆腿踢球，诱使对手封堵传球路线或转身挡球，迅速突破。

停球假动作：迎面来球，对手从后方企图抢截球，可先佯做左（右）停球动作，诱使对手堵抢左（右）侧时，突然向右（左）停球并摆脱对手。

运球假动作：通过身体向左（右）晃动或佯做使球向左（右）变向，诱使对手向左（右）侧堵截时，突然向右（左）变向，摆脱对手。

2. 练习方法

练习1：在慢速中做变速、变向假动作模仿练习。

练习2：两人一组，一人防守，一人做无球假动作练习。假动作要逼真，动作变化要突然、快速。

练习3：曲线运球练习。

练习4：模仿练习。自己运球，做各种假动作。注意重心移动。

练习5：两人一球，一人消极防守，一人做各种假动作，速度由慢到快。要求假动作逼真，动作连贯、突然快速。

练习6：两人一球，一人积极防守，一人做各种假动作以摆脱对手。可结合射门练习。防守者抢到球后，立即变成进攻者。

3. 教法提示

无球假动作练习，最好在战术配合练习中和战术比赛中进行教学。有球假动作是个人提高控球、运球突破、破坏对方防守的一种有效武器。教学中，要认真分析假动作运用时机、运用方法，经常观察优秀运动员比赛中假动作的应用。通过自己认真实践，逐步提高比赛中随机应变的能力。

4. 易犯错误与纠正方法

（1）动作不逼真，缺乏连贯性。

纠正方法：根据动作多做上体的晃动练习。

（2）假动作变化突然性不强。

纠正方法：提高腰、腹部力量，多练变向跨步跑和变速跑。

（3）假动作运用时机不好。

纠正方法：提高分析判断能力，学会根据双方场上情况掌握控球时机和距离。

（八）守门员技术

守门员技术的高低、反应的敏捷程度和竞争意识直接影响全队的士气与最后一道门户的牢固。守门员技术可分为接球、扑接球、拳击球、托球、掷球和抛踢球。

1. 技术要领

（1）接球。

接地滚球：接地滚球分直立和单膝跪立接球两种。直立接球时，两脚要自然并拢不留空隙，脚尖对准来球，上体前屈，两臂自然下垂近地，手指自然张开，手心向前，两手接球底部，接球后两臂同时弯曲，并互相靠拢。将球提至胸前紧抱；单膝跪立接球时，两腿向侧前方开立，前腿弯曲，后腿跪立，膝关节接触地面，并靠近前脚跟，不留中空，上体前倾，两臂下垂，掌心对准来球方向，两手接球底部，接球后将球抱至胸前。

接高球：两手自然张开，拇指相对，食指与拇指成桃形，当手触球时，手腕和手指适当用力将球接住。同时屈肘、回缩并下引，顺势翻掌将球抱于胸前。要求判断球路与落点要准，跑动、起跳要准。

接平球：接球前两臂屈肘置于胸前两侧，在球接触胸前的一瞬间，两臂夹紧，收缩两手抱住球的侧上部，迅速置于胸前。

（2）扑接球。

侧地扑接低球时，先向来球一侧跨一步，接着身体以一侧小腿、大腿、臀部、上体和小臂依次着地，同时两臂向前伸出，同侧手掌对准来球，另一侧手掌在球的上方对准来球，触球后手指、手腕用力，屈肘把球收回胸前，然后起立。

（3）拳击球。

可分为单拳击球和双拳击球。单拳击球时，屈肘、握拳于胸前，跳起快速冲拳，以拳面将球击出；双拳击球时，双臂屈肘握拳于胸前，两拳靠拢，当跳起到最高点时，双拳同时快速冲击，以拳面将球击出。

（4）托球。

起跳后身体成背弓，单臂快速上伸，手掌前部和手指用力将球向后上托出。

（5）掷球和抛踢球。

掷球有单手低手和肩上掷球，抛踢球有自抛踢下落球和踢反弹球。

2. 练习方法

练习1：准备姿势与移动模仿练习。

练习2：手型模仿动作和手型变换练习。

练习3：接手抛或脚踢的球。距离由远到近，力量由小到大，角度由小到大。

练习4：倒地接球模仿练习。

练习5：坐地、跪地、半蹲扑接手抛的球。

练习6：在沙坑里或在垫子上扑接手抛或脚踢的球。

练习7：在球门中央进行扑接球练习。

练习8：结合实战的扑接球练习。

3. 教法提示

突出强调判断的准确性和技术动作的规范、实效。接球要掌握一挡二接的原则，即在挡球的前提下去接球。要善于发现各种不安全因素，以保证练习效果和防止伤害事故。尽量结合实战发现技术中存在的问题。

4. 易犯错误与纠正方法

（1）选位与移动不合理。

纠正方法：学会寻找选位的参照物，如以点球点、球门柱、罚球区弧线等作为选位的参照物；提高判断各种来球的高度、距离、方向等能力，选准移动距离、时间和接球点；强化移动的反应能力。

（2）接球不稳。

纠正方法：多练缓冲接球的模仿动作；巩固接各种来球的正确手型；强调先移动到位，在有准备的情况下接球。

（3）衔接动作不好。

纠正方法：多练综合性的技术，提高衔接能力，提高制动后的起动速度；有意制造某种困难条件，去完成下一个技术动作。

（九）掷界外球

1. 技术要领

掷球时，后腿用力，上体带动两臂急速前摆。当球摆至头上时，用力甩腕。

2. 练习方法

练习1：持球做原地和助跑掷界外球的模仿动作。

练习2：原地或助跑掷球练习。距离由近及远，并在准确性上提出一定要求。

3. 教法提示

掷界外球最易违例。因此，一定让学生养成正确的掷球动作，并懂得掷球的规则要求。掷球练习可与停球、顶球、传球等技术结合进行，以便适应比赛的实际要求。

4. 易犯错误与纠正方法

（1）掷球违例。

纠正方法：讲清掷界外球规则，分析违例原因，多练原地持球或助跑掷界外球的模仿动作。

（2）掷球不远。

纠正方法：发展肩的柔韧性和腰腹肌力量，提高腿、腰、臂的协调配合能力。

任务三　足球运动主要竞赛规则

一、比赛场地、球队员人数

1. 比赛场地

足球场地由四线（边线、端线、中线、球门线）、三区（球门区、罚球区、角球区）、二点（罚球点、中点）、一圈（中圈）、一弧（罚球弧）、一门（球门）构成。国际足联规定世界杯决赛场地长145m、宽68m。基层比赛的场地可因地制宜，球场边线长度不得大于120m或小于90m，球门线的长度不得大于90m或小于45m。但在任何情况下，边线的长度必须大于宽度。场地各线宽度不超过12cm，且均包括在各场地区内。球门宽7.32m、高2.44m（见图10-8）。

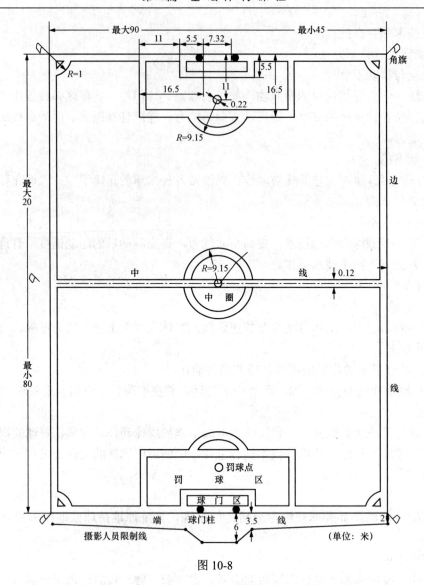

图 10-8

2. 比赛用球

比赛用球应为圆形。其周长为 70cm，重量在 410～450g 之间。世界杯赛一般采用 0.9 个大气压。

每队上场 11 人，任何时候均不得少于 7 人，其中 1 人必须是守门员。正式比赛中，每场比赛每队最多可以使用 3 名替补队员（含守门员）。替补应在死球时，经裁判员同意后，在第一巡边员一侧中线处的边线外进行，先下后上。

二、比赛时间、比赛开始、比赛进行和死球、计胜方法

1. 比赛时间

正式比赛全场的比赛时间为 90min，分上、下两半时（各 45min），中场休息不超过 14min。

2. 比赛开始

比赛开始前，裁判员应召集双方队长，用投币方式挑选场地权或开球权。开球时，球应放在中点上。在裁判员发出信号后，由开球队的一名队员将球踢入对方球场，并滚动一周，比赛才为开始。中圈开球可以直接射门得分。

3. 比赛进行和死球

当球的整体在地面或空中越过边线或球门线的外沿，才算出界成死球或进一球。球触场内裁判员、巡边员或门横梁、角旗杆又弹回场内，均为比赛进行中。若弹进球门，只要没有违反规则应判进一球。

4. 计胜方法

球的整体从门柱间和横梁下越过球门线，而此前未违反规则，即为进球得分。胜一场得3分，平一场得1分，负一场得0分。

三、越位

（1）比赛中，当进攻队员在对方半场，较球更近于对方球门线且在该队员与对方球门线之间，对方队员不足两人，即为该队员处于越位位置。

（2）处于越位位置的队员，在同队队员踢或触及球的一瞬间，裁判员认为该队队员有下列情况时，应判罚越位：①干扰比赛或干扰对方；②企图从越位位置获得利益。

（3）进攻队员仅仅处于越位位置或直接得到球门球、角球、掷界外球和裁判员的坠球时，不判越位。

四、犯规与不正当行为

1. 判罚直接任意球和点球

凡队员故意违犯下列九项规定中的一项时，都应判罚由对方队员在犯规地点踢直接任意球。如果犯规地点在本方罚球区内，都应判罚点球。

（1）踢或企图踢对方队员。

（2）绊摔对方队员：即在对方身前或身后，伸腿或屈体绊摔或企图绊摔对方。

（3）跳向对方队员。

（4）猛烈地、带有危险性地冲撞对方队员。

（5）除对方正在阻挡外，从背后冲撞对方队员。

（6）打或企图打对方队员，或向他吐唾沫。

（7）拉扯对方队员。

（8）推对方队员。

（9）手触球。

2. 间接任意球

凡队员犯有下列犯规中的任何一项者，都应由对方队员在犯规地点踢间接任意球。

（1）守门员用手触及同队队员故意踢给他的回传球。

（2）守门员用手触及同队队员直接掷入界外球。

（3）守门员将球置于地上或传出后，未经场上队员触及球，自己再次用手触球，即为"两次球"。

（4）守门员手持球超过6s。

（5）裁判员认为其动作具有危险性。

（6）阻拦对方队员。

（7）冲撞守门员。

（8）阻拦守门员从其手中发球。

3. 警告与罚令出场

裁判员对下列情况应出示黄牌警告。

（1）有不正当行为。

（2）未经裁判员许可故意离开比赛场地，或进入比赛场地。

（3）持续违反规则。

（4）以语言或行动对裁判员的判罚表示不满。

裁判员对队员有下列情况时，应出示红牌、罚令其出场。

（1）有严重犯规或暴力行为。

（2）使用粗言秽语或进行辱骂。

（3）向对方或其他任何人吐唾沫。

（4）用手故意破坏对方进球或明显的进球得分机会。

（5）经警告后，仍坚持其不正当行为。

五、任意球、罚球点球

1. 任意球

任意球分两种。一种是直接任意球，即罚球队员可以直接将球射入对方门得分；另一种是间接任意球，即罚出的球须经场上任一队员触及后可入门得分。任意球放好后即可罚出，不必等待裁判员鸣哨，但攻方队员有越位限制。

2. 罚球点球

守方队员在罚球区内故意犯规，被判罚直接任意球时，应判罚球点球。当两队踢出平局，需要以点球决出胜负时，裁判员应选定一个球门作为踢点球的球门。双方队长以投币方式决定某队先踢，猜中一方应先踢。每队先由 5 名队员依次轮流踢 5 个点球，若进球相同，则由第 6 名队员踢点球，从第 6 名队员起，只要一方踢进，另一方未踢进，即判进球的一方获胜，则比赛结束。

六、界外球、球门球、角球

1. 掷界外球

掷界外球时，掷球队员必须面向球场，两脚均应有一部分站立在边线上或边线外，不能全部离地，用双手将球从头后，经头顶用一个完整连贯的动作掷入场内。掷球队员在球未经其他队员踢或触及前，不能再次触球。掷界外球不得直接掷入球门得分。

2. 门球

队员将球踢出对方端线，应由对方踢球门球恢复比赛。踢球门球时，可将球放在球门区半区的任何地点，对方应退出罚球区。当球踢出罚球区，比赛方为恢复。在球踢出罚球区前，任何队员在罚球区内触及球，均应重踢。踢球门球可以直接射门得分。

3. 角球

队员将球踢或触出本方端线时，由对方队员踢角球。踢角球时，球的整体应放在角球区内，并不得移动角旗杆。球踢出前，守方队员须距球 9.15m 以外，踢角球队员不得连踢。

踢角球可以直接射门得分。

任务四 五人制足球

一、概述

五人制足球是足球项目的一个变种。在五人制足球中，每支球队只有 5 名队员上场比赛而不是通常的 11 名。五人制足球比赛通常是非正式的，因此比赛规则也相对灵活，有时是在比赛之前当场决定，这些规则与 FIFA 官方制定发布的室内足球相当不同。竞赛性的或半正式的五人制比赛通常使用通用的一般规则。比赛通常在室内进行。五人制足球与 11 人制足球一样有自己的世界杯和洲际杯，而且五人制足球将于 2016 年进入巴西奥运会，成为奥运会正式比赛项目。

1. 五人制足球起源

五人制足球出现在 20 世纪 50～60 年代的南美洲，那是社会最底层穷人孩子的唯一娱乐。四块砖头摆两个门，一大群光着脚丫的穷小子，在街头巷尾，在每一块空地，在沙滩上进行龙争虎斗，尽情地享受足球给他们带来的乐趣，同时也有一个美丽的憧憬，期望有朝一日能成为职业足球选手，能够吃上牛奶、三明治和穿上长裤子。

就是这样的环境，一批又一批风华绝代的球星横空出世，贝利、加林查、肯佩斯，还有马拉多纳。

2. 五人制足球发展

五人足球运动虽然发展时间较短，但其比赛的方法具有很高的锻炼价值，同时其趣味性、灵活性的特点也能丰富业余文化生活、陶冶情操，五人制足球主要反映运动员所掌握的运用技术战术多变，攻守变换，比赛起伏跌宕，胜负难以预料，经常出现戏剧性变化等，这正是五人足球运动的魅力所在。

现在，无论是在欧洲、美洲，还是在亚洲，几乎全球的爱好者都热衷于这项运动，在欧洲联赛冬歇期、欧洲各豪门球队还要参加欧洲五人室内足球锦标赛。

自诞生之日起，五人制足球就在整个南美洲，尤其是巴西受到普遍的欢迎，专业的地区性社团也如雨后春笋般不断涌现。

由于这种小编制的足球比赛在世界范围内流行起来，足球的发展日新月异，国际足联（FIFA）对此项运动的发展也赋予特别的关切。1989 年国际足联开始正式把五人制足球纳入管理范围之内，成为其主管团体。为了使五人制足球更利于发挥运动员的能力，并且提高其比赛的观赏性，国际足联制定了一整套针对五人制足球运动的新规则。在国际足联与其成员的共同的努力下，五人制足球的相关知识和资源在越来越多的国家得到了传播。凭借本身所具有的无可比拟的优势，五人制足球的声誉也同时得到了极大程度的提高，随之而来的就是更多的社团组织开始接纳并喜爱上这项运动。

目前大多数国家已经不再把五人制足球当作一项非正式、非官方的小型足球看待了。它已成为了世界上普及最快的体育项目之一。世界范围内也已有 100 多个国家的高达 3000 多万人从事着这项运动。

二、五人制足球运动的特点与作用

1. 接触球的机会多

由于五人制足球场地小和队员人数少，使每名参赛队员有更多的机会接触球。而队员相互之间距离小，双方争夺得更加激烈，攻守转换的速度更快、技战术更灵活，所以脚尖踢球、脚底停球、快速的短传和低传配合及个人运控球技术运用的较多，对提高球员的实战能力大有好处。

2. 射门多，比分高

五人制足球比赛，每场比赛，每队可以射门 26 次以上，进球一般比 11 人制高出一倍以上，射门的方式主要是传切突破射、个人带球突破射、边路传中包抄射、补射等。所以不但争夺激烈，要求技术细致快速，而且进球多。因此，既有良好的观赏性，又有利于培养队员的射门能力。

3. 攻守转换的节奏快

由于比赛的场地小、人数少，双方队员相互之间的距离较近，防守时主要采用紧逼盯人断球反击战术，进攻队员运用突然起动、假动作等突破对方防守，攻守双方常处在短兵相接的拼抢状态，攻守转换次数多、频率快、强度大。这种快节奏的攻守战术灵活多变，对球员的速度耐力提出了很高的要求，所以场上队员必须保持充沛的体力。

4. 实战能力要求较高，竞争性强

比赛中队员要面临各种各样的问题，对提高球员的比赛能力非常适宜。五人制比赛由于场地小，队员的密度大，防守时采用人盯人战术，能鼓励队员利用比赛场地的宽度和深度，拉开空档，通过横传来实现向前传，通过向前传之后的回传或横传，使对手的位置错乱，获得射门的时间和空间，对磨炼、培养球员快速细巧的技战术的运用能力，提高战术意识起到了很好的作用。

重 点 小 结

（1）在练习踢球、接球、头顶球、运球、抢球等基本技术的同时，注意观察周围。无论是在同伴传球前、传球后、在原地或跑动中、接球队员都必须养成接球前快速观察的习惯，对周围情况应做到心中有数。

（2）培养一次性控好球的技巧。在比赛中，能用一个动作控制球，决不用两个动作来完成；能将球控制在地面，决不将球控制在空中反弹；能将球控制在移动中，决不将球控制在原地。

（3）足球运动是一项集体运动项目，取胜需要发挥整体力量，保持场上阵型，灵活、合理的变化人员组合，争取控球的主动权，发挥每个队员的作用，才能取得比赛胜利。同时可以培养拼搏的精神、顽强的意志、团结协作和热爱集体的良好作风。

课 课 练

（1）身体素质练习：100m 冲刺跑、50m 跑练习；12min 跑，400m 跑练习；仰卧起坐、俯卧撑练习；蛙跳；引体向上、双臂屈伸练习。

（2）专项技术练习：反复练习脚内侧传接球、脚背踢球、前额正面顶球、脚背运球、正面和侧面抢球技术。

项目十一

乒 乓 球

【学习目标】

1. 知识目标

（1）了解乒乓球发展的概况。

（2）掌握乒乓球握拍方法、特点及基本、常用的步法。

（3）掌握乒乓球几种基本技术的动作方法和要领。

（4）了解和掌握乒乓球的基本战术及战术的特点。

（5）了解乒乓球运动的主要竞赛规则。

2. 技能目标

（1）熟练掌握乒乓球的基本技术。

（2）掌握乒乓球的基本战术及在比赛中能合理的运用。

（3）掌握乒乓球的竞赛规则，能在比赛中担任裁判工作。

【运动提示】

（1）要多加强步法和各项身体素质的练习。

（2）在基本技术的练习中要多做徒手模仿练习，持球练习时应先慢打再快打，先轻后重，先稳再凶，由浅入深，逐步掌握。

（3）在练习中要带着战术意识去练技术，这样才能练就真正实用的技术。重点技术要经常练、反复练，做到精益求精。

【项目任务】

（1）掌握乒乓球基础知识和竞赛规则。

（2）掌握乒乓球的发球、接发球、推挡球、攻球、搓球、弧圈球和削球等基本动作。

（3）掌握乒乓球发球抢攻、拉攻、左推右攻、搓攻、削球反攻等技术的基本战术。

【项目实施】

任务一 乒乓球运动概述

乒乓球是由两名选手或两队选手用球拍在中间隔一网的球台两端轮流击球的一项室内运动。因为球击在木拍和桌面上发出乒乓声响，故称"乒乓球"。乒乓球起源于英国，由"桌上网球"游戏派生而来。

乒乓球运动的特点是球小、速度快、变化多、落点准、趣味性强、具有较强的观赏价值。使用的设备比较简单，不受参加者的年龄、性别和身体条件的限制。经常参加乒乓球运动，可以发展人的灵活性、协调性和快速反应能力，改善人体心血管系统机能和大脑神经系统机能，有利于培养人的机智、果断、沉着、冷静、进取等优秀品质。

现在主要的乒乓球赛有世界乒乓球锦标赛（简称"世乒赛"）、世界杯乒乓球赛、奥运会乒乓球赛三大赛事，其中"世乒赛"的影响力最大。

中国在乒乓球项目上获得了一次次骄人的辉煌战绩，在世界上处于绝对领先的地位，"世界打中国"会成为未来乒坛的新格局。虽然乒乓球发明于英国，但是几乎成了中国的"国球"。

任务二 乒乓球的基本技术

一、握拍方法

乒乓球直拍握法和横拍握法两种方式。

1. 直拍握法

用食指第二根节和拇指中段扣拍的正面，虎口贴柄，其他三指曲贴于拍的 1/3 上端。这种握拍法简称中钳试（见图 11-1（a））。

2. 横拍握法

虎口贴拍肩，拇指紧捏拍面，食指斜伸在拍的另一面，此握法也称八字试（见图 11-1（b））。正手攻球时食指向上移动；反手攻球时拇指向上移动。

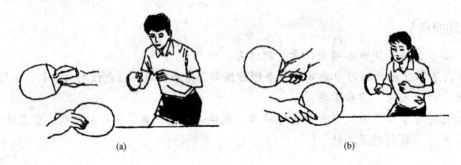

(a)　　　　　　　　　　　　　　　　(b)

图 11-1

不管是直拍还是横拍，在准备击球或击球后，手指不要过分用力握拍，这样有利于挥拍动作的迅速还原。同时，应使手臂肌肉及时放松，减少疲劳。

二、准备姿势

运动员在回击任何来球时所保持的合理姿势，就是准备姿势。在每一个球来之前，应使身体迅速移动，选择适合的击球位置，然后才能及时准确地把球回击过去。

正确的准备姿势是两脚平行开立，约比肩宽，两膝微屈稍内扣，站在近台中间偏右手方，持拍手自然弯曲，置于腹前。总之，要做到"两眼平视，上体放松，中心居中，屈膝提踵，脚有弹力"。

三、步法

乒乓球的步法很多，基本的、常用的有以下几种。

（1）单步：击球是以一脚为轴心，另一脚向左右移动。常在打定点球时采用。

（2）换步：（跟步）击球时以一脚向球的方向跨一步，另一脚紧跟上去；或一脚前后、左右跳动，另一脚迅速跟上。应付小角度的来球常用这种步法，左推右攻时也使用此种步法。

（3）跨步：来球距原来位置很远时，一脚先向来球方向跨一步，另一脚再向同一方向跨一步。跨步要灵活，在扑救险球时或正手打回头球时常用此种步法。

（4）侧身步：左推右攻是运动员常用步法。如果来球离身较远，侧身位置不需很大，击球时可以用左脚为轴，右脚向左后方移动，微收腹，腾出空隙来击球。在来球追身时，侧身就较大，开始右脚蹬地发力，左脚向球台外跨一步，然后右脚靠腰部扭动后撤跟上。

可以通过以下方式练习，熟悉握拍方式和基本步法（见图11-2）。

对墙击球　　　　　　　　　　双人对击球

图 11-2

四、发球

发球是乒乓球的基本技术之一，在比赛中占很重要的地位。每局比赛，双方各有 15～20 次发球机会。发球多变并且质量好，不仅能使对方回接失误，直接得分，而且也可以为进攻创造更多的机会。发球是比赛开局的第一板球，它不受对方的干扰，可以任意在各个方位（双打除外）按自己的战术意图，将球发到对方任何位置，先发制人，争取主动。

✐ **案　例**

在乒乓球中，发球是很重要的一部分。发球质量高的话可以直接造成对方接发失误，己方得分。或者使对方接发质量不高，给自己制造主动权。中国乒乓球前国手、现国家队总教练刘国梁发球的出色程度是公认的，其发出的球不仅速度快，落点刁而且旋转强，反差大。他的发球主要有两种：一种是侧身高抛左侧上/下旋；另一种是侧身低抛转与不转球。前一种发球还常常与背面发球相结合，从而使对手在判断上更加困难，进一步提升对手接发球的难度，后一种发球通常在对手已适应第一套发球的情况下或关键时刻使用，而且往往都能取得巨大的作用。号称世界乒坛"常青树"的瑞典选手瓦尔德内尔，发球就是他的必杀技之一。他发明了横拍直握，能充分发挥手腕。他是第一个在发球上突破的横拍选手。几乎相同动作发出差别很大的球，曾经欺骗了很多亚洲选手。马林雅典败给老瓦一个重要原因是没接好对手发球。

❤ **案例分析**

总体上来说，发球为抢攻做准备的宗旨就是用各种方法提高发球的质量，增加对方接球的难度，使对方回球质量不高，从而为抢攻创造了条件。

具体说来，应注意以下四点。

（1）利用对方的漏洞和弱点，在落点、旋转、力量、曲线上不断地变化，从而提高发球的质量，创造抢攻的机会。

（2）研究发球的规律，在发球时，就大体上可以预测对方回球的线路，从而提高抢攻成功的概率。

（3）利用组合发球的威力，调动对方。如发近网、短而转的球，组合发底线，左、右、近身、长而急的球，往往能收到事半功倍的效果。

（4）利用旋转的组合，如发近网转和不转的球及发近网侧下旋球和"左爆冲侧上螺旋球"，把球发到对方左边线。这样旋转的组合，使对方感到难以适应，从而控制了比赛的节奏，使攻球频频得分。

发球种类较多，基本方法有正反手发平击球，正反手发左右侧上（下）旋球。正手平击发球的技术为左脚在前，身体稍右转，左手掌心托球，抛球后，待下落时前臂向后向前挥动，拍面稍前倾，击球中部。其他三种发球如图11-3所示。

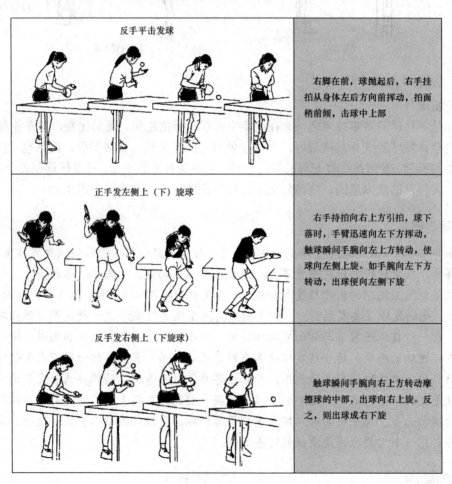

反手平击发球

右脚在前，球抛起后，右手挂拍从身体左后方向前挥动，拍面稍前倾，击球中上部

正手发左侧上（下）旋球

右手持拍向右上方引拍，球下落时，手臂迅速向左下方挥动，触球瞬间手腕向左上方转动，使球向左侧上旋。如手腕向左下方转动，出球便向左侧下旋

反手发右侧上（下旋球）

触球瞬间手腕向右上方转动摩擦球的中部，出球向右上旋。反之，则出球成右下旋

图 11-3

五、接发球

在一局比赛中，接发球的机会和发球相同。如果接发球能力较差，不仅给对方有较多的得分机会，而且在处理关键球时，会延误战机，影响全局。

接发球常用推、搓、削、抽等方法来回击。推、搓、削是用旋转和变化落点去抑制对方的攻势，并带有一定的防御性质。拉球和抢球时可以直接破坏对方的攻势，打法上较积极主动。所以，在接发球时，应根据不同的情况做到时搓时拉，忽攻忽守，只有这样才能充分掌握比赛的主动权。一般情况下，接下旋球时，用搓、拉、削的方法；接上旋球，用搓球或攻的方法；接不旋转球，用推或攻的方法。回接球的旋转和回球方法如图 11-4 所示。

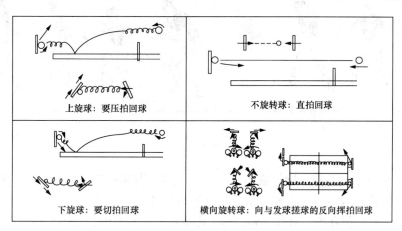

上旋球：要压拍回球
不旋转球：直拍回球
下旋球：要切拍回球
横向旋转球：向与发球搓球的反向挥拍回球

图 11-4

接发球时，站位应根据对方发球时的位置再决定。如对方在左后面正手发球，接球者的站位应在中间靠右；对方在左面反手发球，则应中间靠左。同时，接发球时，还要密切注意对方发球的挥拍动作，球拍移动方向及触球瞬间用力的大小，来正确地判断对方发球的性质和落点，及时用相应的、正确的方法回击。例如，在接上旋球时，用快速推挡或加力快抽，击球的中上部；接下旋球时，球拍后仰，搓击或拉抽球的中下部。而接左、右侧旋球时，则必须将球回击到对方球拍移动的相反方向。如对左侧上旋球，应该将球拍向左前下方击球；对左侧下旋球，应用提拉向左前上方挥动击球。

六、推挡球

推挡球以反手推挡为主，其中又分平挡球、快推、下旋推挡球、上旋挡球等。

（1）平挡球：拍形呈半横状，小臂前伸主动迎球，在球上升期击球的中部，借来球反弹力击回。

（2）快推：两脚离台 30～40cm 平行站，屈臂持拍于腹前，击球时前臂向前伸出，手腕外旋并使球拍前倾，在球上升期击球的中上部，击球后，手臂继续前送（见图 11-5）。

七、攻球

攻球也是最重要的一项基本技术，是最具有威慑力的得分手段。攻球可分为正手攻球和反手攻击；按站位又可分为近台、中台和远台攻球；按击球点和击球的时间又可以分为拉、抽、拨、带、扣、杀等。这里只介绍正手攻球（见图 11-6）。

图 11-5

(a)   (b)

图 11-6

（1）正手快抽左脚在前，持拍成半横状并向前倾，当球弹起上升时，手臂和手腕向前上方挥动，同时内旋转腕击球中上部，击球后挥拍至头部。

（2）正手拉伸左脚在前，身体离台稍远，击球前，向右后引拍使拍少后仰，当球下落时，上臂由后向前加速挥动提拉，同时配合手腕动作向上摩擦击球中下部，击球后挥拍至前额。

八、搓球

搓球是近台和台内回击下旋球的一种比较稳定的技术。它与削球的主要区别是站位近，动作小。由于具有旋转、速度、落点变化的优点，常用于接发球或搓球过渡，为进攻创造机

图 11-7

会。搓球常用技术有快搓、慢搓、搓侧旋、搓加旋球。下面主要介绍快搓、慢搓球技术（见图 11-7）。

（1）反手慢搓：左脚在前，持拍臂向左上方引拍，击球时，向前下方转腕用力，拍形后仰，在球下降期击球中下部。

（2）正手慢搓：左脚在前，身体稍向右转，手臂向右上方引拍，待球下降期，向左前方用力击球中下部。

（3）快搓：身体靠近球台，来球在身体左侧时，用力在球上升期击球中下部。来球在身体右侧时，用正手搓球，手臂向右前上方行拍，球在上升期中，手臂手腕向前下方用力击球中下部。

九、削球

削球是削攻型打法的一项主要技术，它是通过旋转变化和落点的变化来控制对方，使对方直接失误或为自己创造进攻机会。旋转的差别是削攻型打法争取主动的关键，削扣杀球、近身球和弧圈球时削球手应该掌握的重要技术。

削球和攻球一样，按其部位划分类别，也有正手削球、反手削球两种；按照距离球台远近，可以分为近削、远削；从基本打法上区分，又有削追身球、扑救网前短球、接突击球、削逼球、削转球与不转球等。

削球的关键：基本方法是用球拍摩擦来球的中下部或者下部。练习者可以以最普遍的正手削球、反手削球这两种为基础，结合球的旋转原理，在实践中不断琢磨，提高和丰富削球的技术内容。

十、弧圈球

案 例

在 2005 年的第 26 届乒乓球世界杯比赛中，德国的波尔在 1/4 决赛中战胜了王励勤，1/2 决赛中战胜了马林，决赛中战胜了王皓，连续击败中国三名一流的选手，波尔这匹"黑马"有可能成为我们今后的"劲敌"。对此，中国乒乓球队前主教练蔡振华在 2001 年就曾预言："波尔就是明天的老瓦。"在上述比赛中波尔正手进攻的技术主要以前冲弧圈、高吊弧圈和近台快拉为主；侧身进攻的主要技术以前冲弧圈为主；反手进攻的主要技术以前冲弧圈、拉台内球、加转弧圈为主。

案例分析

弧圈球技术是世界一流高手在比赛中争取进攻的主动权、制胜得分的一项非常有效的技术。弧圈球技术适应范围广，变化多，可以在近、中、远台进行使用，既具有较高的杀伤力，又具有较高的命中率。因此，它成为乒乓球中非常重要的一项技术，是当今世界一流运动员高度重视和必须掌握的重要技术。

（1）加转弧圈球：击球前，左脚在前，右脚稍后，两膝微屈，球拍贴近臀部。当来球从桌面弹起时，前臂先向前迎球，然后上臂和前臂同时向下、向上垂直挥动摩擦球的中部，腰部由右后方急剧向上扭转。在触球的一刹那，加速用力，使球成较高弧线飞出（见图 11-8）。

（2）向前弧圈球：躯体与桌面成 75° 角，球拍拉至身后，约与桌面齐高，手指握拍同前。当来球着台后，手臂向前上方迅速挥出，手腕使球拍前倾，与桌面成 50° 角，摩擦球的上部。腰部向前上方扭转，协助球拍加速摆动，使球沿低弧线落于对方台面（见图 11-9）。

图 11-8   图 11-9

任务三 乒乓球的基本战术

所谓乒乓球运动的战术，即乒乓球运动员在比赛为战胜对手所采取的计谋和行动。

技术是战术的基础，只有掌握了全面和实用的技术，才有可能运用多变的战术。同样，在比赛中，只有合理地运用战术，才能使技术得以充分发挥。在训练中，只有带着战术意识去练技术，才能练就真正实用的技术。

一、发球抢攻战术

发球抢攻是我国乒乓球运动员的重要战术之一。近年来，世界各种类型打法的运动员越来越重视这一战术，并使之有很大发展。

发球抢攻主要注意发球与抢攻的配合。发球应与自己的技术特点紧密结合。擅长侧身抢攻的选手，可以侧身发高、低抛左侧旋球为主；擅长反手攻球的选手，可以反手发右侧旋球为主。发球，应明确对方可能怎么回接、接到什么位置、自己怎样抢攻等。

例如，用反手发右侧上（下）旋转至对方中路或靠右近网区，伺机攻对方左区；发近身急球，侧身抢攻对方中路或两角；发急下旋球至对方两角，侧身抢攻（见图11-10）。

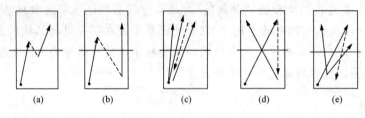

图 11-10

发球抢攻还是要注意发球抢攻与其他战术的配合。现在接发球水平越来越高，有时接过来的球很难抢攻。此时，可先轻打一板，争取下板球再发力抢攻；亦可先控制一板，争取下一板。战术意识强的选手，往往还需要考虑到对方第四板球抢拉或抢攻过来，我方如何防中转攻的问题。不能一心只想发球后就抢攻，一旦无机会或盲目抢攻，或显得无计可施，都会形成相持球的被动。

二、拉攻战术

拉攻是进攻型打法，对付削球的主要战术，即用拉球找机会，然后伺机突击。战胜削球，必须要用重板。攻球力量不足者，在与削球选手比赛时，往往难占上风。两名进攻型选手相遇，应力争抢攻在先，力争抢先发力。理由很简单，你不打他，他就会打你。而对付削球则大可不必如此，削球打法尽管有时也会抢攻，但从战略上讲，它最基本的打法是防守。所以，进攻型的打法选手对付削球打法的选手时，正确的战术指导思想应是能突击时就突击，能扣球时即扣球，不能突击或扣球时则应找机会后再突击，切忌急躁。

三、削球反攻战术

削球选手用尽量相似的动作削出强烈下旋和近似不转的球，迫使进攻型选手直接失误或为削球者提供反攻机会。实战中，一般是先削加转球为主，以限制对方抢攻，然后再配合不转球。为增加旋转变化的战术效果，削球者还常配以落点变化。

四、搓球战术

随着弧圈球战术的发展，搓攻战术变得越来越简单，你多搓一板，对方就会抢攻在先，所以，搓攻的正确战术指导思想应是尽量少搓，力争抢攻在前。

五、推挡变线战术

用推挡压力对方左角时，变推直线袭击空当或两角。

六、左推右攻战术

推挡稍占主动或侧身抢攻时，如对方变线到正手，应用正手回击攻球。在推挡中主动变线，当对方回斜线时，用正手反击对方空当。须击球，使球直接越过或绕过球网装置，或触及球网后，再触及对方台区。

任务四 乒乓球竞赛规则

一、球台

（1）球台的上层表面叫做比赛台面，应为与水平面平行的长方形，长 2.74m，宽 1.525m，离地面高 76cm。

（2）比赛台面不包括与球台台面垂直的侧面。

（3）比赛台面由一个与端线平行的垂直的球网划分为两个相等的台区，各台区的整个面应是一个整体。球网的顶端距离比赛台面 15.25cm。

（4）双打时，各台区应由一条 3mm 宽的白色中线划分为两个相等的"半区"。中线与边线平行，并应视为右半区的一部分。

二、球

（1）球应为圆球体，直径为 40mm（原来直径为 38mm 的"小球"，从 2000 年 10 月 1 日起乒乓球走进"大球"时代）。

（2）球重 2.7g。

（3）球应用赛璐珞或类似的材料制成，白色或橙色，且无光泽。

三、合法发球

（1）发球时，球应放在不执拍手的手掌上，手掌张开并伸平。球应是静止的，在发球方的端线之后，比赛台面的水平面之上。

（2）发球员须用手把球几乎垂直地向上抛起，不得使球旋转，并使球在离开不执拍手的手掌之后上升不少于 16cm，球下降到被击出前不能碰到任何物体。

（3）当球从抛起的最高点下降时，发球方可以击球，使球首先触及本方台区，然后越过或绕过球网装置，再触及接发球员的台区。在双打时，球应先触及发球员和接发球员的右半区。

（4）从抛球前球静止的最后一瞬间到击球时，球和球拍应在比赛台面的水平面之上。

（5）击球时，球应在发球方的端线之后，但不能超过发球员身体（手臂、头或腿除外）离端线最远的地方。

四、合法还击

对方发球或还击后，本方运动员必须击球，使球直接越过或绕过球网装置，或触及球网装置后，再触及对方台区。

五、得分

除被判重发球的回合，下列情况运动员得一分（见图 11-11）。

（1）对方运动员未能合法发球。

（2）对方运动员未能合法还击。

（3）运动员在发球或还击后，对方运动员在击球前，球触及了球网装置以外的任何东西。

（4）对方运动员或他穿戴的任何东西触及球网装置。

（5）对方运动员不执拍手触及比赛台面。

（6）双打时，对方运动员击球次序错误。

（7）连续两次击球，或者球连续两次触及本方台区。

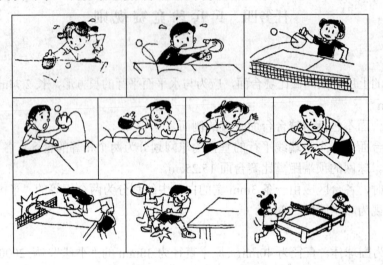

图 11-11

六、一局比赛

在一局比赛中先得 11 分的一方为胜方（2001 年 9 月 1 日前，21 分制），每过 2 分互换发球。10 平后，每分互换发球，先多得 2 分的一方为胜方。

七、一场比赛

一场比赛由单数局组成，比如采用五局三胜或七局四胜制。

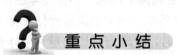

重 点 小 结

（1）乒乓球的发球、接发球技术在乒乓球项目体系中占有极为重要的地位。无论是发球方还是接发球方，此类技术的运用，不仅是技术使用的开端，亦是特定技术实施的开始。在练习发球时要注意发球速度、旋转和落点的变化，加强手法的隐蔽性。接发球方法要多样化，要改变单纯的求稳意识，力争积极主动。

（2）在乒乓球运动中，极为重视所谓"精细技术"即技术的微细部分的训练。例如，"拍形"的控制和调整对击出球的准确性和实现战术意图至为关键。这种"控制和调整"绝大部分由运动员的手腕乃至手指来完成。对这些部位的专门训练，是整个技术训练的重要组成部分。

（3）乒乓球运动有一个显著的特点：在比赛对抗中，双方运动员的制约，最终是通过击出球的速度、力量、落点、弧线、旋转这五个要素来实现的。平时进行基本功、技、战术训练，击球时要尽量做到快、转、准、狠、变。

课　课　练

（1）身体素质练习：交叉步、滑步、并步、跨步练习；折返跑、两米移动练习；仰卧起坐、俯卧撑练习；一分钟单摇、双摇跳绳计时练习。

（2）专项技术练习：斜线、直线对攻、对推练习；左推右攻练习；正反手拉弧圈球练习；各种发球、接发球练习；搓球起板、发球抢攻练习等。

项目十二

健 美 操

健美操是一项深受广大群众喜爱的、普及性极强的运动，是集体操、舞蹈、音乐、健身、娱乐于一体的有氧运动项目。但它不是奥运会项目。

【学习目标】

1. 知识目标

（1）了解健美操发展的概况。

（2）掌握健美操的分类、特点及锻炼价值。

（3）了解和掌握健身健美操基本动作和要求。

（4）了解健美操运动的主要竞赛规则。

2. 技能目标

（1）熟练掌握健身健美操的基本姿态动作。

（2）掌握健身健美操基本动作及其在成套动作中的合理运用。

（3）掌握健美操的竞赛规则，能在比赛中担任裁判工作。

【运动提示】

（1）加强身体协调性和各项身体素质的练习。

（2）健美操基本动作是健美操运动的核心，练习中要强化身体各个基本动作的控制训练（动作的部位、方向、路线的控制）和动作发力部位的训练等。

（3）在练习中要保持良好的精神状态和对美的追求来练基本动作，基本动作要经常练、反复练，做到精益求精。

【项目任务】

（1）掌握健美操基础知识和竞赛规则。

（2）掌握健美操的基本手势、头颈、肩部、上肢、胸部、腰部、髋部、下肢等基本动作动作。

（3）了解由健美操基本动作组合而成的简易健美操套路，提高在音乐的氛围中完成动作的美的感受。

【项目实施】

任务一　健美操运动概述

健美操是在音乐伴奏下运用各种不同类型的动作，融体操、舞蹈、音乐为一体的身体练习，既是健身美体、陶冶情操的大众健身方式，又是竞技运动项目。

一、健美操运动发展情况

1. 健美操运动的起源与发展

健美操源远流长，它起源于生活及人们对人体健美的追求，是体操、舞蹈、音乐逐步发展和结合的产物。

健美操不仅在美、英、法等国家迅速发展，而且在前苏联和其他东欧国家也相当普及。前苏联早已把健美操列入大、中、小学的体育教学大纲。在亚洲地区，日本、菲律宾、新加坡等国家和地区也建有许多健美操活动中心及健身俱乐部。自 1985 年开始，美国正式举办了一年一度的健美操锦标赛，确定了比赛项目和规则，使健美操发展成为竞技性运动项目。目前，国际上共有 7 个健美操组织，其中最有国际影响的是 IAF（国际健美操联合会，总部设在日本）、FISAF（国际健美操健身联合会，总部设在美国）、FIG（国际体操联合会）。从 1995年起每年举办一次世界健美操比赛，已经举办了 6 届。竞技体操于 2000 年在悉尼第一次以表演项目出现在奥运会上。国际体操联合会力争在 2004 年将健美操列入奥运会比赛项目。

2. 我国健美操运动的发展

20 世纪 80 年代初，健美操热传到了我国。1984 年原北京体育学院成立了健美操研究室，率先开设了健美操课程。随后健美操被列入各级学校体育教学大纲之中。1987 年 5 月在北京举办了我国首届正式的经济健美操比赛——"长城杯"健美操邀请赛，以后每年举办一次。1991 年 10 月在北京举行了全国健美操、艺术体操大奖赛。1993 年全国大学生健美操、艺术体操锦标赛使用了由中国大学生体育协会健美操、艺术体操协会编制，经国家教委审批的1993 年版的《大学生健美操比赛规则》。1992 年 2 月在北京成立了中国大学生体育协会健美操、艺术体操协会。1992 年 9 月中国健美操协会在北京正式成立，标志着我国健美操运动进入了一个崭新的发展阶段。目前健美操已成为我国各类学校体育课或课外活动的一项深受师生欢迎的教学内容和锻炼方式。

二、健美操的分类

根据健美操的目的和任务，可以将其分为健身健美操和竞技健美操两大类。

1. 健身健美操

健身健美操以健身为目的，旨在全面活动身体，发展身体，其强度和难度相对较低，可为社会不同年龄、层次的人所采用。健身健美操还可根据不同的需要，从不同的角度继续分类和命名，如按人体解剖结构可分为头颈部健美操、手臂部健美操、胸部健美操、髋部健美操、腰腹部健美操、腿部健美操；按目的任务可分为姿态健美操、医疗保健（康复）健美操；按练习形式可分为徒手健美操、轻器械健美操、专门器械健美操；按不同年龄层次可分为老年、中年、青年、少儿、幼儿健美操；按性别可分为男子健美操和女子健美操；按人名、动作特色可分为简·方达健美操、瑜伽健美操、搏击健美操等。

2. 竞技健美操

竞技健美操以竞技为目的，有特定的比赛规则和评分方法，需完成一些特定要求，对人的身体素质、技术技能和艺术表现能力有较高要求。竞技健美操可分为男子单人、女子单人、混合双人、三人、混合六人健美操。

案 例

随着国际体联对竞技健美操竞赛规则的改革，以运动员完成动作的难度、新颖度、动作优美等因素判定其技能水平的高低。竞技健美操运动技术将继续沿着难、新、美的方向发展。

案例分析

竞技健美操的发展趋势包括以下三个方面。

（1）动作的编排、过渡连接，以及空间的使用和转换的流畅性都是艺术性创新的具体体现。艺术性创新将是竞技健美操未来发展及其重要的部分。

（2）新规则对动作技术完成质量提出了更高的要求，同时对成套动作中出现的不同程度错误进行累计减分，加重了动作完成质量的扣分力度，因此动作完美完成将是运动员的技术和竞技水平的具体体现。

（3）新规则将难度动作重新进行了分类并确定了各个难度的价值。把难度动作分为4大类，难度动作价值分为0.1～1.0，难度动作的选择方向将向多样化方向发展。

三、健美操的特点及锻炼价值

1. 健美操的主要特点

（1）健身美体的实效性。健美操是根据人体解剖学、运动生理学、体育美学等多学科理论，为使人体健康健美地发展而编制的。它讲究造型美，动作美观大方，准确到位。讲究有效地训练身体各个部位的正确姿势，使人体匀称和谐地发展，培养健美的体形和风度。

（2）鲜明的节奏感和韵律感。健美操必须在音乐伴奏下进行练习，强调动作的力度。它的音乐以现代音乐为核心，节奏趋于鲜明强劲，风格更趋于热烈奔放，使健美操具有强烈的表现力、感染力和吸引力。

（3）广泛的群众性。健美操符合现代人追求健美、自娱自乐的需要。由于健美操（尤其是健身健美操）的运动负荷和难度可以选择，不同年龄、性别、形体、素质的练习者都可以酌情择项参加锻炼，同时它对场地、器材条件要求不高，练习起来简便安全，因而深受广大群众的青睐。

2. 健美操的锻炼价值

（1）增强体质，增进健康。经常进行健美操锻炼可以提高关节的灵活性，增强肌肉和结缔组织的弹性。能促进心血管系统机能的提高，改善新陈代谢，减少脂肪沉积，延缓血管硬化。另外还可以提高呼吸系统机能水平和改善消化系统的机能能力。

（2）塑造健美形体，培养端正体态。健美操是动态的健美锻炼，动作频率较快，跳跃动作较多，讲究力度，运动负荷较大，因而消耗身体能量较大，在减少多余脂肪的同时发展某些部位的肌肉，使人的形体按健美的标准得以塑造。此外，通过经常性正确的形体动作训练，能矫正不正确的身体姿势，培养正确端庄的体态。

（3）提高艺术素养，陶冶高雅情操。健美操是具有艺术性的项目，长期从事该项运动可以增强韵律感、节奏感，提高音乐素养。从而提高认识美、鉴赏美、表现美直至创造美的能力。它还可以排除精神紧张，使人的心灵和情操得到陶冶和净化，身心得到全面协调发展。

✐ 案　例

健美操是一项热情、使人健康向上、充满激情与活力的运动。它即融合了现代舞、爵士舞、竞技体操、技巧、舞蹈等动作的技术精髓，又强调并保留了传统健美操项目所特有的风格特色。如何去感受健美操的艺术性呢？

❦ 案例分析

健美操成套的艺术性，主要体现在成套动作的设计、表现力、音乐、配合及创造性。运动员所设计的动作风格和外在表现，必须与音乐的风格相一致，选用的音乐应由运动员的动作、身体的表现、感染力和活力共同体现出来。

任务二　健美操大众锻炼标准

健美操大众锻炼标准如表 12-1～表 12-4 所示。

表 12-1　　　　　　　　　　　　　　　　组　合　一

动作		1　　2　　3　　4　　5　　6　　7　　8	
节拍		下　肢　步　伐	上　肢　动　作
预备姿势		站立	
一	1～8	右脚开始一字步 2 次 2 easy walk	1、2 双臂胸前屈，3、4 后摆，5 胸前屈，6 上举，7 胸前屈，8 放于体侧

动作		1　　　　2　　　　3　　　　4	
节拍		下　肢　步　伐	上　肢　动　作
二	1～4	右脚开始向前走 3 步吸腿 3 walk knee fwd	1～3 双肩经前举后摆至肩侧屈，4 击掌
	5～8	左脚开始向后退 3 步吸腿 3 walk knee bwd	手臂同 1～4

续表

动作					

节拍		下 肢 步 伐	上 肢 动 作
三	1～4	右脚开始侧并步 2 次 2step touch	1 右臂肩侧屈，2 还原，3 左臂肩侧屈，4 还原
	5～8	右脚向前侧连续并步 2 次 double touch	5 双臂胸前平屈，6 还原，7～8 同 5～6 动作

动作					

节拍		下 肢 步 伐	上 肢 动 作
四	1～4	左脚十字步 box step	自然摆动
	5～8	左脚开始踏步 4 次 4march	5 击掌，6 还原，7～8 同 5～6 动作

第五至八个八拍，动作相同，但方向相反

表 12-2　　　　　　　　　　　　组　合　二

动作					

节拍		下 肢 步 伐	上 肢 动 作
一	1～8	右脚开始前点地 4 次 4 tap front	1 双臂屈右摆，2 还原，3 左摆，4 还原，5 右臂摆至侧上举、左臂胸前平屈，6 还原，7～8 同 5～6 动作，但方向相反

动作					

节拍		下 肢 步 伐	上 肢 动 作
二	1～4	右脚开始向右弧形走 270° 4 march turn	自然摆动
	5～8	并腿半蹲 2 次 2 squat	5 双臂前举，6 右臂胸前平屈（上体右转），7 双臂前举 8 放于体侧

节拍		下 肢 步 伐	上 肢 动 作
三	1～8	1～4 左腿上步吸腿右转转体 90°，5～8 右脚上步吸腿 2 step knee change	1 双臂前举，2 屈臂后拉，3 前举，4 还原，5～8 同 1～4 动作

节拍		下 肢 步 伐	上 肢 动 作
四	1～8	左脚开始向侧迈步后屈腿 4 次 4 step curl	屈肘前后摆动

第五至八个八拍，动作相同，但方向相反

表 12-3　　　　　　组 合 三

节拍		下 肢 步 伐	上 肢 动 作
一	1～4	右脚向右交叉步 grapevine	1～3 双臂经侧至上举，4 胸前平屈
	5～8	左脚向侧迈步成分腿半蹲 squat	5～6 双臂前举，7～8 放于体侧

节拍		下 肢 步 伐	上 肢 动 作
二	1～4	右脚开始侧点地 2 次 2tap side	1 右臂左前举，左臂屈肘于腰间，2 双臂屈肘于腰间 3～4 同 1～2 动作，但方向相反
	5～8	右脚连续 2 次侧点地 Double tap side	5～8 同 1～2 动作，重复 2 次

续表

动作		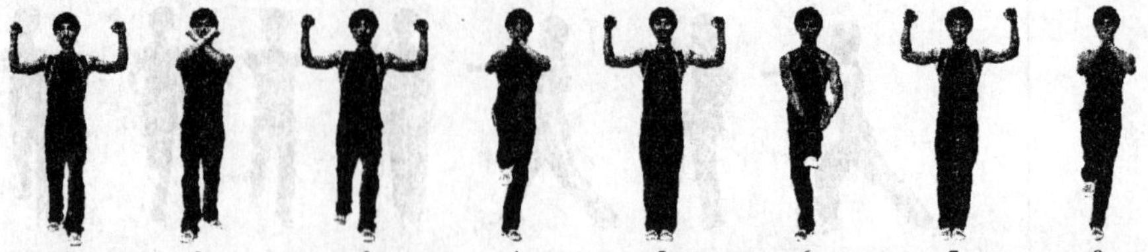 1 2 3 4 5 6 7 8	
节拍		下肢步伐	上肢动作
三	1～8	左腿开始向前走 3 步接吸腿 3 次 3 walk fwd 3 knee up	1 双臂肩侧屈外展，2 前胸交叉，3 同 1 动作，4 击掌，5 肩侧屈外展，6 腿下击掌，7～8 同 3～4 动作
四	1～8	右腿开始向后走 3 步接吸腿 3 步 3 walk bwd 3 knee up	向上
第五至八个八拍，动作相同，但反向相反			

表 12-4　　组　合　四

动作		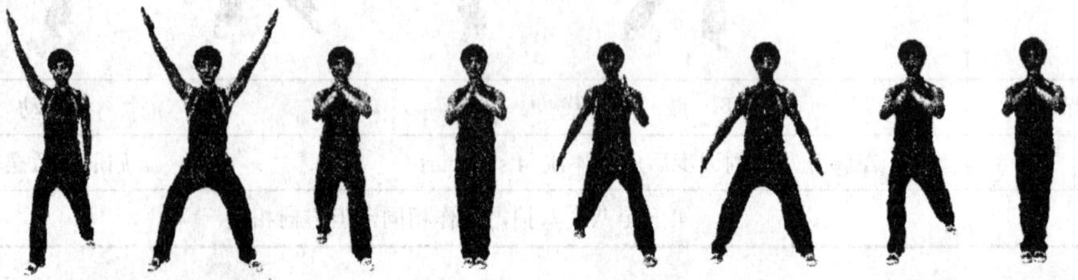 1 2 3 4 5 6 7 8	
节拍		下肢步伐	上肢动作
一	1～8	1～4 右脚开始 V 字步，5～8A 字步	1 右臂侧上举，2 双臂侧上举，3～4 击掌 2 次，5 右臂侧下举，6 双臂侧下举，7～8 击掌 2 次
动作		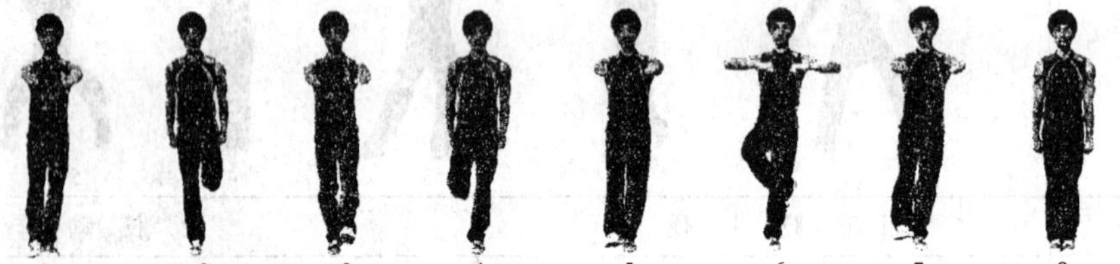 1 2 3 4 5 6 7 8	
节拍		下肢步伐	上肢动作
二	1～4	右脚开始弹踢腿跳 2 次 2 flick	1 双臂前举，2 下摆，3～4 同 1～2 动作
	5～8	右脚连续弹踢 2 次 double flick	5 双臂前举，6 前胸平屈，7 同 5 动作，8 还原体侧
动作		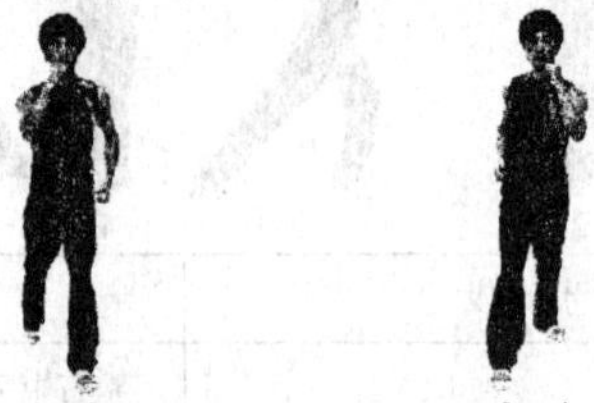 1～2 3～4	
节拍		下肢步伐	上肢动作
三	1～8	左腿漫步 2 次 mambo	双臂自然摆动

续表

动作	

节拍		下　肢　步　伐	上　肢　动　作
四	1～8	左脚开始迈步后点地 4 次 4 step back	1～2 右臂经肩侧屈至左下举，3～4 同 1～2 动作，但方向相反 5～6 右臂经侧举至左下举，7～8 同 5～6 动作，但方向相反

第五个至八个八拍，动作相同，但方向相反

 重 点 小 结

（1）健美操的基本姿态是基本动作的基础，例如，通过正确的脚背勾绷和上、下肢的屈伸等动作练习，可以建立正确的动作姿态，形成动力定型，对接下来的基本动作练习有很重要的作用。

（2）在健美操运动中，除了具有一般的体育运动的基本功能外，还对女子减肥和改善体形、体态、提高身体协调性都有着特别的作用，是在享受美的过程中锻炼身体。

（3）健美操运动是一个健与美的过程，在头部、上下肢等基本动作中要准确、有节奏、幅度要大。强化把杆、律动、舞蹈等基础训练，在强劲有力的音乐烘托气氛下完美体现健美操的"健康、力量、美丽"。

课 课 练

（1）身体素质练习：耐力（800～1500m）、柔韧性、力量、仰卧起坐、俯卧撑击掌、跳台阶、一分钟单摇、双摇跳绳等练习。

（2）专项技术练习：强化健美操基本动作练习，反复练习身体姿态与技术，注重成套动作完成的韵律性和动作的艺术感染，集体项目的一致性等训练。

项目十三

武　　术

【学习目标】

1. 知识目标

（1）了解武术发展的概况。

（2）掌握练习武术的方法、特点及基本步法、基本套路。

（3）掌握武术的踢、打、锤、拿、击、刺等格斗技术和技能。

（4）了解和掌握武术的基本套路和特点。

2. 技能目标

（1）熟练掌握武术的基本功。

（2）掌握武术的基本套路，在对抗中能合理的运用。

（3）掌握武术的强身健体、培养坚强意志、交流技艺的功能。

【运动提示】

（1）注重加强武术步法和各项身体素质的练习。

（2）基本套路的练习中要多做单个分项练习，练习时应先慢打再快打，先轻后重，先稳再凶，逐步掌握。

（3）练习中要强调意识引导动作，套路和单势练习并重，这样才能练就真正实用的技术。重点技术要经常练、对抗练、反复练。

【项目任务】

（1）掌握武术的基本功和基本套路。

（2）掌握武术的踢、打、锤、拿、击等基本动作。

（3）掌握五步拳基本套路等。

【项目实施】

武术是打拳和使用兵器的技术，是中国传统的体育项目，但不是奥运会项目。其内容是把踢、打、摔、拿、跌、击、劈、刺等动作按照一定规律组成徒手的和器械的各种攻防格斗功夫、套路和单势练习。武术具有极其广泛的群众基础，是中国人民在长期的社会实践中不断积累和丰富起来的一项宝贵的文化遗产，是中国民族的优秀文化遗产之一。

任务一　武术运动概述

武术是以中国传统文化为理论基础，以徒手和器械的攻防技击动作为主要锻炼内容，通过功法运动、套路运动、格斗运动三种运动形式，达到增强体质，培养意志，磨砺人性的中国传统体育项目。

一、武术运动的起源

武术在我国有悠久的历史，它的产生缘起于我国远祖先的生产劳动。在原始社会生产力极为低下的社会条件下，人们为了生存的需要，就必须依靠群体力量同自然界搏斗。在狩猎的生产运动中，人们不仅依靠拳打、脚踢、躲闪等徒手动作与野兽搏斗，还拿石头，木棒与野兽抗争，逐渐积累了劈、砍、刺的技能。这些原始形态的攻防技能是低级的，还没有脱离生产技能的范畴，却是武术技术形成的物质基础。

二、武术的内容和分类

武术的内容丰富多彩，按其运动形式可分为套路运动和搏击运动两大类。

1. 套路运动

根据武术运动以攻守进退、动静疾徐、刚柔虚实等矛盾运动变化规律编成的整套练习形式。它的内容包括拳术、器械、对练、集体表演四大部分。

（1）拳术。是徒手练习的套路，它的种类很多，主要有长拳、太极拳、南拳、形意拳、八卦掌、通臂拳、象形拳等。

（2）器械。器械的种类很多，分为长器械、短器械、软器械。刀、枪、剑、棍、是长短器械的代表。

（3）对练。是在单练基础上，两人或两人以上在预定的条件下进行攻防的假设性实战练习，其中包括徒手对练、器械对练、徒手与器械对练等。

（4）集体表演。是以六人以上的徒手或器械的表演，集体演练可变换队形与图案并采用音乐伴奏，要求队形整齐动作协调一致。

2. 搏斗运动

两人使用武术攻防技术，按照竞赛规则相互搏击的练习称为搏击运动。搏击运动项目有散打、散手、短兵、长兵等。散打是两人使用踢、打、摔等武术技击方法制胜对方，长兵是两人手执装有软质包头的长棍，使用枪或棍的运动方法制胜对方。

三、武术运动的特点和作用

1. 武术运动的特点

（1）以动作为主体。与古代军事斗争紧密相连，技击的特性是显而易见的，在搏击运动中，散打使用了各家拳种的踢、打、摔等技术手法，推手使用了太极拳中的技术手法。短兵使用了短器械技击方法，长兵使用了长器械技击手法。在套路运动中，所有手法，腿法动作都具有攻防含义。

（2）内外合一、形神兼备的民族风格。武术既要形体规范，又求精神传意，内外合一的要求体现，是中国武术的一大特色。所谓内，指心、神、意等心脑活动和气息的运动；所谓外，指手、眼、身、步法等形体活动，内与外、形与神是相互联系统一的整体。

（3）广泛的适应性。武术内容丰富，项目繁多，不同的拳种和器械有了不同的动作结构，运动风格和运动量适应不同年龄、性别、体质的需求，不受场地器械限制，具有广泛的适应性，同时散打、长拳、南拳及器械适合青少年锻炼。太极拳、太极剑、形意拳、八卦掌适合老年人锻炼。

2. 武术运动的价值

武术具有健身、防身、修身养性、娱乐、观赏等多方面的作用，是人们增强体质，振奋精神的一种良好锻炼手段，根据现代自然科学和社会科学理论，武术的作用可归纳为以下四个方面。

（1）增强体质，延年益寿，强筋骨，壮体魄，调养气血，对改善人体机能是十分有益的。

（2）提高防身自卫的能力和身体的灵活性，还能增长劲力抗击摔打，克敌制胜，为国防和公安建设服务。

（3）磨炼意志，培养道德情操，学艺练功，不仅要有吃苦耐劳的精神，还需坚持有恒，坚忍不拔，勇敢无畏的意志品质。培养"未曾学艺先学礼，未曾学武先习德"的武术传统美德。

（4）娱乐观赏，丰富文化生活，赛场上两人斗智斗勇。武术功力与技巧的套路演练给人以美的享受，同时丰富人们的文化生活。随着武术在国际上的广泛传播，武术将会为全世界各国人民的友好交往发挥更大的作用。

任务二 武术基本功

武术基本功一般包括肩、腰、腿、手、步及跳跃平衡等练习。它是从事武术运动所必备的体能、技能和心理素质，通过武术基本功的练习，可使身体各部位得到较全面的训练，并能较快的发展武术运动的专项身体素质，为学习拳种和器械套路打下良好的基础。

一、手型、手法

手型、手法是运用拳、掌、勾三种手型，结合上肢冲、架、推、亮等运动方法，操练上肢手法的基本规律。

1. 手型

（1）拳：五指卷紧，拳面要平，拇指压于食指，中指第二节上（见图13-1）。

（2）掌：四指并拢伸直，拇指内扣于虎口处（见图13-2）。

（3）勾：五指撮拢，屈腕为勾手（见图13-3）。

图13-1　　　　　　图13-2　　　　　　图13-3

2. 手法

（1）冲拳。右手从腰间旋臂向前快速冲击，力达拳面。侧上冲唯方向不同（见图13-4）。

技术要点：拳从腰发——拧腰——顺肩——旋臂。

易犯错误：①冲拳时肘外展；②拳无力，过高或过低。

纠正方法：强调肘贴肋运行，使拳内旋冲出。

（2）架拳。右拳向下，左，上经头前向右上划弧架起，拳眼向下，目视前方。

技术要点：松肩——屈肘——前臂内旋——架拳与摆头配合（见图13-5）。

易犯错误：经体侧亮拳动作路线不对。

纠正方法：同伴对其头部冲拳（给以目标），体会上架动作要领。

（3）推掌。掌从腰间旋臂向前立掌推出，力达掌外沿（见图13-6）。

技术要点：拧腰——顺肩——沉肩——沉腕——翘掌——臂直。

易犯错误：均与冲拳相同。

纠正方法：单做抖腕和转腕练习，做亮掌时，用信号提示，使其配合一致。

（4）亮掌。右臂微屈，抖腕翻掌，举于体侧或头上目视左（见图13-7）。

技术要点：翻掌——摆头。

易犯错误：①抖腕动作不明显；②抖腕亮掌与摆头不一致。

图13-4 图13-5 图13-6 图13-7

二、步型、步法练习

步型和步法练习主要是增进腿部的速度和力量，以提高两腿移动转换的灵活性和稳固性。

1. 步型

（1）弓步。两脚前后开立，约为本人脚长的4～5倍。前腿屈膝半蹲，后腿挺膝伸直（见图13-8）。

技术要点：前弓——后绷——挺胸——塌腰——沉髋。

易犯错误：后脚拔跟掀掌弯腰和上体前倾。

纠正方法：提高膝和踝关节柔韧性，强调后腿挺膝和用力后蹬。

（2）马步。两脚平行开，脚尖正对前方，屈膝半蹲，两大腿接近水平（见图13-9）。

技术要点：挺胸塌腰——脚尖向前——脚跟外蹬。

易犯错误：两脚距离过大。弯腰跪膝。

纠正方法：强调挺胸、塌腰后再下蹲，膝不超过脚尖的垂直线。

（3）虚步。两脚前后开立，后脚外展45°，屈膝半蹲，大腿接近水平，全脚着地，前腿屈，脚面绷平，脚尖虚点地面（见图13-10）。

技术要点：挺胸——塌腰——支撑腿蹬平——虚实分明。

易犯错误：支撑腿无力，虚实不清。

纠正方法：前脚先不着地，等支撑腿下蹲后再以脚尖虚点地面成虚步。

（4）仆步。两脚左右开立，右腿屈膝全蹲，左腿挺直向右平仆，脚尖里扣（见图13-11）。

技术要点：挺胸——塌腰——沉髋——两脚掌着地。

易犯错误：平仆腿不直，脚外侧掀起。

纠正方法：多做仆步压腿练习，同时强调平仆腿一侧用力沉髋，拧腰。

（5）歇步。两腿交叉，左脚全脚掌着地，臀部坐于右脚接近脚跟处（图13-12）。

技术要点：挺胸——塌腰——沉髋——两腿贴紧。

易犯错误：①动作不稳健。②两腿贴不紧。

纠正方法：前脚脚尖充分外展，强调后腿贴紧前腿外侧。

图13-8　　　　　图13-9　　　　　图13-10　　　　　图13-11　　　　　图13-12

2. 步法

（1）击步。后脚离地提起，前脚随即蹬地起跳。在空中后脚向前碰击前脚。后脚，前脚依次落地，眼向前平视（见图13-13）。

技术要点：腾空——身体侧对前——空中制动。

（2）垫步。后脚提起向前脚处落步，前脚掌蹬地跳起，将位置让于后脚（见图13-14）。

技术要点：同于击步。

图13-13　　　　　　　　　　　　　　图13-14

三、肩臂练习

肩臂练习主要是增进肩关节韧带的柔韧性，加大肩关节的活动范围，发展臂部力量，提高上肢运动的敏捷、松长、转环等能力，为学习和掌握各种拳、掌等手法提供必要的专项素质。主要练习方法有压肩、绕环、抡臂等。

1. 压肩

两脚左右开立，两手向前抓握肋木，做上下体前屈压肩动作。压点集中于肩部。

技术要点：臂腿伸直——肩关节松开（见图13-15与图13-16）。

2. 肩臂绕环

成左弓步站立，右臂伸直由上向后向下做弧形绕环。动作协调连贯。

技术要点：臂伸直——肩放松——划立圆——幅度大（见图 13-17）。

3．双臂前后绕环

两脚开立同肩宽，左右两臂依次向前或后作绕环（见图 13-18）。

技术要点：同于单臂绕环。

图 13-15　　　　图 13-16　　　　图 13-17　　　　图 13-18

四、腰部练习

腰是贯通上下肢节的枢纽，俗话说："练拳不练腰，终究艺不高。"在手、腰、身法、步法四个要素中，腰是较集中的反映身法的关键。

1．前俯腰

两脚并拢，上体前俯，两手心尽量触地，然后抱住两脚跟，使胸部贴近双腿（见图 13-19）。

技术要点：挺胸——塌腰——收髋——膝不弯曲——前下折体。

2．甩腰

两脚开立，以腰、髋关节为轴，两臂配合上体做前后屈的甩腰动作（见图 13-20）。

图 13-19　　　　　　　　　　　　　　图 13-20

技术要点：快速——紧凑——协调——有弹性。

3．涮腰

两脚开立，稍宽于肩，两臂自然下垂，以腰为轴，两臂随上体由前向右，后再向左绕环（见图 13-21）。

技术要点：圆滑连贯——幅度大——有弹性。

五、腿部的练习

主要发展腿部的柔韧性，灵活性和力量等素质。练习方法有压腿、搬腿、劈腿和踢腿等。

1．压腿

（1）正压腿。脚尖勾起，脚跟放在肋木上，上体向下做压振动作（见图 13-22）。

技术要点：膝挺直——体向前下压振——幅度逐渐加大。

易犯错误：①两腿不直；②上体不正，收不住髋。

纠正方法：先做低压腿，收胯、正髋、胸部前俯、双手抱住脚掌。

（2）侧压腿。侧对肋木，左脚尖勾起，脚跟放在肋木上。上体向左下压振（见图 13-23）。

技术要点：膝挺直——挺胸——收腹——开髋——体直。

易犯错误：①两腿不直；②上体前侧屈（即处于正、侧压腿之间）。

纠正方法：支撑腿脚尖外展，被压腿尽量向前送髋，右臂上举并向头后伸展。

　　　　图 13-21　　　　　　　　　　　图 13-22　　　　　　　　　　　图 13-23

（3）仆步压腿。两腿左右开立，右腿屈膝全蹲，左脚平仆伸出（见图 13-24）。

技术要点：挺胸——塌腰——沉髋——膝挺直。

2. 踢腿

（1）正踢腿。两脚并拢，两臂侧平举，两手成立掌，左脚向前上步，右脚脚尖勾起，挺膝向前额处勾踢（见图 13-25）。

技术要点：挺胸——立腰——踢腿——收腹。

易犯错误：①俯身弯腰；②拔跟或送髋；③踢速慢、无力。

纠正方法：收下颚头上顶，强调直腰，上踢时支撑腿挺膝，脚趾抓地。

（2）侧踢腿。预备姿势同正踢腿，右脚上步，左脚尖勾起，膝挺直向头左侧勾踢（见图 13-26）。

技术要点：两膝伸直——开髋——寸劲踢腿。

易犯错误：①侧身弯腿；②拔跟或送髋；③踢腿缓慢无力。

纠正方法：支撑腿外展，上体正直，强调摆动腿向耳侧踢。

　　　　图 13-24　　　　　　　　　　　图 13-25　　　　　　　　　　图 13-26

（3）外摆腿。预备姿势同正踢腿。右脚上步，左腿挺膝伸直勾脚尖，从右侧起经面前向左扇形摆踢（见图 13-27）。

技术要点：松髋——展髋——扇形外摆——左腿右起左落。

易犯错误：①（同上正踢腿第 2.3 点）；②外摆幅度过小。

纠正方法：可做抱膝外展髋练习，也可先踢低腿，强调加大外摆幅度。

（4）里合腿。预备姿势同正踢腿。右脚向左前上半步，左脚尖勾起里扣，从左侧经面前向右弧形摆动落于右脚外侧（见图 13-28）。

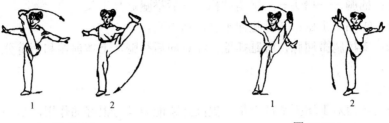

图 13-27　　　　　　　　　　　　　　图 13-28

技术要点：松髋——合髋——里合幅度大——左脚左起右落。

易犯错误：①拔跟或送髋；②踢腿速度慢、无力。

纠正方法：可先踢低腿，强调加大幅度，也可使里合腿越过适当高度的障碍物练习。

✿ 案　例

李小龙，一代武术宗师，截拳道的创始人，中国功夫的首位推广者，好莱坞首位华人演员。他革命性地推动了世界武术和功夫电影的发展。以其招牌动作"垫步侧踢"，把一个身穿护甲的 200lb 壮汉踢飞了 22.5ft（约 6.75m），落入游泳池中，有人估算这个力量至少是 1680lb。成龙当年还在《精武门》里给李小龙跑过龙套。具体的原因是因为李小龙飞脚踢人，那个演员受不了，找成龙做替身挨这一脚。

❦ 案例分析

李小龙功夫的精华当然是他强悍的踢击力。与其同时代的武术家均无法承受他爆炸性的重踢。在练习垫步侧踢时应注意以下动作要求：

（1）向前进步的动作一定要迅捷，要有闪电般的冲击速度。

（2）右膝上提起要果断、迅速。

（3）右脚须放松地向正前方快速踢出，同时与呼吸配合，要用瞬间的爆发力将对方突然向后方踢飞出去。

六、平衡练习

平衡动作分为持久平衡和非持久平衡两种。持久平衡要求平衡动作完成后保持两秒钟以上的静止状态；非持久平衡没有时间上的要求，只要求完成动作后出现静止状态。要做好平衡动作，不仅要求腰、髋有较好的柔韧性，而且要有较好的肌肉控制力量。平衡动作的种类很多，最基本有提膝平衡和燕式平衡两种。

1. 提膝平衡

右腿伸直支撑，左腿屈膝提起脚面绷平，垂扣于右腿前侧（见图 13-29）。

技术要点：提膝过腰——脚尖绷平内扣——平衡站稳。

易犯错误：①站立不稳；②勾脚。

纠正方法：摇摆时，支撑膝稍屈膝调节，脚趾抓地，绷脚面。

2. 燕式平衡

左腿屈膝提起，两手掌心向内于身体前交叉。然后右脚绷平向后上方蹬伸，两掌两侧平举（见图 13-30）。

技术要点：插胸——抬头——平衡站稳——后举腿略高于头。

易犯错误：①站立不稳；②后腿伸不直，抬不高。

纠正方法：支撑腿微屈膝，脚趾抓地，注意向后举腿，上体前俯和两臂分开平举，动作协调一致。

七、跳跃练习

跳跃动作的练习对于增强腿部力量，提高弹跳能力具有很好的作用，是基本动作练习的组成部分之一。一般常见的和最基本的跳跃动作有腾空飞脚、旋风脚、腾空摆莲等。

1. 腾空飞脚

右脚上步蹬地跳起，左腿向前上提膝，右背由下向上迎击左手掌心。接着左手向后上成勾手。右手掌心前上迎击向上弹踢右脚背，同时左腿屈膝收控于左胸前（见图 13-31）。

图 13-29　　　　　图 13-30　　　　　　　　　1　　　　2　　　　3

图 13-31

技术要点：动作协调连贯——击掌连续响亮——身体空中有造型。

易犯错误：①右腿蹬伸与左腿踢摆脱节；②起跳后上体过于前俯，坐臀致使重心下坠。

纠正方法：多做行进间的单拍脚练习，强调上体正直，正确动作定形后逐步加大腾空高度，完成空中造型。

2. 旋风腿

接高虚步亮掌，左脚向前上步，左掌前推。右脚随即跟上一步，脚尖里扣，两臂上下抡摆。接着右脚前脚掌向左拧转跳起，左腿屈膝向左上拧摆，上体向左上翻转，腾空后右腿快速做里合腿，左手掌心在面前迎击。右脚掌、左脚自然下垂，准备着地，身体旋转不少于 270°（见图 13-32）。

技术要点：抡臂——踏跳——转体——里合腿贴身——击拍准确响亮。

易犯错误：①上下脱节，转角度不够；②跳起后两脚摆动时屈膝坐髋；③跳起后上体后仰。

1　　　2　　　3　　　4

图 13-32

纠正方法：多做转体 360°翻身跳和转身左外摆，右里合腿法练习。上体正直，头部上顶。

八、跌扑滚翻练习

跌扑滚翻练习对于培养前庭器官的稳定性，以及提高协调、灵活。速度力量等素质都起着良好的作用。主要跌扑动作有鲤鱼打挺、乌龙绞柱、侧空翻、旋子转体等。

1. 鲤鱼打挺

仰卧，收腹屈体使两腿上摆，两手扶按两膝，接着挺腹，两腿下打，身体振摆而起（见

图 13-33）。

技术要点：身体成半圆弧——两脚约与肩宽——打腿振摆快速连贯。

易犯错误：①打腿，挺腹不及时；②压腿时顶髋不够，同时上体过早前倾。

纠正方法：强调打腿的快速练习和顶腰、挺腹的协调动作配合。

2. 侧空翻

左脚上步，右腿从后向前，向上摆起，身体前屈，在空中的腿分开成倒立，向左侧做翻转动作，然后两脚依次着地（见图 13-34）。

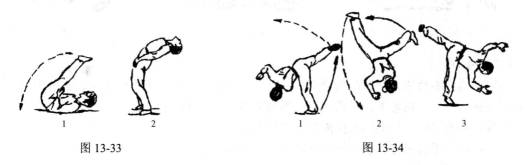

图 13-33　　　　　　　　　　　　　　　图 13-34

技术要点：翻转快——两腿直——前摆腿缓冲着地。

易犯错误：①摆动腿不直，速度不快；②蹬地腿无力，腾空不高。

纠正方法：蹬地时踝、膝、髋迅速伸直，充分发挥蹬地的反作用力，提高腾空高度。

任务三　二　路　长　拳

一、预备式

直立，身体向左转，左脚上前一步，腿微屈，脚尖向前；右脚向内微扣，腿微；重心落于两腿之间微偏后；同时左手握拳向前伸出，高与口平，拳心向右，右肘微屈下垂，与肋同高；右手握拳放在左腹前，拳心向里；眼看左拳（见图 13-35）。

要领：转身的同时出两拳，左肘下垂，两肩下沉。

方法：左拳护头，左肘护肋，右拳护腰，右肘护腹。

二、第一段

（一）震脚弓步架冲拳

右脚移至左脚后跟下震，同时左脚微提。左脚上前一步成左弓步，同时左拳向上架于头之左上方，拳心斜上，右拳向前冲出，拳心向下，高与肩平，眼看右拳（见图 13-36）。

要领：震脚时全掌着地，冲拳时蹬右腿、拧腰、顺肩。

方法：以左臂将对方身前之臂架开，继以右拳击其胸部。

（二）拉臂踹腿

脚由屈到伸，右脚脚尖外展向前下作踹腿。离地七寸；同时右拳变掌，掌心向下，左拳变掌前伸，掌心向上，两手随踹腿同时向身右后牵拉，右手靠近右肋，左手在前，距右手 15cm，眼向前平视（见图 13-37）。

要领：踹腿先屈后伸，脚跟用力，上下肢协调一致。

方法：对方以拳猛力向我攻来，我以两手将其臂抓住，顺其向前的惯性向后拉，同时以右脚绊踹其腿。

图 13-35　　　　　　　　　　图 13-36　　　　　　　　　　图 13-37

（三）弓步扑掌

右脚前落成右弓步，右掌经胸前向前扑出，五指微屈分开，手指向前上，高与眼平；左掌置于右腋下，掌心向前下，掌指向右；眼看右掌（见图 13-38）。

要领：扑右掌时，指尖用力向内屈，腕须挺力。

方法：以左手将对方身前之臂压下，继以右掌扑其面部。

（四）马步架冲拳

（1）身体重心后移成右高虚步；同时右掌变拳收至右腰侧，拳心向上；左掌沿右臂向前伸出，掌心向斜下，掌外缘向前；高与眼平（见图 18-39）。

（2）右脚紧接前移，身体向左转成马步；同时左掌握拳向头左上方拉，拳心斜上；右拳向右击出，拳心向下，高于肩平；眼看右拳（见图 13-40）。

图 13-38　　　　　　　　　　图 13-39　　　　　　　　　　图 13-40

要领：左掌伸出稍停，再握拳后拉，右拳击出时，蹬右脚跟。

方法：以左手将对方身前之手架开，继以右拳冲击其肋部。

（五）缠绕腕弓步冲拳

（1）左拳变掌握右腕（见图 13-41）。

（2）右拳收至腹前变掌，使掌指向左、上、右绕一小圈，同时右脚后移于左腿内侧下震（见图 18-42）。

（3）上左脚成左弓步，同时右拳向前冲出，拳心向下，高于肩平，眼看右拳（见图 13-43）。

要领：左手握右腕要快，右掌绕圈时以腕为轴；震脚时全掌着地，震脚后稍停再冲右拳。

方法：我右腕被对方右手抓住，我急以左手将其手抓紧，继以右掌由左上向下切压其腕；对方屈肘顶住我的左肘，再以右拳击其面部。

图 13-41　　　　　　　图 13-42　　　　　　　图 13-43

（六）勾踢

左脚尖外摆，左腿微屈；右脚由身前由屈到伸，脚尖上翘，以脚跟微擦地，由右向左上勾踢；同时右拳变掌，向右下搂挂成勾手，高与肋平；左掌向左上摆起，掌指斜向上，掌心向左，高与肩平；眼看前方（见图 13-44）。

要领：勾踢与两手的动作须协调，力达于脚尖。

方法：以右脚向左踢对方左踝关节，同时以右手向右拉对方之臂。

（七）弓步抱膝

右脚前落成右弓步，上体随之前俯；同时两手分别从左、右前伸向后抱拉，两臂微屈置于膝前两侧，两掌指尖相对，高与膝平；眼看两手（见图 13-45）。

要领：两臂抱拉时，肩要微向前撞。

方法：对方与我相对站立，以两手抱住对方两膝下，以肩向前顶撞其小腹，对方与我相向站立，以两手抱住对方两膝，以肩向前顶撞臀部。

（八）扛摔

上体起立向左转成马步；右手握拳，臂微屈，用力向上挑，高与头平，拳心向前，左手变拳，左臂微屈，由前经上向左下轮，收抱于左腰侧，拳心向上；眼向左平视（见图 13-46）。

图 13-44　　　　　　　图 13-45　　　　　　　图 13-46

要领：上体起立时，塌腰、挺胸、抬头，右臂用力上挑。

方法：以左手抓住对方右腕，以右臂插入对方两腿之间，以右肩抵住对方之腹；继以左手猛向左下拉，右臂猛向上挑，将对方扛起。

三、第二段

（一）弓步上勾拳

身体左转成左弓步；左拳随转体向左后格挡至左后方，拳心向后，高于胯平；右拳由后经体右侧向前上方勾击，拳心向内，高与口平；眼看右拳（见图 13-47）。

要领：蹬腿，拧腰。

方法：以左臂将对方身前之臂格开，以右拳向前上勾击其腹部或下颚。

（二）蹬腿推掌

右脚向前蹬出，脚尖向上，高于胯平；同时左拳变掌经腰侧向前推出，指尖向上，掌外缘向前，高与眼平；右拳收抱于右腰侧，拳心向上；眼看左掌（见图13-48）。

要领：蹬腿时由屈到伸，力达脚跟，左掌前推，左肩随之前顺。

方法：以左掌击其面部，同时右脚跟蹬其小腹。

（三）弓步掏腿推掌

右脚前落成右弓步，上体前俯；右拳变掌前伸，由右向左，向后抱，手指向左，手心向内，高与膝平，左拳变掌，虎口向上，向前下推压，高于胯平；眼看两手（见图13-49）。

图 13-47　　　　　　　　　图 13-48　　　　　　　　　图 13-49

要领：右手向后抱，左手向前推，动作要协调一致。

方法：对方右腿在前、膝前弓，以右手抱住其腘窝向后拉，左手向前按其髋关节前面；对方右腿微直站立，以右手抱起小腿后下部后拉，以左手按其膝关节。

（四）绊腿挫肘

（1）身体向右转，同时左腿于右腿后作插步，右腿微屈，左腿伸直，以左掌拍按右胸部；右手握拳伸向右侧，眼看右拳（图13-50）。

（2）右腿向右作绊腿，同时右臂屈肘，拳比肩稍高，紧接以右肘猛向前挫，身体随之向左转；眼看右前臂（图13-51）。

要领：插步与拍胸协调；绊腿与挫肘协调。

方法：对方以左手抓住我胸且紧，以左手将其手按紧，向左转体，迫其左臂伸直，继以右前臂撞其左肘，同时向后挂其左腿。

图 13-50　　　　　　　　　图 13-51

（五）铲腿锁喉

（1）左腿向右侧摆的同时，右腿蹬地跳起，左脚落地时速将右腿向右侧铲出，脚尖向前，脚外缘向右侧，高与膝平（见图13-52）。

（2）身体向右转，右脚前落成右弓步，同时右手有后向前横勾，右前臂向左屈曲，拳心向下，微高于肩；左拳变掌，掌心向下抓住右腕（见图13-53）。

（3）身体重心向后移，同时两手猛向后拉至右胸前；眼向前平视（见图13-54）。

图 13-52　　　　　　　图 13-53　　　　　　　图 13-54

要领：铲腿时由屈到伸，力达于脚外缘，锁喉后拉要迅速，髋稍右突。

方法：对方与我背向站立，先以铲腿踢其腘窝，待其向后仰，以右前臂抱住其颈，以左手抓右腕，将其喉锁住，猛向后拉。

（六）弓步上架横勾拳

上左脚成右弓步，左手握拳向头左上方架起，拳心向斜上，同时右拳经右向前作右横勾拳，拳心向内，高与眼平；眼看右拳（见图13-55）。

要领：蹬腿、拧腰。

方法：以右拳横勾击对方头之左侧。

（七）弓步提裆

（1）身体由右向后转成右弓步，左拳变掌，五指分开，随向前下伸，掌心向前上，高于胯平，右拳变掌置于左肩处，掌指向左，掌心向斜下。

（2）左手指微握猛向后上拉至左胸，手心向上；右掌外缘向前下砍击，掌心向下，高与膝平；眼看右掌。

要领：转体后先前伸左掌，左手后拉，右掌下砍要突然用力，且配合协调。

方法：对方背向我站立，以左手由后紧抓其裆部向后上拉，同时以右掌砍击其颈部。

（八）格斗式

左脚上前一步，两腿微屈；左拳前伸，右手握拳，成格斗势式（同预备势）（见图13-56）。

四、收势

身体向右后转，左脚向右脚靠拢；两拳变掌成直立姿势（见图13-57）。

图 13-55　　　　　　　图 13-56　　　　　　　图 13-57

🖋 **案 例**

随着社会的发展，人们的观念也在不断地发生转变，人们对中华文明几千年历史流传下来的这一文化瑰宝的重视程度认识不够，武术的价值不断也在被人们所遗忘，不被人所重视，通常学校体育课中只给学生传授武术技能，强调可以强身健体、防身，对武术的价值停留在技击的层面，但忽视了武术的德育功能。

🌱 **案例分析**

学校在注重技术学习和掌握的同时，应加强传统文化思想教育，重视其文化和教育价值。以仁爱主义精神为指导，以实现人际和谐为价值目标，将传统美德教育寓于实践之中，把武德教育贯穿于技术教学和训练的始终。在一个人的思想中爱国主义是最重要的思想意识，通过武德教育，结合历史李小龙、霍元甲等"武、德"兼备的爱国人士不畏强暴、爱国的事迹，使学生全面了解中国传统文化知识，汲取中国传统武术之精华，激发学生的爱国思想。要努力弘扬民族传统精神，发扬民族传统体育的指导思想，培养全面发展的社会主义建设人才。

重 点 小 结

（1）武术基本功练习是基本套路和对抗的基础。从弓步、马步，到压腿、踢腿、压肩、冲拳、砸拳、跃步、腾空飞脚都要练到准确到位。练习时要精神专注、气势饱满、手眼相通、内外合一。

（2）在武术套路练习中，熟练掌握单势，套路动作要连贯、舒展。如五步拳的拗弓步冲拳，步法要稳，拳要握紧，出拳要快速、有力、有寸劲。整个动作干净利落，有气势。

（3）注重强调协调通达，意识引导动作，培养勇敢顽强、坚韧不拔的良好意志品质。在对抗练习中，双方运动员要本着相互提高技艺，共同提高。

课 课 练

（1）身体素质练习：正压腿、侧压腿、后压腿、扑步压腿、正、侧搬腿、劈腿、正、侧踢腿、里合腿、外摆腿等；上下肢、腰部负重练习等；仰卧起坐、握拳俯卧撑练习；跳台阶练习；引体向上、双臂屈伸练习；1500m耐力练习等。

（2）专项技术练习：反复练习组合动作：弓步推掌——拗弓步冲拳——马步冲拳——并步抱拳；歇步亮掌——转身抡臂正踢——马步盘肘——歇步下冲拳；五步拳组合练习。

项目十四

太 极 拳

【学习目标】

1. 知识目标

（1）了解太极拳发展的概况。

（2）掌握简化练习太极拳的方法、特点以及基本步法、基本套路。

（3）掌握简化太极拳的风格和特点，分阶段学习。

（4）了解和掌握太极拳的基本套路和特点。

2. 技能目标

（1）熟练掌握太极拳的基本功，包括手、眼、身法、步法，做到姿势准确，步法稳定。

（2）掌握太极拳的基本套路以及合理的运用。

（3）了极解太拳养生保健功效是"练身、练气、练意"综合锻炼的结果。

【运动提示】

（1）注重加强太极拳步法和套路的分解练习。

（2）练习基本套路时，要多做单个分解练习。例如，练习野马分鬃时可先教步型、步法；再教抱球、分掌；最后教上下肢动作与身法的配合动作，先慢打再快打，逐步掌握。

（3）太极拳练习中要强调精神贯注，意识引导动作，套路和分解单势练习并重。重点技术要经常练、反复练。

【项目任务】

（1）掌握太极拳的运动特点和基本功。

（2）掌握太极拳的手、眼、身法、步法等基本动作。

（3）掌握简化太极拳基本套路等。

【项目实施】

太极拳，是一种武术项目，也是体育运动和健身项目，在中国有着悠久的历史，但它不是奥运会项目。太极始于无极，分两仪，由两仪分三才，由三才显四象，演变八卦。依据"易经"阴阳之理、中医经络学、道家导引、吐纳综合地创造一套有阴阳性质、符合人体结构、大自然运转规律的一种拳术，古人称为"太极"。套路主要有二十四式、三十二式、四十二式、四十八式、八十八式太极拳。

任务一　太极拳的特点

太极拳是我国民族文化遗产中一个体育项目，是一种较好的增强体质和预防疾病的手段。

"简化太极拳"于1955年编排，整套动作结构符合由简到繁、先易后难的原则，是一种以柔和、稳静、轻灵为主的拳术。

一般太极拳的特点是动作柔和、缓慢、圆活、连贯，因此，要求打太极拳时做到精神贯注，速度均匀，动作运行路线处处带有弧形，整套练习起来，好像行云流水，连绵不断。

🍃 案　例

太极拳谱规定："以心行气、务令沉着，乃能收敛入骨"；"以气运身，务令顺遂，乃能便利从心"；"心为令、气为旗"，"气以直养而无害"；"全身意在神，不在气，在气则滞"。

✌ 案例分析

太极拳是用意练意的拳，也是行气练气的拳。但练拳时，要"以心行气"，心为发令者，气为奉令而行的"传旗"；一举一动均要用意不用力，先意动而后形动，这样才能做到"意到气到"，气到劲到，动作才能沉着，久练之后气才能收敛入骨，达到"行气"最深入的功夫。可以说太极拳是一种意气运动。"以心行气"、"以气运身"和用意不用拙力，是太极拳的最主要的特点。

任务二　太极拳的动作名称

太极拳又名24式太极拳：①起势；②左右野马分鬃；③白鹤亮翅；④左右搂膝拗步；⑤手挥琵琶；⑥左右倒卷肱；⑦左揽雀尾；⑧右揽雀尾；⑨单鞭；⑩云手；⑪单鞭；⑫高探马；⑬右蹬脚；⑭双峰贯耳；⑮转身左蹬脚；⑯左下势独立；⑰右下势独立；⑱左右穿梭；⑲海底针；⑳闪通臂；㉑转身搬拦捶；㉒如封似闭；㉓十字手；㉔收势。

任务三　太极拳的动作说明及技术要点

一、起势

身体自然直立，两脚开立，与肩同宽，脚尖向前，两臂自然下垂放在大腿外侧，眼前看，两臂前平举，与肩同宽，手高与肩平，手心向下。两腿屈膝下蹲，同时轻轻下按两掌，眼平看前方（图14-1～图14-4）。

技术要点：左脚开立——两臂前举——屈腿按掌。

二、左右野马分鬃

（1）左野马分鬃。上体微向右转，身体重心移至右腿上，同时右臂收到胸前平屈，手心向下，左手经体前向右下划弧放在右手下，手心向上，两手心相对成抱球状，左脚随即收到右脚内侧，脚尖点地，眼看右手（见图14-5、图14-6），身体微向左转，左脚向左前方迈出，脚跟先落地，右脚跟后蹬自然伸直，成左弓步，同时左右手随转体慢慢分别向左上右下分开，左手心斜向上高于眼平，右手落在右胯旁，肘微屈，手心向下，指尖向前，眼看左手（见图14-7～图14-9）。

图 14-1　　　　图 14-2　　　　图 14-3　　　　图 14-4　　　　图 14-5　　　　图 14-6

技术要点：抱手收脚——转体上步——弓步分手。

（2）右野马分鬃。身体向后移重心，同时左脚尖向外摆（见图14-10），身体重心慢慢前移，同时上体左转左手翻转向下，收到胸前平屈，右手向左上划弧放到左手上，两手心相对成抱球状，右脚随即放到左脚内侧，脚尖点地，眼看左手（见图14-11与图14-12）。右弓步分掌，右腿向右前方迈出，左腿自然伸直成右弓步，左右手随转体慢慢分别向左上右下分开，右手心斜向上高于眼平，左手落在左胯旁，肘微屈，手心向下，指尖向前，眼看右手（图14-13、图14-14）。左野马分鬃与右野马分鬃，唯左右动作方向相反（见图14-15～图14-19）。

图 14-7　　　　图 14-8　　　　图 14-9　　　　图 14-10　　　　图 14-11　　　　图 14-12

技术要点：转体撇脚——抱手收脚——转体上步——弓步分手。

三、白鹤亮翅

上体微向左转，左手翻掌心向下，左臂平屈胸前，右手向左上划弧，掌心转向上，与左手成抱球状，眼看左手（见图14-20），右脚跟进半步，上体后移重心落在右腿上，左脚微向前移，脚尖点地成左虚步，同时上体微向左转，面向前方，两手随转体慢慢向右上左下分开，右手上提，停于右额前，手心向左后方。左手落与左胯前，手心向下，指尖向前，眼平视前方（见图14-21与图14-22）。

图 14-13　　　　图 14-14　　　　图 14-15　　　　图 14-16　　　　图 14-17　　　　图 14-18

技术要点：跟步抱球——后坐转体——虚步分手。

四、左右搂膝拗步

（1）左搂膝拗步。右手从体前下落，由下向后上方划弧至右肩外侧，肘微屈，手与耳同高，掌心斜向上，左手从左下向上，向右下方划弧落至右胸前，掌心斜向下，同时上体先向左再向右微转身，左脚收至右脚内侧，脚尖点地，眼看右手（见图 14-23～图 14-25）。

图 14-19　　　　图 14-20　　　　图 14-21　　　　图 14-22　　　　图 14-23　　　　图 14-24

左脚向前（偏左）成左弓步。同时右手由耳侧向前推出，高与鼻尖平，左手由左膝前搂过落于左胯旁，指尖向前，眼看右手手指（见图 14-26 与图 14-27），接着身体向后，移重心落至右腿，左脚尖翘起，微向外摆，随后重心前移，身体左转，重心移到左腿，右脚收到左腿内侧，脚尖点地。同时左手向外翻掌由左后向上划弧至左肩，肘微屈，手与耳同高，手心斜向上，右手随转体向上，向左下划弧落于左胸前，手心斜向下，眼看左手（见图 14-28～图 14-30）。

图 14-25　　　　图 14-26　　　　图 14-27　　　　图 14-28　　　　图 14-29

（2）右搂膝拗步。同左搂膝拗步，唯左右动作方向相反（见图 14-31 与图 14-32）。

左搂膝拗步同右搂膝拗步，唯左右动作方向相反（见图 14-33～图 14-37）。

图 14-30　　　　图 14-31　　　　图 14-32　　　　图 14-33　　　　图 14-34　　　　图 14-35

技术要点：转体摆步——摆臂收脚——上步屈膝——弓步搂推——转体撇脚（左右相反）。

五、手挥琵琶

右脚跟进半步，上体后移，重心落在右腿上，上体稍右转，左脚提起稍向前移成左虚步，接着脚跟着地，脚尖翘起，膝关节微屈，同时左手从左下向上挑掌，掌心向右，高于鼻尖平，臂微屈，右手收至左臂肘关节内侧，掌心向左，眼看左手食指（见图 14-38～图 14-40）。

图 14-36

图 14-37

图 14-38

图 14-39

图 14-40

技术要点：跟步展臂——后坐引手——虚步合手。

六、左右倒卷肱

左倒卷肱：上体右转，两手同时翻掌心向上，右手翻掌心向上同时经腹前由下向后划弧平举，臂微屈，眼随右转体先向右看，再转向前方看左手（见图 14-41 与图 14-42）。接退步推掌，右手由耳侧向前推，掌心向前，左臂右下向后分开，至左肋外侧，掌心向上，同时退左腿，脚尖先落地，慢慢踏实。身体重心移到左腿上，成右虚步，眼看右手（见图 14-43 与图 14-44）。

右倒卷肱：上体微向左转，同时左手随转体向后上方划弧平举，掌心向上，右手翻掌心向上，眼随转体先向左看，再转向前方看右手（见图 14-45）。接着退步推掌，同左倒卷肱退步推掌，唯左右方向相反（见图 14-46 与图 14-47）。

图 14-41

图 14-42

图 14-43

图 14-44

图 14-45

左倒卷肱同右倒卷肱，唯左右方向相反（见图 14-48～图 14-50）。

图 14-46

图 14-47

图 14-48

图 14-49

右倒卷肱同左倒卷肱，唯左右方向相反（见图 14-51～图 14-53）。

技术要点：转体撤手——转腰松垮——退步卷肱——虚步推掌。

图 14-50

图 14-51

图 14-52

图 14-53

七、左揽雀尾

上体微向右转，同时右手随转体向后上方划弧平举，掌心向上，右臂不停接做屈肘，掌心转向下，收至右胸前，左手放松，掌心向下，随转体左手自然下落，慢慢翻掌心向上，经腹前划弧至右肋前，掌心向上，同右掌心相对成抱球状，同时身体重心落在右腿上，左脚收到右脚内侧，脚尖点地，眼看右手（见图 14-54～图 14-56）。接做转体左弓步，上体微向左转，左脚向左前方迈步，成左弓步，同时左臂向左前方绷出。高与肩平，掌心向后，右手向右下落放于左胯旁，掌心向下，指尖向前，眼看左前臂（见图 14-57 与图 14-58）。接做身体微向左转，左手随之前伸翻掌心向上，经腹前向上向前挥动伸至左肘内侧，眼看左手（见图 14-59）。接做转体后捋，上体右转，两手向下经腹前向右后上方划弧后捋，高于肩平，身体重心落于右腿上。眼看右手（见图 14-60）。接做转体弓步挤，上体微向左转，右臂屈肘于左手腕内侧，上体继续左转，双手同时向前慢慢挤出，左手掌心向前，左臂保持半圆形，同时重心前移成弓步，眼看左手腕部（见图 14-61 与图 14-62）。接做后坐收掌，左手翻掌心向下，右手经左手腕上方向前，向右掌心向下，两手左右分开与肩同宽，上体慢慢后移到右腿上，左脚尖翘起，同时两手屈肘收至腹前，掌心向前下方，眼平看前方（见图 14-63～图 14-65）。接做左弓步按掌，上式不停。身体重心慢慢前移，同时两手向前，向上按出，掌心向前，成左弓步，眼平时前方（见图 14-66）。

技术要点：转身撤手——抱手收脚——转体上步——弓步绷臂——转体摆臂——转体后捋——转体搭手——弓步前挤——后坐引手——弓步前按。

图 14-54　　　图 14-55　　　图 14-56　　　图 14-57　　　图 14-58　　　图 14-59

图 14-60　　　图 14-61　　　图 14-62　　　图 14-63　　　图 14-64　　　图 14-65

八、右揽雀尾

右腿屈膝身体重心移到右腿上，上体后移右转，左脚尖内扣。右手向右平行划弧至右侧，掌心向前，眼看右手（见图 14-67 与图 14-68）。接做丁步抱球，右手由右下经腹前向左划弧，掌心向上至左肋前，左掌心向下，平屈胸前，两手抱球，身体重心移到左腿，右脚收至左脚内侧，脚尖点地，眼看左手（见图 14-69 与图 14-70）。接做右弓步绷，动作同左揽雀尾，唯左右动作方向相反（见图 14-71 与图 14-72）。接做转体伸臂，同左揽雀尾，唯动作方向左右方向相反（见图 14-73）。接做转体后捋，同左揽雀尾，唯左右动作方向相反（见图 14-74）。接做转体弓步挤，同左揽雀尾，唯左右动作方向相反（见图 14-75～图 14-77）。接做后坐收掌，同左揽雀尾，唯左右动作方向相反（见图14-78～图14-80）。

图 14-66　　　　图 14-67　　　　图 14-68　　　　图 14-69　　　　图 14-70

图 14-71　　　　图 14-72　　　　图 14-73　　　　图 14-74　　　　图 14-75

技术要点：转体分手——抱手收脚（其他同左揽雀尾）。

九、单鞭

重心后移至左腿上，右脚尖内扣，同时上体左转。两手左高右低向左弧形运转，直至左臂平举于身体左侧，掌心向左，右手经腹前运至左肋前，掌心向后上方，眼看左手（见图14-81与图14-82）。接做转体丁步勾手，身体重心移至右腿上，左脚尖点地向右脚靠拢，同时右手向右上方划弧至右侧方时变勾手，臂与肩平，左手向下经腹前向右上划弧停于右肩前。掌心向里，眼看左手（见图14-83与图14-84）。接做转身弓步推掌，左脚向左前侧方迈出成左弓步，身体重心前移的同时，左掌随转体慢慢向前推掌，掌心向前，手指与眼平，眼看左手（见图14-85与图14-86）。

技术要点：转体运臂——勾手收脚——转体上步——弓步推掌。

图 14-76　　　　图 14-77　　　　图 14-78　　　　图 14-79　　　　图 14-80　　　　图 14-81

图 14-82　　　　图 14-83　　　　图 14-84　　　　图 14-85　　　　图 14-86

十、云手

身体重心后移至右腿上，左脚尖内扣，左手经腹前向右上划弧至右肩前，掌心斜向后，同时右手变掌，掌心向右前，眼看左手（见图14-87～图14-89）。

接做小开立步，左云手。身体重心左移，同时左手由眼前向左侧运转。掌心慢慢转向左方，右手由右下经腹前向左上划弧至左肩前，掌心斜向后，同时右脚向前靠近左腿，成小开立步（两脚距离约10～20cm），眼看右手（见图14-90与图14-91）。接做横跨步云手，上体向右转，同时右手向右侧运转，掌心翻转向右，左手经腹前向右上划弧至右肩前，随之左腿向左横跨一步，眼看左手（见图14-92～图14-94）接做小开立步云手、横跨步云手。小开立步云手，同前面动作一样（见图14-95～图14-101）。

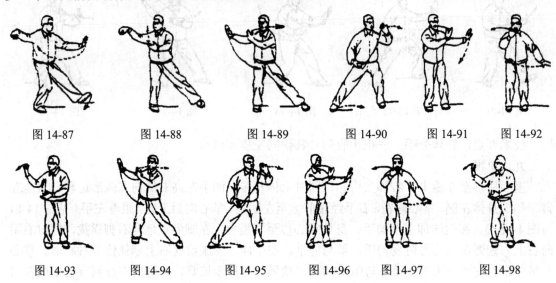

图 14-87　　　　图 14-88　　　　图 14-89　　　　图 14-90　　　图 14-91　　　图 14-92

图 14-93　　　　图 14-94　　　　图 14-95　　　　图 14-96　　　图 14-97　　　图 14-98

技术要点：转体松勾——云手收步——云手开步——云手收步——云手开步——云手收步。

十一、单鞭

上体右转，右臂运至侧方时变勾手，左手经腹前向右上划弧至右肩前，掌心向内，身体重心落在左腿上，左脚尖点地，眼看左手（见图 14-102～图 14-104）。接做转身左弓步推掌（见图 14-105 与图 14-106）。

图 14-99　　　　图 14-100　　　　图 14-101　　　　图 14-102　　　图 14-103　　　图 14-104

技术要点：同九（单鞭）。

十二、高探马

右脚跟进半步，身体重心移至右腿，右勾手变成掌，两掌心翻转向上，同时身体微向右转。

左脚跟慢慢离地，眼看左前方（见图 14-107）。接做虚步推掌，上体微向左转，右掌经右耳旁推出，掌心向前，手指与眼同高，左手收至左侧腰前，掌心向上，同时左脚微向前移，脚尖点地，成左虚步，眼看右手（见图 14-108）。

技术要点：后脚跟步——后坐翻手——虚步推掌。

十三、右蹬脚

上体微右转，左手手心向上，从右腕背面穿出，双手交叉，眼看两手中间（见图 14-109）。做弓步分手，上体微向左转，左脚向左前迈出，成左弓步，两手与迈步同时向两侧分开，掌心斜向下，眼看右前方（见图 14-110 与图 14-111）。做丁步合抱，两手由外圈向里划弧交叉合抱于胸前，右手在外，掌心均向后，同时右脚向左脚靠拢，脚尖点地，眼平看右前方（见图 14-112）。接做提膝独立，右腿提膝，脚尖自然下垂，同时两手由胸前继续上抬（见图 14-113）。做蹬腿分掌，两臂左右划弧分开平举，掌心均向外，同时右脚向右前方慢慢蹬出，眼看右手（见图 14-114）。

技术要点：穿手提脚——上步翻手——分手弓腿——抱手收脚——翻手提腿——分手蹬脚。

图 14-105　　　图 14-106　　　图 14-107　　　图 14-108　　　图 14-109　　　图 14-110

十四、双峰贯耳

右腿收回，屈膝平举，两手翻掌心向上落至体前。接做两手同时向下划弧分落于右膝盖两侧，眼看前方（见图 14-115 与图 14-116）。接做弓步贯耳，右脚向右前方落下。身体重心慢慢前移，成右弓步，同时两手下落，慢慢变拳，分别从两侧向上，向前划弧至面部前方，两拳相对，高于耳齐，拳眼斜向内下（两拳之间距离约为 10～20cm），眼看右拳（见图 14-117 与图 14-118）。

图 14-111　　　图 14-112　　　图 14-113　　　图 14-114　　　图 14-115　　　图 14-116

技术要点：屈膝并手——上步落手——弓步贯拳——头颈正直——松腰松垮——沉肩垂肘。

十五、转身左蹬脚

身体左转，重心移至左腿，右脚尖内扣，同时两拳变掌，由上向左右划弧。分开平举，手心向前，眼看左手（见图14-119与图14-120）。接做丁步合抱，身体重心移到右腿，左脚收到右脚内侧，脚尖点地。同时两手由外向里划弧合抱于胸前，左手在外，掌心均向后，眼平看左方（见图14-121与图14-122）。接做提膝独立，左腿提膝，脚尖自然下垂。同时两手由胸前继续上抬（见图14-123）。接做蹬腿分掌。同蹬右腿，唯左右方向相反，眼看左手（见图14-124）。

图14-117　　　图14-118　　　图14-119　　　图14-120　　　图14-121

技术要点：转体分手——收脚合抱——提膝翻手——分手蹬腿。

十六、左下势独立

左腿收回平屈，上体右转。右掌变勾手，左掌向上，向右划弧下落于右肩前，掌心斜向后，眼看右手（见图14-125与图14-126）。接做仆步穿掌，右腿屈膝下蹲，左腿由内向左侧伸出成左仆步，左手下落（掌心向外）。向左下顺左腿内侧向前穿出，眼看左手（见图14-127与图14-128）。接做弓步挑掌，身体重心前移，成左腿前弓，右腿后蹬，右脚尖内扣，上体为向左转并向前起身，同时左臂继续向前伸出（立掌）。掌心向右，右勾手下落，勾尖向后，眼看左手（见图14-129）。

图14-122　　　图14-123　　　图14-124　　　图14-125　　　图14-126

接做提膝挑掌，右腿慢慢提起平屈，成左独立式，同时勾手变掌，由下方顺右腿外侧向前弧形摆出，曲臂立于右腿上方，肘于膝相对，掌心向左，左手落于左胯旁掌心向下，指尖向前，眼看右手（见图14-130与图14-131）。

图14-127　　　图14-128　　　图14-129　　　图14-130　　　图14-131

技术要点：收腿勾手——屈蹲开步——仆步穿掌——弓腿起身——独立挑掌。

十七、右下势独立

右脚下落于左脚前，身体同时左转，左手向后平举变勾手。右掌随转体向左侧划弧，立于左肩前，掌心斜向后，眼看左手（见图14-132与图14-133）。接做仆步穿掌，弓步挑掌，提膝挑掌，动作同前"左下势独立"唯左右动作方向相反（见图14-134～图14-138）。

技术要点：同十六（左下势独立），方向相反。

图14-132　　图14-133　　图14-134　　图14-135　　图14-136

十八、左右穿梭

（1）左穿梭。身体微向左转，左脚向前落地，右脚跟离地，同时两手在左胸前成抱球状（左上右下），然后右脚收到左脚内侧，脚尖点地，眼看左前臂（见图14-139～图14-141）。接做弓步架推，身体右转，右脚向右前方迈出，成右弓步。同时右手由脸前向上举并翻掌停在右额前，掌心斜向上，左手先向左下再经体前向前推出，高与鼻尖平，掌心向前，眼看左手（见图14-142～图14-144）。

图14-137　　图14-138　　图14-139　　图14-140　　图14-141　　图14-142

（2）右穿梭。身体重心后移，右脚尖向外撇，身体重心前移至右腿，停于右脚内侧，脚尖点地。同时两手在右胸前成抱球状（右上左下），眼看右前臂（见图14-145与图14-146）。接做弓步架推，同时穿梭，唯左右动作方向相反（见图14-147～图14-149）。

图14-143　　图14-144　　图14-145　　图14-146　　图14-147　　图14-148

技术要点：落脚转体——抱手收脚——上步错手——弓步架推。

十九、海底针

右腿跟半步，重心移到右腿上，同时上体微向右转，右手向上提至耳侧，掌心向左，指尖斜向下，左手经体前下落，掌心向下，指尖斜向前。眼看前下方（见图 14-150）。接做虚步插掌，上体微向左转至面向前方。右手从耳侧向斜前下方插下，指尖向前下，掌心向左，左手向左划弧按在左胯旁，掌心向下，左脚稍前移，膝微屈，脚尖点地成左虚步。眼看前下方（见图 14-151）。

技术要点：后脚跟步——后坐提手——虚步插掌。

二十、闪通臂

上体微向右转，左脚向前迈出一步成弓步。右手由体前上提，停于右额前上方，掌心翻转斜向上，拇指朝下，左手上起经胸前向前推出，高于鼻尖平，掌心向前，眼看左手（见图 14-152～图 14-154）。

技术要点：提手收脚——上步分手——弓步推掌。

图 14-149　　图 14-150　　图 14-151　　图 14-152　　图 14-153　　图 14-154

二十一、转身搬拦捶

身体重心移到右腿上，左脚尖内扣，身体向右转，然后身体重心移到左腿上。同时，右手随转体向右，向下（变拳）经腹前划弧至左肋旁，掌心向下，左掌上举于头前，掌心斜向上，眼看前方（见图 14-155 与图 14-156）。急促向右转身，右脚收回不点地向前迈出一步，脚尖外撇，右拳经胸前翻转，掌心向上，左手下落，按在左胯旁，眼看右手（见图 14-157）。身体重心移到右腿上，左脚向前迈出一步，同时，右拳向右划弧收至右腰旁，拳心向下，左手随同左脚前迈经左侧向前上划弧拦出，掌心向前下方（见图 14-158～图 14-160）。左腿成左弓步，同时冲右拳，拳眼向上，高于胸平，左手附于右前臂内侧，眼看右拳（见图 14-161）。

技术要点：转身扣脚——转体握拳——垫步搬拳——转体收拳——上步拦掌——弓步打拳。

图 14-155　　图 14-156　　图 14-157　　图 14-158　　图 14-159

二十二、如封似闭

左手由右腕下向前伸出，右拳变掌，两掌心向上，眼看前方（见图 14-162）。接做后坐收掌，身体重心后移至右腿上，左脚尖翘起，同时两臂慢慢分开，回收至胸前翻掌心向下，落于胸前，眼看前方（见图 14-163 与图 14-164）。接做弓步推掌，两手向下经腹前向上，向前推出，腕部于肩平，掌心向前，同时左腿前弓成左弓步，眼看前方（见图 14-165～图 14-167）。

技术要点：穿手翻掌——后坐引收——弓步按掌。

图 14-160

图 14-161

图 14-162

图 14-163

图 14-164

二十三、十字手

向右转身，重心移到右腿，左脚尖内扣，右手随转体向右划弧平举，右脚尖外撇。右腿屈膝成右侧弓步，右臂与左臂成平举，两掌心向前，眼看右手（见图 19-168 与图 19-169）。接做收脚合抱，重心慢慢移到左腿，右脚尖内扣，随即向左收回半步，两脚距离与肩同宽，两腿慢慢蹬直，成开立步，同时两手向下经腹前向上划弧交叉合抱于胸前，腕高与肩平，右手在外，成十字手，掌心向后，眼看前方（见图 14-170 与图 14-171）。

技术要点：转体扣脚——弓步分手——转体落手——收脚合抱。

图 14-165

图 14-166

图 14-167

图 14-168

图 14-169

二十四、收势

两手向外翻掌，掌心向下，两臂慢慢下落，停于身体两侧，眼看前方（见图 14-172～图 14-174）。

技术要点：翻掌分手——垂臂落手——并脚还原。

图 14-170

图 14-171

图 14-172

图 14-173

图 14-174

✿ 案 例

太极拳保持太极阴阳的原则，表现出刚柔相济的特色，"隐则柔"、"显则刚"。

案例分析

练习太极拳时需注意以下要领：

（1）初期要化去原有的僵硬劲，越柔软越好；这段时间也是愈长愈好，一般要一两年的时间。

（2）全身练到绵软后，即可进而具体地练习全身的放长，以练习刚劲。

（3）行气用柔，落点用刚，是太极拳划分刚柔的界限。

（4）心意结合神气的忽隐忽显和呼吸，是太极拳对于刚柔变换的法则。

（5）刚柔同样达到高级水平，是太极拳妙手称号的标准。

重 点 小 结

（1）太极拳的基本功练习是基本套路的基础。在姿态、动作上打好基础，要把拳套中的步型、步法、腿法、身法、手型、手法、眼神等基本要求弄清楚，做到姿态正确、步伐稳定、动作舒展、柔和。

（2）注意掌握动作的变化规律及其特点，做到连贯协调、圆活自然。例如："云手"可先掌握两腿支撑整个身体横行像左侧前进，左右移动重心和腰脊的随之转动；再教两臂的划圆手法，同时两眼不断注视交换的手。

（3）强调意念、呼吸与动作的自然结合，做到动作轻柔、全身完整统一。

课 课 练

（1）身体素质练习：正压腿、侧压腿、后压腿、扑步压腿、正、侧搬腿、劈腿、正、侧踢腿、里合腿、外摆腿等；上下肢、腰部负重练习等；仰卧起坐、俯卧撑练习；跳台阶练习；引体向上、双臂屈伸练习；1500m耐力练习等。

（2）专项技术练习：左右野马分鬃、左右倒卷肱、云手单势、左右穿梭等技术反复练习；慢速练习整套动作。

第三篇　拓展体育课程

项目十五　羽　毛　球

【学习目标】

1. 知识目标

（1）了解羽毛球起源与发展概况。

（2）掌握羽毛球的正确握拍方法。

（3）掌握羽毛球的几种基本技术与要领。

（4）了解羽毛球的主要竞赛规则。

2. 技能目标

（1）熟练掌握羽毛球的各项基本技术。

（2）熟练掌握步伐在比赛中的运用。

（3）掌握羽毛球的竞赛规则，能胜任裁判工作。

【运动提示】

（1）熟练掌握羽毛球的基本技术。

（2）掌握羽毛球的技术、战术及在比赛中能合理应用。

（3）羽毛球运动需要灵巧的步法，快捷的反应，灵活多变的竞技技巧。因而在练习中要带着战术意思去练真正实用的技术。重点技术（如：步法、网前球处理、发球等）要经常练、反复练。

【项目任务】

（1）熟练掌握羽毛球的基础知识和竞赛规则。

（2）掌握劈、扣、吊的基本手型、发力与脚步的协调配合。

（3）掌握正确的发球、反拍下手发球的基本动作和要领。

【项目实施】

任务一　羽毛球运动概述

进入羽毛球世界　感受羽毛球魅力　享受运动快乐

现代羽毛球运动起源于英国，1887 年，第一本羽毛球比赛规则在英国出版。1893 年在英国成立了世界上第一个羽毛球协会，该协会举办了第一届"全英羽毛球锦标赛"，此后每年举办一次。

20 世纪初，羽毛球运动流传到亚洲、美洲、大洋洲，最后传到非洲。

我国羽毛球王国的缔造者，中国第一任羽毛球总教练、前中国羽毛球协会主席王文教，是印尼归国华侨，他于 50 年代回国成为福建省羽毛球队的一员，同时兼任该队教练，曾取得第一届全运会的男子单打和男子双打冠军。1972 年他上任中国羽毛球队总教练。21 年中，中国队获得 56 个世界冠军，9 个世界团体冠军。因此，王文教在 1985 年被当时的国家体委授予"新中国体育开拓者"称号。

由于历史原因，我国曾中断了与世界各国的"交流"。1981 年 5 月，国际羽联重新恢复了中国的合法席位。从此揭开了国际羽坛历史上新的一页，进入了中国羽毛球选手称雄国际羽坛的辉煌时期。

羽毛球是一项颇受大众欢迎的体育运动，是一项能够让人眼明、手快，全身得到锻炼的体育项目，不仅可以强身健体，还可以锻炼人的思维反应能力，灵活大脑。因此，羽毛球运动的健身价值，能较好地融入当代学校体育发展之中，符合"增强体质，增进健康"的时代需要。培养大学生终身体育锻炼的意识和习惯，达到健身的目的和健身的效果。

随着这项运动在世界上开展的国家越来越多，1934 年成立了国际羽毛球联合会，总部设在伦敦。1939 年国际羽毛球联合会通过了各会员国共同遵守的《羽毛球竞赛规则》。

1948 年至 1949 年举办了首届世界男子羽毛球团体赛（汤姆斯杯赛）。马来西亚击败了美国、英国和丹麦等强队荣登榜首，从此开始了亚洲人称雄国际羽坛的时代。50 年代亚洲羽毛球运动发展较快，首先是马来西亚，涌现出了不少优秀选手，蝉联了 1951 年和 955 年举办的两届汤姆斯杯赛冠军，同时在全英锦标赛中再获男子单、双打的冠军。在 60 年代和 70 年代，印尼队的技术水平在国际羽坛上（除中国以外），一直处于遥遥领先的地位，从第 4 届到第 11 届的汤姆斯杯赛，除第 7 届被马来西亚获得外，其余全被印尼队所囊括，并且几乎垄断了在此期间举行的全英锦标赛的男子单、双打的冠军。在女子方面，50 年代中期至 60 年代初，美国占据世界的优势，连续获得女子团体比赛（尤伯杯赛）的冠军，60 年代后期至 70 年代，世界羽坛的优势转向日本，1981 年 5 月国际羽联重新恢复了中国在国际羽联的合法席位，从此揭开了国际羽坛历史上新的一页，进入了中国羽毛球选手称雄国际羽坛的辉煌时期，在 1988 年汉城奥运会上，羽毛球被列为表演项目，1992 年巴塞罗那奥运会上列为正式比赛项目，从此使羽毛球进入了一个新的发展时期。

目前，由国际羽联主办的世界重大羽毛球赛事有以下六个。

1. 汤姆斯杯赛

汤姆斯杯赛即世界男子团体羽毛球锦标赛。汤姆斯杯为国际羽联第一任主席汤姆斯爵士 1939 年所捐赠被第二次世界大战所阻，到 1948 年才举行第一届比赛。原来每三年举行一届，现已改为每两年一届，在偶数年举行。比赛由三场单打和两场双打所组成。

2. 尤伯杯赛

尤伯杯赛即世界女子团体羽毛球锦标赛。尤伯杯由英国著名羽毛球运动员尤伯夫人所赠，从 1956 年开始举办比赛，比赛方法与汤姆斯杯赛基本相同。

3. 世界羽毛球锦标赛

这是世界羽毛球单项锦标赛，共设有男、女单打，双打和混合双打五个比赛项目。比赛从 1977 年每三年举行一届。1983 年起改为每两年举行一届，在奇数年举行。

4. 苏迪曼杯赛

苏迪曼杯赛即世界羽毛球混合团体比赛。从 1989 年开始举办，每两年举办一届，与世界羽毛球锦标赛同年同时在奇数年举行。比赛由男女单打、男女双打和混合双打五个项目组成。

5. 国际系列大奖赛

这是国际羽联参照世界网球大赛的办法组织成的，始于 1983 年，它把全年的比赛分成若干赛区，由许多比赛组成系列，根据运动员在各次比赛中的成绩积分，进行排名，选出 16 名运动员进行总决赛。

6. 全英羽毛球锦标赛

这是英格兰羽毛球协会于 1899 年创办的，每年的 3 月份进行。它是世界上历史最悠久的羽毛球比赛。

任务二　羽毛球的基本技术

一、手法

1. 握拍法

基本的握拍法有两种，即正手握拍法和反手握拍法。

（1）正手握拍法：如图 15-1 所示，虎口对着拍柄窄面的小棱边，拇指和食指贴在拍柄的两个宽面上，食指和中指稍分开，中指、无名指和小指并握住拍柄，掌心不要紧贴，拍柄端与近腕部的小鱼肌平，拍面基本与地面垂直。正手发球、右场区各种击球及左场区头顶击球等，一般都采用这种握拍法（本书均以右手握拍法者为例）。

（2）反手握拍法：如图 15-2 所示，在正手握拍的基础上，拇指和食指将拍柄稍向外转，拇指顶点在拍柄内侧的宽面上或者内侧棱上，中指、无名指和小指并拢握住拍柄，柄段靠近小指根部，使掌心留有空隙。球拍倾斜向身体左侧，拍面稍后仰。一般来说，击身体左侧的来球，大都先转体（背对网），然后用反手握拍法击球。

图 15-1　　　　　　　　　　　　　　　图 15-2

2. 发球法

发球是运动员在发球区将球由静止状态，用球拍击出，使之在空中飞行，落到对方的接发球区的技术动作。发球可分为正手发球和反手发球两种；若按球在空中飞行的弧线，又可分为发高远球、平高球、平快球和网前球等。

（1）正手发球。站在靠中线的一侧，离前发球线约 1m 左右的位置上。身体左肩侧对球网，左脚在前，脚尖向网，右脚在，脚尖稍向右侧，两脚距离与肩用宽，身体重心放在右脚上。准备发球时，右手握拍向后侧举起，肘部微曲，左手拇指、食指和中指夹住球，举在腹部右前方，然后放开球，挥拍击球。击球时，身体重心由右脚移至左脚上。

用正手发不同的弧线球时，击球前的准备和前期动作是相仿一致的，只是在击球时及其后的动作有所不同。

发高远球时，在左手放开球使之下落时，右手转拍由上臂带动前臂，自右后方沿身体向前左上方挥动，紧握球拍，并利用手腕屈收的力量向前上方发力击球，然后顺势向左上方挥动缓冲（见图 15-3）。

图 15-3

发高平球时，动作过程大致与发高远球相同，只是在击球的一刹那，前臂加速带动手腕向前上方挥动，拍面要向前上方倾斜，以向前用力为主。注意发出球的弧线以对方拍击不着球的高度为宜，并应落到对方场区底线。

发平快球时，要充分利用前臂带动屈腕的爆发力向前方用力击球，使球直接从对方肩稍上高度越过落到后场。关键是出手（击球）动作要小而快。

发网前球时，握拍要放松，上臂动作要小，主要靠前臂带动手腕向前切送，球的弧线要贴网而过，落点在前发球区附近。注意手腕不能有上挑动作（见图 15-4）。

（2）反手发球。发球站位可在前发球线后 10～50cm 及中线附近，也可在前发球线及边线附近。面向球网，两脚前后开立（右脚或左脚在前均可），上体稍微前倾，身体重心在前脚上。右手臂屈肘，用反手握拍将球拍横举在腰间，拍面在身体左侧腰下。左拇指与食指捏住球的二、三根羽毛，球托朝下，球体或球托在球拍前对准拍面。击球时，前臂带动手腕朝前横切推送，使球的飞行弧线略高于网顶，下落到对方发球线附近（见图 15-5）。

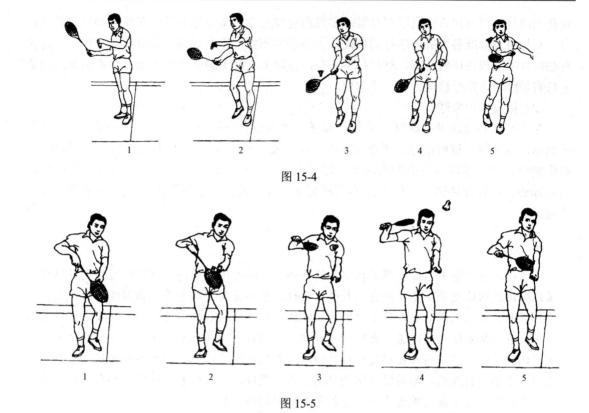

图 15-4

图 15-5

反手发平快球时则要突然发力，拍面要有反压动作。

发球易犯错误：

（1）发球时手臂僵直，不以肩为轴、上臂带动前臂、前臂再带动手腕作协调击球。

（2）放球时与挥拍配合不好，造成击球不准。

（3）"脚移动"、"过腰"、"错区"、"不击球托"等违例。

纠正方法：

（1）介绍身体各部位协调发力顺序，多作放松协调发球练习。

（2）发球时可用眼看球，反复做放准球练习。

（3）讲清规则要点，通过观看、示范，提高发球准确性和成功率。

3. 接发球法

还击对方发过来的球叫接发球。

（1）接发球的站位和姿势。

单打站位：单打站位离发球线 1.5m 处。在右发球区要站在靠近中线的位置，在左发球区则站在中间位置，主要是防备对手直接进攻反手部位。一般左脚在前，右脚在后，双膝微屈，收腹含胸，身体重心放在前脚上，后脚脚跟稍抬起。身体半侧向球网，球拍举在身前，两眼注视对方（见图 15-6）。

双打站位：由于双打发球区比单打发球区短 0.76m，

图 15-6

发高远球易被对方扣杀。所以双打发球多发网前球为主。接发球时要站在靠近前发球线的地方，双打接发球准备姿势和单打的接发球姿势基本相同，略有区别的是身体前倾较大，身体重心可以随意放在任何一脚，球拍举得高些，在球来到网上最高点时击球，争取主动。但要注意右场区对方发平快球突袭反手部位。

（2）接发各种来球。

对方发来高远或平高球时，可用平高球、吊球或杀球还击。对方发来网前球时，可用平高球、高远球、放网前球、平推球还击；对方发来平快球时，可用平推球、平高球还击，以快制快，由于接球方还击的击球比发球对方高，下压得狠点可以夺取主动。其次可以以高远球还击，以逸待劳。不能仓促还击网前球，因为若击球质量稍差，有可能遭受对方的进攻。

✿ 案　例

在羽毛球比赛中，接发球是很重要的一部分。接发球质量高的话可以直接造成对方接球失误或回球质量不高，给自己制造主动权。世界著名男双选手，韩国组合李龙大、郑在成的接发球技战术看，李龙大右区接发球以推抹直线和搓中为主，左区变化相对右区多一些，接发球直线快速，出球凶狠；郑在成的接发球变化多，出球质量以稳为主。通过比赛录像观察，两人在接发球后第四拍均有明显的随球积极封堵网前意识。李龙大在推抹中路和斜线后，习惯随球跟进封堵，推抹直线后习惯封直线球路；郑在成接发球放网和推中后有明显的跟进意识，在推斜线后则退后封堵。

❦ 案例分析

总体上说：接发球的质量关系到整个比赛成败的关键，接发球质量高，落点准，就增加了对方的回球难度，给抢攻创造了条件。具体来说，应该注意以下几点。

（1）回球时尽量利用对方的弱点和漏洞，决定采用推、抹、搓、吊和自己回球后的封堵。

（2）观察、判断对方的发球，脚步移动快速。

（3）接发球是攻防转换的关键，因而要尽量提高回球的质量，使对方难以适应，从而控制比赛的节奏，使攻球得分。

4. 击球法

羽毛球击球技术方法包括击高球、吊球、杀球、搓球、推球、勾球、扑球、抽球、挑球等，每一种技术又可分为正手和反手击球法。根据战术球路的需要，又可击出直线球或斜线球来。下面就各种击球动作的方法要领简述如下。

（1）高球。高球是自后场打到对方后场端线经过高空飞行的球，高球分为正手、反手和头顶三种手法。

1）正手高球：首先要判断来球的方向和落点，侧身后退，使球处在自己的右肩稍前上方的位置。左肩对网，左脚在前，右脚在后，重心在右脚上，左臂屈肘，左手自然高举，右手持拍，手臂自然弯曲，将球拍举在右肩上方，两眼注视来球。击球时，右上臂后引，随之肘关节上提明显高于肩部，将球拍后引至头部，自然伸腕（拳心朝上）。然后在后脚蹬地，转体收腹的协调用力下，以肩为轴，上臂带动前臂快速向前上方甩腕，在手臂伸直的最高点击球。击球后，持拍手臂顺惯性往前左下放挥动并收拍至体前，与此同时，左脚后撤，右脚向前迈出，身体重心由后脚移到前脚上。正手高球也可跳起击球，按上述要求做好准备动作，击球动作是在球将从空中最高点落下的瞬间完成（见图 15-7）。

图 15-7

2）反手高球：当对方将球击到己方左后场区时用反手击高球。首先判断好对方来球的方向和落点，迅速将身体转向左后方，移动步法，最后一步用右脚前交叉跨到左侧底线，背对网，身体重心在右脚上，使球处在身体右上方。击球前，迅速换成反手握拍法，持拍于右胸前，拍面朝上，击球时，以上臂带动前臂，通过手腕的闪动，自下而上地甩腕，将球击出。在最后用力时，要注意拇指的侧压力与甩腕的配合，以及两腿蹬地转体的全身协调用力。

3）头顶击高球：动作要领与正手高球基本相同，只是击球点偏左肩上方。准备击球时，身体偏左倾斜。击球时，上臂带动前臂使球拍绕过头顶，从左上方向前加速挥动，注意发挥手腕的爆发力击球。落地时左腿向后方摆动幅度大些。

（2）吊球。吊球是自后场打到对方前场向下坠落的球。吊球技术分为正手、反手和头顶三种手法，按球的飞行弧线和击球动作的不同分为劈吊、拦截吊和轻吊。

劈吊击球动作和打高球、杀球相似。击球时用力较轻，带有劈切动作，落点一般离网较远。拦截吊是把对方击来的平高球拦截回去，击球时用拍面正对来球，轻轻拦切或点击，使球以较平的弧线、较慢的速度越网垂直下坠。轻吊击球前动作和打高球相似，击球时拍面正对来球，在触球的刹那，突然减速或轻切来球，使球刚一过网即下坠。

1）正手吊球：击球准备和前期动作同正手高球。只是击球时拍面梢向内侧倾斜，手腕作快速切削下压动作，击球托的后部和侧后部。若斜线吊球时，则球拍削球托右侧并向左下放发力；若吊直线球，则拍面正对前方向下放切削。

2）反手吊球：击球动作和前期准备同反手高球。不同点在于击球时拍面的掌握和力量的运用。吊直线球时，用球拍反面切削球托的后中部，向对方的右半场网前发力；吊斜线球时，用球拍反面切削球托的左侧，朝对方左半场网前发力。

3）头顶吊球：击球准备和前期动作同头顶高球。头顶吊斜线球时，中指、无名指和小指屈指外拉拍柄，使拍子内旋，拍面前倾，以斜拍面击球托左侧部位；头顶吊直线球时，球拍击球托的正中部位。

（3）杀球。杀球是把对方击来的球在尽量高的击球点上斜压下去。这种球的力量大，弧线直，落地快，给对方的威胁很大。它是进攻的主要技术。杀球分为正手杀直线和对角线球、头顶杀直线球和对角线球、正手腾空突击杀直线球和反手杀直线球。

1）正手杀直线球：准备姿势和动作要领与正手击高球大体相同。步子到位后，屈膝下降重心，准备起跳。侧身起跳时，往右上方提肩带动上臂。前臂和球拍上举，以便向上伸展身体。起跳后，身体后仰挺胸反成弓形。接着右上臂往右后上摆起，前臂自然后摆，手腕后伸，前臂带动球拍由上往下挥动，这时握拍要松。随后凌空转体收腹带动右上臂往右上摆起，肘部领先，前臂全速往前上挥动，带动球拍高速前挥。当击球点在肩的前上方时，前臂内旋，腕前屈微收，闪腕发力击球。这时手指要突然抓紧拍柄，把手腕的爆发力集中到击球点上。球拍和击球点向水平面的夹角小于 90°，球拍正面击球托的后部，使球直线下行。杀球后，前臂随惯性往体前收，在回位过程中将球拍回收至胸前。

2）正手杀对角线球：准备姿势和动作要领与正手杀直线球相同。不同点是起跳后身体向左前方转动用力，协助手臂向对角方向击球。

3）头顶杀直线球和对角线球：动作要领和准备姿势与头顶击高球相同。不同点是挥拍击球时，要集中全力往直线方向或对角方向下压，球拍面和击球方向水平面的夹角小于 90°（见图 15-8）。

4）反手杀直线球：准备姿势和动作要领与反拍击高球相同。不同点是击球前的挥拍用力要大，击球瞬间球拍与杀球方向的水平面夹角小于 90°。

5）腾空突击杀球：侧身右脚后退一步准备起跳。起跳后，身体向右后方腾起，上身右后仰或反弓形，右臂右上抬，肩尽量向后拉。击球时，前臂全速往上摆起，手腕从后伸经前臂内旋至屈收，同时握紧球拍压腕产生爆发力，高速向前下击球。突击扣杀后，右脚在右侧着地屈膝缓冲，重心在右脚前，右脚在左侧前着地，利用左脚蹬地向中心位置回动，手臂随惯性自然往体前回收。

（4）搓球。搓球是用球拍搓击球的左或右侧下部与球托底部，使球向右侧或左侧旋转与翻滚过网。搓球有正手搓球和反手搓球。

1）正手搓球：侧身对右边网前，正手握拍。球拍随着前臂伸向右前上方斜举，当球拍举至最高点时，前臂向外旋转，手腕由后伸至稍内收闪动，握拍手的食指和拇指夹住拍，中指、无名指和小指轻握拍柄，使球拍在手腕和手指的挥摆用力下，搓击来球的右下底部，使球旋转翻滚过网。

2）反手搓球：击球前前臂稍往上举，手腕前屈，手背约与网同高，而拍面低于网顶，反拍面迎球。搓球时，主要靠前臂的前伸外旋和手腕由内收至外展的合力，搓击球的右侧后底部，使球侧旋滚动过网（见图15-9）。

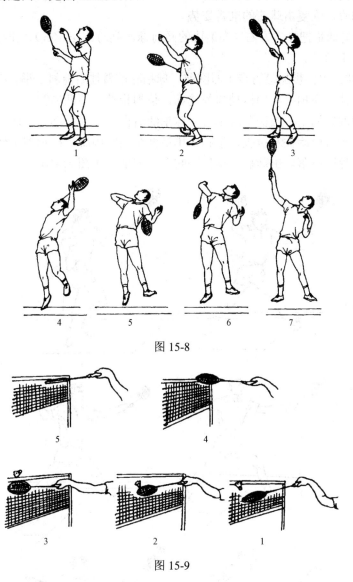

图 15-8

图 15-9

（5）推球。推球是把对方击来的网前球推击到对方的后场两底角去。球飞行的弧线较低平，速度较快。

1）正手推球：站在右网前，球拍向右侧前上举。在肘关节微屈回收时，前臂稍外旋，手腕稍向后侧，球拍也随之往右下后摆，拍面正对来球。这时小指和无名指稍松开，使拍柄稍离开鱼际肌，拇指和食指向外捻动拍柄，拍面更为后仰。推球时，身体稍往前移，右前臂往前伸并带内旋，手腕和手指控制拍面角度，手腕由后伸至伸直并闪腕，食指向前压，小指和无名指突然紧握拍柄，拍子急速地由右经前上至左的挥动推球，使球沿边线飞向对方后场底角。在回动过程中，拍子回收。

2）反手推对角球：站在左网前，以反手握拍前臂往前上方伸举。在前臂稍微向左胸前收引，肘关节微屈，手腕外展时，变成反手推球的握拍法，球拍松握，反拍面迎球。当前臂前伸并带外旋，拇指顶压，往右前方挥拍时，推击球托的左侧后部，使球沿对角线方向飞行。击球后，手臂回收，恢复击球前的准备姿势。

（6）勾球。勾球是把在本方右（左）边的网前球击到对方左（右）边网前去的技术动作。勾球分正手和反手两种。

1）正手勾球：用并步加蹬跨步上右网前。球拍随前臂往右前斜上举。在前臂前伸时稍有外旋，手腕微后伸，握拍手将拍柄稍向外捻动，使拇指贴在拍柄的宽面上，食指的第二指关节贴在拍柄背面的宽面上，拍柄不触掌心。球拍随着向右侧前挥动，拍面朝着对方右网前。击球时，靠前臂稍有内旋往左拉收，手腕由稍后伸至内收闪腕，挥拍拨击球托的右侧下部，使球向对方网前掠网坠落。击球后，球拍回收至右肩前（见图15-10）。

图 15-10

2）反手勾球：站在左网前，反手握拍前平举。在身体前移的过程中，球拍随手臂下沉至离网顶 20cm 处，握拍变成反拍勾球握拍法，拍面正对来球。当来球过网时，肘部突然下沉、同时前臂稍外旋，手腕由稍屈至后伸闪腕，拇指内侧和中指把拍柄往右侧一拉，其他手指突然握紧拍柄，拨击球托的左侧后部，使球沿对角线飞越过网。击球后，球拍往右侧前回收。

（7）扑球。对方发网前球或回击网前球时，在球刚越到网顶即迅速上网向斜下扑压，谓之扑球。扑球有正手和反手两种方法。

1）正手扑球：右脚蹬步上网，身体右侧前倾，手举球拍于右肩上方。击球时，利用腕由后伸到前屈收腕的力量，带动球拍向下扑击球。如果球离网顶较近，靠手腕从右前向左前"滑动"击球。

2）反手扑球：右脚跨至左前再蹬跳上网，身体右侧前倾，反手握拍举于左前上方。击球时，前臂伸直外旋带动手腕内收至外展，拇指顶压加速挥拍扑球。若来球靠近网顶，手腕可外展由左向右拉切击球，以免触网。击球后，右脚着地屈膝缓冲，回收球拍于体前。

（8）抽球。抽球是把在身体左、右两侧，肩以下，腰以上的来球平扫过去。有正手抽球和反手抽球两种。

1）正手抽球：站在右场区中部，两脚平行开立稍宽于肩，重心在两脚间，微屈膝收腹，正手握拍举于右肩前。击球前肘关节前摆，前臂稍往后带外旋，手腕稍外展至后伸，引拍至体后。击球时前臂内旋，手腕伸直闪动，手指抓紧拍柄，球拍由右后往右前方高速平扫盖击来球。击球后手臂左摆，左脚往左前方迈一步，右脚跟一步回中心位置。

2）反手抽球：右脚前交叉在左侧前，重心在左脚上，右手反手握拍在左侧前。击球前肘部稍上抬，前臂内旋，手腕外展，引拍至左侧。击球时，在髋的右转带动下，前臂外旋，手腕由外展到伸直闪动，挥拍击球托的底。击球后，球拍随身体的回动收回到右侧前。

（9）挑球。挑球是把对方击来的吊球或网前球挑高回击到对方后场去，这是在比较被动的情况下采取的一种防守性技术。挑球有正手挑球和反手挑球两种。

1）正手挑球：正手握拍举在胸前。右脚向网前跨出一大步，左脚在后，侧身向网，重心在右脚上。同时右臂向后摆，自然伸腕，使球拍后引。然后以肘关节为轴，屈臂内旋，并握紧球拍，用食指及手腕的力量，将球向前上方击出（见图15-11）。

2）反手挑球：反手握拍举在胸前。右脚向左前方跨出一大步，重心放在右脚上。同时右肩向网，屈肘引拍至左肩旁，然后以肘关节为轴，握拍经体前由下往上，用拇指第一指节压住拍柄的宽面，用力将球击出。

二、步法

羽毛球运动员在单打比赛中，要在本方场区约 $35m^2$ 的面积内，来回奔跑并完成各种击球动作，如果没有快速而准确的步法，就会顾此失彼，疲于奔命。

我国羽毛球运动员根据自身的特点和从实战需要出发，形成了步法训练的完整体系，在蹬步、跨步、腾跳步、交叉步、垫步、并步等基本步法基础上，组成了上网、后退、两侧移动和起跳腾空等综合步法。

（1）上网步法。

1）上右网前。如果站位靠前，可用两步交叉步上网，如图15-12所示。若站位靠后场，则采用三步交叉跨步的移动方法，即右脚向右前方迈一小步，左脚接着前交叉迈过右脚，然后右腿顺着这一方向跨一大步到位。为了加速上网，还可采用垫步上网，即右脚向右前迈一小步后，左脚快速跟进到右脚跟后，利用左脚掌内侧后蹬，右脚向右前跨出一大步。

图 15-11

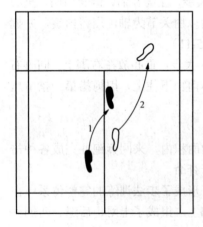

图 15-12

2）上左网前。基本方法同上右网前，只是方向相反。如两步跨步上网。

（2）后退步法。

1）正手后退右后场。后退步法一般都用侧身后退，以便于到位后挥拍击球。如果右脚稍前的站位，则先完成右脚后蹬——髋部右后转——成侧身站位，然后采用三步并步后退或交叉步后退（见图 15-13 与图 15-14）。

2）后退左后场。后退左后场正手绕头顶击球的步法基本同正手后退右后场步法，只是移动方向是向右后而已。

3）反手后退左后场。反手击球时，必须先使身体向左后转、背向网，在后退左后场时，无论是两步后退或三步后交叉后退都要注意这一点。

（3）两侧移动步法。

1）向右侧移动。两脚开立，右脚跟稍提起，上体稍倒向左侧，左脚掌内侧用力起蹬，右脚同时向右侧蹬跨一大步到位击球。若距来球较远，则左脚可向右垫一小步再起蹬，右脚同时向右跨一大步到位（见图 15-15 与图 15-16）。

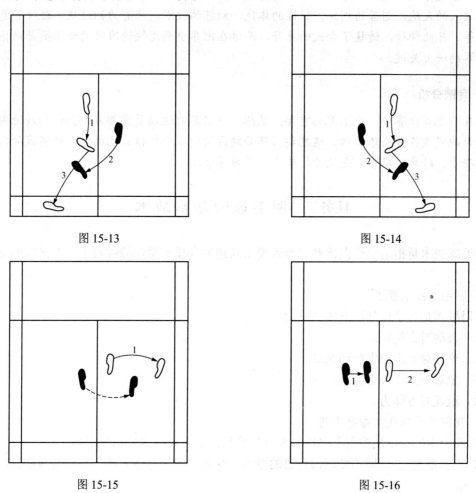

图 15-13　　　　　　　　　　　　　　图 15-14

图 15-15　　　　　　　　　　　　　　图 15-16

2）向左侧移动。两脚开立，上体稍倒向右侧用力起蹬，左脚同时向左蹬跨一步到位击球。离球较远时，左脚可先向左移一小步，然后向左转身，右脚向左（前交叉）跨大步（背向网）到位同反手击球。

（4）起跳腾空步法。

步子到位后，为了争取战机和更高的击球点，用单脚或双脚起跳，居高临下，凌空一击，称为起跳腾空击球，在上网、后退和两侧移动中都可运用腾跳步。一般说来，腾跳步较多用于向左、右两侧进行跳起突击。当对方打平高球（弧线较低）球从右侧上空飞向底线时，用左脚向右侧蹬地，右脚起跳，上体向右侧上空腾起截住来球，突击扣杀对方空当；当球从左侧上空飞向底线时，则右脚向左侧蹬地，右脚起跳，用头顶击球法突击。在正手后退步法中，步子到位后，也可以右脚起跳腾空击球。击球后，左脚后摆在身体重心的后面着地，一经制动缓冲，便应立即回动至中心位置。

🖢 案　例

我国选手林丹是中国男单夺冠最多的运动员，同时他也是拥有奥运会、亚运会、世锦赛、全英赛、世界杯、总决赛、苏迪曼杯、汤姆斯杯八大满贯于一身的世界羽坛第一人！过人的天赋，刻苦的训练，强悍的体能，细腻的技术，强有力的进攻，过硬的意志品质等，凡此种种，铸就了今天的林丹，而他在比赛中利用快速准确的步法更是助他赢得冠军的一大关键。

Y **案例分析**

在羽毛球比赛中，步法尤为重要。试想，一名单打运动员需要在 $35m^2$ 的场地内，来回奔跑完成各种击球动作，这就要求其必须得快速准确根据自己的特点及实战的需要完成蹬步、跨步、跳步、交叉步、垫步、并步等步法。

任务三　羽毛球的基本战术

羽毛球战术是指运动员在比赛中为表现出高超的竞技水平和战胜对手，而采取的计谋和行为。

1. 羽毛球战术要求

运用战术是为了达到以下四个目的。

（1）调动对方位置。

（2）迫使对方击出中后场高球。

（3）使对方重心失去控制。

（4）消耗对方体力。

2. 我国羽毛球战术指导思想

"以我为主"、"以快为主"、"以攻为主"是我国羽毛球战术的指导思想。

（1）"以我为主"。即不要脱离自己的技术、身体技术、身体素质、心理素质和打法等去选择战术。

（2）"以快为主"。即在战术的变化和转换上，要体现"快"的特点。如发现对方技术战术的优、缺点后，改变战术要快、要及时；由攻转守、由守转攻或由过渡转为进攻，由进攻转为过渡的速度要快，要抓住有利时机迅速转换。

（3）"以攻为主"。即在制定战术时，要强调进攻的主导思想。在防守时也要强度积极防守。

3. 单打战术

（1）发球抢攻战术。发球不受对方干扰，发球者可以根据规则，随心所欲地以任何方式将球发到对方接球区的任意一点。善于利用多变的发球术，能先发制人，取得主动。以发平快球和网前球配合，争取创造第三拍的主动进攻机会，组成了发球抢攻战术。

（2）攻后场战术。采用重复打高远球或平高球的技术，压对方后场两角，迫使对方处于被动状态，一旦其回球质量不高，便伺机杀、吊对方的空当。

（3）逼反手战术。一般来说，后场反手击球的进攻性不强，球路也较简单。对于后场反手较差的对手要毫不放松地加以攻击。先拉开对方位置，使对方反手区露出空当。然后把球打到反手区，迫使对方使用反拍击球。

（4）打四点球突击战术。以快速的平高球、吊球准确地打到对方场区的四个角落，迫使对方前后左右奔跑，当对方来不及回中心位置或失去重心时，抓住空当和弱点进行突击。

（5）吊、杀上网战术。先在后场以轻杀配合吊球把球下压，落点要选择在场地两边，使对方被动回球。若对方还击网前球时，便迅速上网搓球或勾对角快速平推球；若对方在网前挑高球，可在其后退途中把球直接杀到他身上。

4．双打技术战术

（1）攻中路战术。当对方左右并列站位时，中间是和同伴双方易出矛盾的地方，攻其中路，使其失误或乱其阵脚，从而获得主动，出奇制胜。

（2）避强打弱战术。如果对方 2 人技术水平有差别，可重点进攻弱者，让强者难于攻击。如果强者争打来球，场上容易出现空档，可攻之。

（3）后攻前封战术。保持前后站位，后场连续大力扣杀，前场同伴伺机封杀。

（4）快攻压网战术。左右分边站立，以平抽、平快打、杀球为主，压在前场进攻。

任务四　羽毛球比赛方法及规则简介

羽毛球比赛分男子单打、女子单打、男子双打、女子双打、混后双打、男子团体和女子团体七个项目。

团体赛多采用五盘三胜二制，单打和双打每场比赛采用三局二胜制，不受时间限制。

双打和男子单打都以 15 分为一局。当双方打成 13 平时，先得 13 分的一方有权选择再赛 5 分或按原规定赛完 15 分；当出现 14 平时，先得 14 分的一方有权选择再赛 3 分或按原规定赛完 15 分。经选择再赛后，任何一方先获得 5 分或 3 分，则胜此局。女子单打是 11 分为一局。当出现 9 平时，先得 9 分的一方，有权选择再赛 3 分或按原规定赛完 11 分；当出现 10 平时，先得 10 分的一方有权选择再赛 2 分或按原规定赛完 11 分。

每赛完一局，或在第 3 局（决胜局）中有一方先得 8 分（女子单打为 6 分）时，双方必须交换场地。

羽毛球比赛时，发球方胜球得分，输球不失分，换由对方发球；接发球方胜后只得发球权不得分。

单打比赛中，发球方的分数为零或偶数时，双方都站在右发球区发、接球；分数为奇数时，双方都站在左球区发、接球。双打比赛中，每方都有两次发球权，两名队员依次轮流各发一次，但每局比赛开始先发球的一方只有一次发球权。当一方获得发球权时，不论得分是奇数还是偶数，都由站在右发球区的队员先发。发球方每得一分，同队两队员互换左右发球区，由原发球员继续发球，而接球方始终保持原站方位，不得互换。当第二次发球输球后，发球权交给对方。双方比赛进行中，除发球和接发球外，可由任一队员进行还击。发球员发球时脚不得踩线、移动或离开地面。击球的瞬间，球的任何部位不得高于腰部，球拍框应明显低于发球员手部，违者判发球违例，接球员应站在发球区内，在对方完成发球动作前，不得过早移动。一人不得连续击球两次，否则判"连击"违例。比赛中，身体、衣服或球拍不得触及球网或网柱。不得有阻挠或影响对方击球的动作和行为。球击落在地线外即为球出界，球落地时，如球托或羽毛的任何部分压在线上，则属界内球。发球时，球不到前发球线或双打过了双打后发球线，或发错区均判作"界外球"。发球时，球擦网顶落在合法发球区内为好球。

❓ 重 点 小 结

（1）羽毛球的接发球技术在羽毛球项目体系中占有极其重要的地位。接发球技术的质量好坏，关系到整个比赛的成败。

（2）在羽毛球运动中，极为重视脚步移动的训练，"拍型"的控制和调整，其对击出球的准确性和实现战术意图至为关键。

（3）羽毛球运动的一个显著特点是在比赛中，双方运动员的制约，最终是通过判断、移动和击球的速度、力量、落点这几个要素来实现的。平时进行基本功和技、战术训练击球时要尽量做到快、准、狠、变。

课 课 练

（1）身体素质练习：十米折返跑、俯卧撑练习；交叉步、滑步、跨步练习；哑铃练习；一分钟单摇、双摇跳绳计时练习。

（2）专项技术练习：正反手发球练习；推、抹、搓、吊、扣球练习。

项目十六

网　　球

【学习目标】

1. 知识目标

（1）了解网球运动发展的概况。

（2）学习掌握网球握拍、挥拍的方法、特点和常用的步法。

（3）掌握网球的几种基本技术动作要领。

（4）了解网球运动的基本战术和战术的特点。

2. 技能目标

（1）能基本掌握网球运动的基本技术。

（2）掌握网球的基本战术要领，在实战中能合理运用。

【运动提示】

（1）要多加强步法移动、臂力及协调的各项身体素质的练习。

（2）在基本技术的练习中要多做徒手挥拍及对墙挥拍击球练习，发球练习等。

（3）在练习中要带着战术意识去练习，学习掌握真正实用的技术。

（4）重要技术要经常练、反复练，做到好上加好。

【项目任务】

（1）掌握网球的发球、接发球、削球等基本动作。

（2）掌握网球的发球抢攻、削球等基本技术。

【项目实施】

任务一　网球运动概述

了解网球运动　感悟网球魅力

网球运动是一项古老而又时尚的体育运动，它以丰富的文化内涵和魅力，深受人们喜爱。因此，它是一项老少皆宜的体育项目，它不仅具有悠久的历史，同时又随着经济的发展和人们生活水平的提高，不断得到普及和发展。网球具有深厚的文化底蕴，它出身高贵，具有贵族的血统，同时个性张扬，时尚前卫，充满着动感和挑战极限的魅力。纵观网球运动的发展状况，我们不难看出网球在欧洲各国已经开展得如火如荼，在我国也是方兴未艾，发展势头十分迅速，越来越受人们喜爱。网球运动也朝着充满生机与活力，更加健康的方向发展。竞技水平，网球人口，场地建设，各级赛事的频率和质量都得到了很大的提升。尤其是在雅典奥运会上，我国选手获得女双冠军；2008 年北京奥运会成功举办，并且中国队郑洁和晏紫拿下网球双打冠军。各种高水平赛事移师中国，凸显了中国网球运动的发展潜力。而高校网球运动以其独特的魅力，在丰富校园文化、促进高校精神文明建设、培养大学生终身体育锻炼思想的过程中发挥着积极的促进和推动作用。

与其他体育项目相比较，网球的艺术反映在，它是一种技巧性很强的对抗。运动员在打球动作的前后左右，真真假假的变化中，体现了"快、准、变、狠"的网球艺术，把全场观众的注意力全部集中到网球的这种艺术中。同时网球比赛中战术灵活，巧妙的战术运用，无疑是一种艺术的创造。

现今越来越多的人参与到网球运动中，有的人可以投身竞技运动作运动员，提高自身的体育运动技术水平；有的人可以把体育锻炼作为一种闲暇时的娱乐和健身，甚至社会交往的一种方式；有的可以通过体育运动治疗疾病；有的人可以通过体育运动放松紧张的神经，提高工作效率；老年人可以通过体育活动延缓衰老，提高生活质量。

目前我国部分高校也开设了网球课，学生对网球课的兴趣很高。现代大学生希望参与网球运动的目的，除了强身健体，陶冶情操的需要外，还可通过这一时尚、高雅的运动来反映自己不断追求的社会进步与文化修养。这反映了当代大学生朝气蓬勃，积极向上的心态及对新生事物更深刻的理解。

网球运动起源于法国，成熟于英国，1885 年传入我国。现在网球运动已盛行全世界，被称为世界第二大球类运动。当今世界最高水平的网球四大赛事：①温布尔顿网球锦标赛，地点伦敦，每年 6～7 月举行（草地）；②法国网球公开赛，地点巴黎，每年 5～6 月举行（粘泥沙地）；③美国网球公开赛，地点在纽约，每年 8～9 月举行（硬地）；④澳大利亚网球公开赛，地点在墨尔本，每年 1～2 月举行（硬地）。世界正式团体赛，男子为"戴维斯"杯，女子"联合会"杯。

任务二 网球的基本技术战术

一、基本技术

1. 握拍

在网球运动中，正确的握拍非常重要，它直接关系到击球的质量。握拍方法有"东方式"、"西方式"、"大陆式"三种。为能清楚地说明各种握拍方法，需了解拍柄各部位名称。拍柄是八边形柱体，如图 16-1 所示。8 个面的名称示于图 16-2 中。

（1）东方式正、反手握拍法。握拍时用左手握在拍颈处，把球拍位置体前，右手张开紧贴拍面，顺着拍面向拍柄后滑，并握好拍柄，拇指刚好高于中指面而低于食指，食指与其余三指自然弯曲握着拍柄下面，拇指与食指间的"V"形虎口恰好对在拍柄的上平面偏右的位置上（见图 16-3）。这是东方式正手握拍法。

东方式反手握拍法，是在正手握拍的基础上，将握球拍手沿逆时针方向旋转一个平面，使手掌的"V"形虎口略偏左侧，位于左垂直面与上平面的左斜面，食指关节在右上斜面的位置（见图 16-4）。

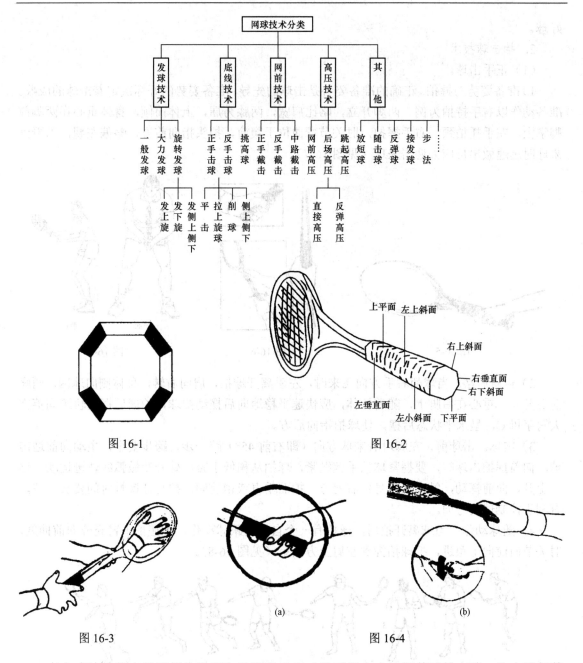

图 16-1

图 16-2

图 16-3

图 16-4

东方式法的优点是能保持拍面与地面的垂直，使手掌有力地握着球拍末端，为击球起着最大限度的杠杆作用，妥善处理好任何球。缺点是在反手击球时，必须变换握拍法。

（2）西方式握拍法。西方式握拍法是手掌的"V"形虎口对着拍柄上平面与右上斜面交接处，手掌中心贴在拍柄右垂直面，手腕稳固地紧靠在拍柄后侧右平面，大拇指关节在拍柄的左上斜面的位置（见图 16-5）。

（3）大陆式握拍法。大陆式握拍法是将手掌的"V"形虎口正对拍柄的左上斜面，大拇指扣压左垂直面，食指第一关节握住拍柄上平面边沿和右上斜面的位置（见图 16-6）。

大陆式握拍法是正、反手都能以不变的握法进行击球，缺点是腕力不足者不易打出好球。

2. 抽击球技术

（1）正手击球。

1）准备姿势与握拍。正确的准备姿势是击球的先导，准备姿势的好坏决定着击球的成败。准备动作以右手持拍为例。两脚开立，略比肩宽，两膝为屈，上体前倾，身体重心在两脚前脚掌上，左手托拍颈，右手握拍，肘关节弯曲位于腹前，拍头指向前方，略偏左翘，当看到来球时迅速做出反应去迎击来球（见图 16-7）。

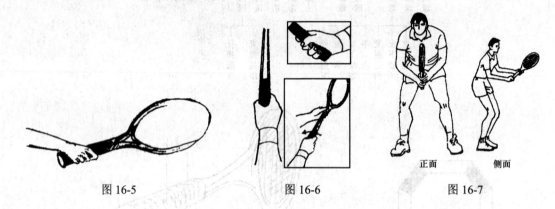

图 16-5　　　　　　　　　图 16-6　　　　　　　　　图 16-7

2）转肩后摆。当球朝右手方向飞来时，左手离开球拍，肩向右转，身体侧向球网，两脚前后开立，重心在后脚上，随着转体，应快速平稳地向后摆动拍球，拍球后摆的轨迹同英文大写字母 C，呈水平状态后摆，使球拍指向后方。

3）击球。击球前，左脚对着来球方向（即右前 45°）跨一步，跨步要早，主动向前迎击球。向前挥拍击球时，要握紧球拍手腕绷紧，球拍从稍低于腰部处开始做弧线轨迹运动，逐步上升，向前挥动，触球点在身体右前方，拍面垂直或稍前倾，拍与球接触时间要长一些，有利于控制球的方向。

4）随球动作。当球离开拍后，球拍有一个自然的跟球动作，使握拍手臂充分向前伸展，肘关节向前向上跟进，把球拍挥到左肩上方结束（见图 16-8）。

图 16-8

技术要点：①在击球过程中眼睛要盯住球；②挥摆球拍动作要快（早引拍）；③挥拍要以身体重心移动为中心；④身体要侧向，在右前方击球；⑤击球时身体重心下降，拍要低，击球后球拍高于肩，随球动作要自然。

（2）反手击球。

反手击球有单手击球和双手击球两种。反手击球与正手击球的准备姿势基本相同。

1）单手击球。当来球飞相反手方向瞬间，变换握法，采用东方式反手握拍。移动到位的最后一步，保持右脚在前，身体向左移动，侧身背对球网，球拍向左后挥摆，持拍手臂肘部适当弯曲，拍头翘起，挥拍击球时以髋带动肩右侧移动，击球点在身体左前方，拍触球时，手腕固定握紧，拍面垂直或稍后仰，击球时身体前倾。进行随挥动作时，转体约 45°，随挥到身体右倾前方，此时重心在前脚上，后脚跟踮起（见图 16-9）。

图 16-9

2）双手反手击球。双手反手握拍，右手握拍介于东方式和大陆式反手握法之间，左手用东方式正握拍法。这样可以固定拍面增强击球力量。

击球动作是在移动到最后一步保持右脚在前，身体右侧朝向来球方向，双手握拍向左后摆动，右臂伸展、左臂弯曲，迎球中挥臂与转体配合，球拍由低向高挥动，击球点在髋前，触球时握紧球拍，拍面垂直或稍后仰击球中部，击球后双手随挥至右侧头部最高（见图 16-10）。

图 16-10

技术要点：①迅速移动，决定左脚的位置；②注视来球，同适应快速上步；③腰部扭起幅度要大；④肘关节伸直，手腕要紧张。

3. 发球

发球是比赛开始的第一个动作，有效地发球具有较高的攻击性，并在速度、力量、旋转和落点等方面不断变化。发球包括平击发球、切削发球、旋转发球。

（1）握拍与站位。采用大陆式握拍法，发球时要求站在端线后 5cm 处，身体放松，两脚前后开立与肩同宽，前脚与端线大约成 45°，身体侧面对着球网，重心放在后脚上，持拍手和抛球手在体前垂下（见图 16-11）。

（2）抛球与后摆。开始时，两手运动应是"同上同下"，抛球要使球平稳地离开手指。这时右肘弯曲，使球拍在背后下垂，双脚微屈，上体稍后仰。

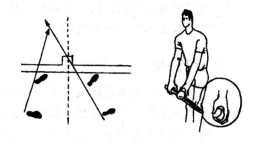

图 16-11

（3）击球。当球拍向上挥动击球时，手臂充分伸展，双腿蹬地，腰部由后仰随手臂向前压，使手臂、腰和腿同时用力作用于球拍击球，击球时相应的拍面去接近球，击球点是在抛球至最高点而刚开始下落的瞬间。

（4）随球动作。击球后，球拍向右下挥过身体，为加力右脚可跨入场（见图 16-12）。

技术要点：①抛球方向合适，抛球点高；②屈膝，身体背屈，重心在后；③击球时作扣腕动作；④球拍应斜挥过身体，结束于异侧下方。

图 16-12

4．接发球

接发球属于打落地反弹球技术。接发球时，应根据对方发球的实际情况采用相应的接发球方法。要想接好发球，应注意：①当对方发球时，眼睛要一直盯住球；②重心应偏前，并在身前击球；③明确接发球的目的是使球"活着"，不要盲目地追求没有可能性的"直接得分"。

🍃 案　例

在网球运动中，发球与接发球在网球比赛中是具有特殊意义的。发球是进攻得分的开始，只有将发球的力量、速度和落点有机地结合起来，才能充分发挥发球的威力，给对手以强大的压力，干扰对方的判断使其接发球质量降低；而接发球在势态上是被动的，受发球方的制约，因而接发球技术首先要有预见性、判断性、速度旋转等。其中击落地球技术能发展球员在底线与对手相持周旋的本领，逼近网前及网前的凌空截击技术能有效的破坏对方的防线，致对方被动。反之，若不具备发球与接发球技术，那么你将永远被隔绝于真正的网球比赛之外。

🏸 案例分析

总体来说，发球是进攻、得分的开始；接发球是网球比赛开始后的第二拍球，成功的接发球是比赛延续的保证。具体来说应注意以下几点：

（1）发球要有力量，落点准，寻找对手的弱点。

（2）接发球首先要判断准确，回球要具有攻击性。

（3）加强切削接发球练习，控制比赛的节奏。

5．截击球

截击球是在球落地前击打空中来球的一种方法。截击球包括正手截击和反手截击两种。截击球应注意：①后摆中幅度小；②拍头与双眼尽量同来球保持同一高度；③在身体前击球。

6．高压球

高压球用以对付对手挑高球。高压球技术类似发球，在头顶上方用扣杀动作还击来球，堪称击球中的"重炮"。用高压球要注意快步上前，击球时要果断，有信心。

7．挑高球

挑高球是进攻和防守的双重武器。防守性挑高球的弧度很高，从而反应的时间，占据有利位置。进攻性挑高球用以对付飞速上网的对手，采用突然袭击方式，使对方难以到位救球而失分。

8．步法

在各种击球中，人与球需要保持一个适当的距离和适当的站位，才能得心应手的打出各种好球，因此步法移动是否迅速、灵活，确实至关重要。步法有开放式、闭锁式、交叉式、退步等。

（1）开放式步法（正手移动步法）。从准备姿势起动，一右脚为轴，向右转体转肩，左脚向前方迈出，使左肩对网，迈出左脚较右脚在左侧场地，身体呈开放姿势。

（2）闭锁式步法（反手移动步法）。从准备姿势起动，以左脚为轴向左转体转肩，右脚向左前方迈出，步子较大。超过左脚落在左侧场地，使右肩甚至右肩胛骨对网，身体呈闭锁式姿势。

（3）交叉步步法（左或右）。距来球较远，采用左右交叉步移动方法，即异侧脚先动。

（4）后退移动方法。当距网较近，而来球远于击球位置时采用的方法。

✐ 案　例

2011年6月4日，在备受国人关注的法国网球公开赛的女单决赛中，中国金花李娜在拿下首盘后，又在第二盘末段成功顶住了卫冕冠军、意大利名将斯齐亚沃尼的顽强反击，最终以6:4、7:6的比分胜出，创造历史，成为第一个捧起网球大满贯赛单打冠军奖杯苏珊·朗格朗杯的亚洲选手，书写了中国网球灿烂的辉煌时刻。为此，新闻媒体精心挑选了李娜在本次决赛中包括截击球在内的五佳球。

✿ 案例分析

截击球，特别是网前截击球的运用，技术要求极高，它是接发球技术中的重要环节之一。如何截击好空中飞来的球，需要做到以下几点：①判断准确；②后摆中幅度小；③尽量使拍头与双眼在同一高度上。

二、基本战术

网球战术有发球战术、接发战术、底线战术和上网战术等。

1．发球战术

针对对方的弱点，用不同的发球方法。第一次发球多用大力平击，以加大力量和速度，造成对方接球上的失误。第二次发球要求有所不同，但要注意球的落点和准确性，避免再次失误。

2．接发球战术

接发球时一般站在对手发球扇形面角度平分线上，但应根据自己正手、反手情况适当地调整，以便更有利于用较强的一侧接发球。

3．底线战术

多采用长抽攻击对方弱点，逼右攻左或反之，或长抽短吊，直线突变斜线等。

4．上网战术

掌握上网时机一般抓以下几点：①发球后上网，发急速旋转球后，借助球在空中飞行时间较长的特点，能使自己有足够的时间向前移动上网；②随球上网，即乘机上网，击球后使对方回球困难的前提下，给自己创造上网的机会。

重点小结

（1）网球的发球与接发球是网球项目的重中之重。

（2）网球发球讲究力量和速度及准确性，发现对方的弱点，干扰对方的判断；接发球是网球的核心，因而要有预见性、判断性、速度旋转，从而控制比赛的节奏，争取比赛的主动权。

（3）网球是一项力量、多变的运动。比赛是受对抗双方运动员的相互制约，平时训练加强基本功和技能的练习，击球要尽量做到快速、准确、变化。

课课练

（1）身体素质练习：折返跑、俯卧撑练习；交叉步、滑步、跨步练习；哑铃等练习。

（2）专项技术练习：正手大力发球练习；正、反手回球练习；切削球练习。

项目十七

游　　泳

【学习目标】

1. 知识目标

（1）了解游泳运动的概况。

（2）学习掌握游泳运动的"划水"、换气等技术。

（3）掌握游泳的几种基本技术要领。

（4）学习了解游泳卫生与救护。

2. 技能目标

（1）基本掌握游泳运动的基本技术。

（2）掌握游泳的各项泳种的技术要领与要求。

（3）掌握游泳的救生技巧。

【运动提示】

（1）要多加强手臂的划水练习、双腿打水练习。

（2）加强水中呼吸练习、臂和腿的协调配合练习。

（3）要注意水质的卫生与游泳的救生防范。

【项目任务】

（1）掌握游泳的基础知识和规则。

（2）掌握各泳种的技术要领，在实践中合理运用。

（3）掌握正确的救护知识和选择游泳场所。

【项目实施】

　　游泳是人们喜欢的水中体育运动，它不仅能增强体质促进身心健康，使形体健美，而且对生活、学习、工作都有着极其有益的帮助，是当代大学生应该掌握的一项健身技能。

任务一　游泳运动概述

进入游泳世界　体验泳姿魅力　享受水中快乐

　　我国培养出的男女游泳名将有张琳（2009 年世锦赛 800m 自由泳冠军）、孙杨（男子 1500m 自由泳世界纪录保持者）、叶诗文（2011 年世锦赛 200m 混合泳冠军）、罗雪娟（2004 年雅典奥运会女子 100m 蛙泳冠军）、刘子歌（2008 年奥运会女子 200m 蝶泳冠军）等。他（她）们为中国的游泳运动作出了特殊贡献。

游泳运动被称为肺部体操，游泳时人的胸部受到 12～15kg 的压力，呼吸困难，迫使人用力呼吸，加大呼吸深度，这样吸入的氧气量才能满足机体的需求。游泳促使人呼吸肌发达，胸围增大，肺活量增加，对健康极为有利。

经常游泳的人，心肺功能极好。一般人的心率为 70～80 次/min，每搏输出量为 60～80ml。人在标准游泳池中跳步 20min 所消耗的热量，相当于同样速度在陆上的一小时。

人在游泳时，水对肌肤、汗腺、脂肪腺的冲刷，起到了很好的按摩作用，促进血液循化。

因此，游泳是人们喜欢的体育运动之一，是青壮年和当代大学生应该掌握的一项强身健体的基本技能。

一、游泳运动发展概况

早在远古时代，人类为了在布满江河、湖、海的环境中谋生，在生产劳动及同大自然作斗争中就产生了游泳活动。随着游泳活动的普及和游泳技术的发展，逐渐成为一种体育竞赛项目。在 1896 年第一届奥运会上，游泳定为正式比赛项目。

随着生产力的发展，人类游泳的目的，由为了生存获取生活必需品，发展到为生产、军事、政治服务。我国古代就以"矩游为乐"的方式训练水兵，近代"洋务派"兴办水师，游泳是训练的主要手段。在中国共产党领导下的苏区延安，非常重视开展游泳活动，广大群众以延河为"天然游泳池"，每年都举行游泳竞赛。新中国成立后，群众性游泳活动发展更快。相继出现了一些有特色的"游泳之乡"，如广东东莞。在普及的基础上，我国的竞技游泳水平发展迅速，特别是女子游泳项目，打破了欧洲人一统泳坛的霸主地位，跻身于世界前列。

近代的游泳竞赛项目，包括自由泳、仰泳、蝶泳、蛙泳、个人混合泳，4×100m 混合泳接力，4×100m 和 4×200m 自由泳接力。个人混合泳规定按蝶泳——仰泳——蛙泳——自由泳顺序游完全程。混合泳接力按仰泳——蛙泳——蝶泳——自由泳顺序进行。自由泳是指除仰泳，蝶泳和蛙泳以外的任何姿势。

在竞技游泳运动中，出现了短池和长池同步发展的局面，长池比赛已历经百年，各项技术已相当成熟，纪录也保持在较高水平。而短池比赛不过十来年的历史，为促进世界短池游泳比赛的发展，国际游联高举高悬赏金，对在第六届世界短池锦标赛中（2004 年 4 月 3 日至 7 日在莫斯科举行），每破一项世界纪录奖励 1.5 万美元。这在世界经济主导全球的今天，率先在竞技游泳中开了一个好头，将会使短池世界纪录的水平逐渐向长池世界纪录靠拢，最终两者达到某种程度的一致。

在游泳健身活动中，由于市场的调节，各种社会化馆池的建设已初具规模，管理正逐步规范。冬泳在全国各地大江大河中蓬勃发展。

二、游泳运动的特点及锻炼价值

游泳不同于陆地上的体育运动，它是在人所不习惯的水中的特殊环境中，以其肢体同水相互作用而运动的一种技能。由于水的温度、压力、阻力、浮力等特性的影响，游泳又能和水浴、日光浴、空气浴三者相结合。它不仅简单易行，而且适合男女老幼进行锻炼，是深受群众喜欢的运动项目之一。

据测定，水的导热能力比空气大 25 倍左右，在 18℃水中，人体每分散失 20～30cal 热量，如果在水中游完 1500m，所消耗的热量为 500kcal，则胜过 10km 滑冰或 5km 跑步所消耗的能量。由于游泳时机体能量消耗大，经常游泳能改善体温调节机能，提高机体的代谢能力。

游泳时胸部要受到 12～15kg 的水压，水的密度比空气的密度大 800 倍左右（水的密度为 1kg·L^{-1}）。水深每增加 1m，体表面积所受的压力则增加 0.1 个大气压/cm^2。经常参加游泳锻炼能增加呼吸肌的力量，扩大胸廓活动幅度，增大肺活量（运动员肺活量可达 4000～6000ml，一般人只有 3000～4000ml），提高呼吸系统的机能。

由于水温的刺激和压力，游泳时，人在水中呈水平位置俯卧或仰卧，以及水对身体的按摩作用，机体血液易流回心脏，有利于血液循环。长期游泳心脏会变得粗壮有力，工作效率提高。

经常游泳，不仅能改善神经系统机能，增强机体对外界环境的变化的适应能力，抵御寒冷，预防疾病，同时对体弱和某些慢性病患者是一种有效的体育医疗手段。

游泳时，所有的肌肉群和内脏器官都参与了有节奏的活动，能有效地提高肌肉的力量、速度、耐力、弹性和全身各关节的灵活性，发展身体素质，使身体得到全面匀称协调发展。

游泳不仅在人们生活、生产和国防建设上有很高的实用价值，而且经常进行游泳锻炼，可以培养勇敢顽强、勇于克服困难的意志品质和集体精神。

任务二　游泳的基本技术

一、熟悉水性

1. 要求

学会游泳并不难，与水为友是关键，掌握漂滑是起点，胆大心细才安全。

2. 方法

（1）水中行走。

技术要点：初学游泳莫贸然——先熟水性第一件——齐腰浅水走几遍——互相帮助要大胆。

（2）水中呼吸（见图 17-1）。

技术要点：头入水前张口吸——低头憋气体下蹲——水中稍停慢吐气——气吐尽后头抬起。

（3）抱膝浮体（见图 17-2）。

图 17-1　水中呼吸　　　　　　　　　　图 17-2　抱膝浮体

技术要点：吸气下蹲紧抱膝——放松漂浮不要急——两臂压水腿放下——抬起上体成站立。

（4）浮体滑行（见图 17-3）。

技术要点：脸入水前深呼吸——低头前倾臂前伸——身体平展猛蹬池——尽力放松前

滑行。

二、游泳的基本技术

1. 蛙泳

蛙泳因像青蛙动作而得名，蛙泳是最早的游泳姿势之一。

（1）动作要领：身体保持自然伸直，稍收腹塌腰，呈流线型，身体纵轴与前进方向呈5°～10°，稍抬头，眼睛注视水中前方，吸气时下颚露出水面尽量前伸，头不宜过高。游进时，身体俯卧水面，双手同时划一次臂，双腿同时蹬夹一次，呼吸一次。蛙泳的腿臂动作左右要对称（见图17-4）。

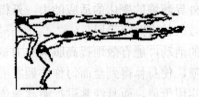　　　　　　　　　　　　　

图 17-3　浮体滑行　　　　　　　　　　　　图 17-4　蛙泳

（2）技术要点：①身体姿势：平（体平卧）——挺（稍挺胸）——收（略收腹）——塌（微塌腰）——抬（稍抬头）；②腿部技术：收（边收边分慢收腿）——翻（两腿外翻对准水）——蹬（向后用力蹬腿）——夹（并腿前漂停一会）；③臂部技术：抓水（两手向外侧下抓水）——划水（抬肘屈臂向侧下后划水）——收手（臂划至肩下快手）——伸臂（手臂快速尽量向前伸）；④呼吸技术：划手吸气——收肘憋气——伸臂吐气；⑤完整技术：两臂划水不动腿——收手同时又收腿——伸手一半蹬夹水——伸蹬以后滑一会——划水一般抬头吸——伸手慢呼不要急（见图17-5）。

（3）技术难点：臂和腿的协调配合。

（4）练习方法：①陆上、水中模拟臂、腿的动作六例（见图 17-6）；②陆上臂、腿、呼吸配合模拟练习二例（见图 17-7）；③水中埋头闭气做配合游进训练；④水中配合呼吸的完整练习。

🌿 **案　例**

　　齐晖曾和罗雪娟被共同誉为中国女子游泳的代表人物。从 2000 年开始不断刷新中国、亚洲及奥运会的 200m 蛙泳纪录，是当时世界女子 200m 蛙泳最有实力的选手。其中，在 2002 年 12 月 2 日国际游泳联合会世界杯系列赛上海站游泳比赛中，齐晖曾把所有选手都甩下至少一个身位，并以 2′18″86 的成绩刷新自己保持的女子 200m 蛙泳短池世界纪录。

🐋 **案例分析**

　　蛙泳，因姿势像青蛙而得名，是人类最早的游泳姿势之一。学习蛙泳必须要保持正确的身体姿势和良好的蹬腿技术，规范的划水动作及呼吸技术。它的技术特点如下：①身体姿势；②腿部技术；③臂部技术；④呼吸技术。即：双手均采高手肘来划水，双脚收到臀部之后单脚面来蹬水，换气时气在水里面吐出，头出水面来吸气，配合划一次水换一次气，蹬一次腿来前进。

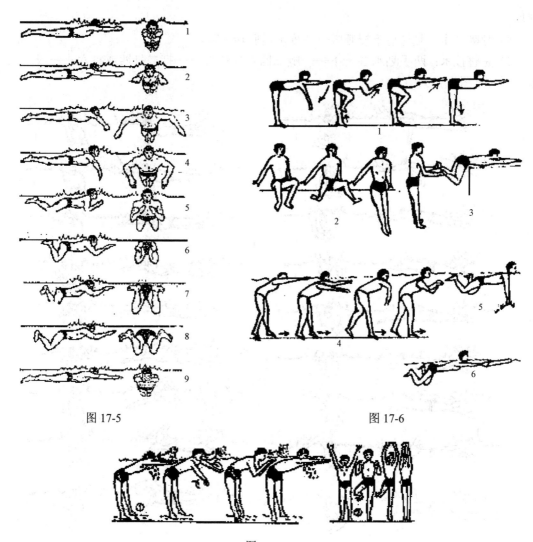

图 17-5 图 17-6

图 17-7

2. 自由泳

人们将过去的爬泳称为自由泳，近代游泳比赛中，自由泳的速度是所有游泳项目中最快的。自由泳通常是六次打腿、二次划臂、一次呼吸，这种配合比较适合初学者。

（1）动作要领：身体平卧水中，身体纵轴与水面呈3°～5°角，臂划水和转头呼吸，身体自然转动35°～40°。稍抬头，稍挺胸，两臂在体侧轮流向后划水，两腿连续打水，配合比例以六次打腿、二次划水、一次呼吸为宜。

（2）技术要点：

1）身体姿势：身体伸直成流线——水平俯卧似船形——胸部稍挺肩高身——水齐前额后脑露——髋腹要平两眼睁。

2）腿部技术：大腿发力带小腿——两腿交替鞭打水——打水要浅频率快——脚腕伸直要放松。

3）臂部技术：划臂前进引力大——肩前入水臂下划——转肩提肘快出水——前抱后推力

渐加。

4）呼吸技术：划至肩下慢呼吸——推水提肘转头吸。

5）完整技术：两手划水各一下——腿二四六任选打——打二打四或打六——或左或右吸一下（见图17-8）。

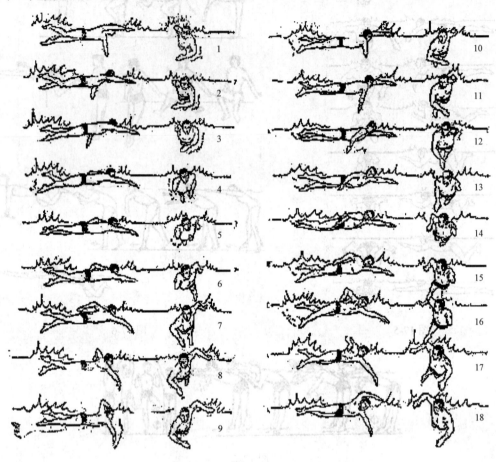

图 17-8

（3）技术难点：手臂的划水动作。

（4）练习方法：①陆上、水中模拟臂、腿动作八例（见图 17-9）；②陆上、水中模拟呼吸与臂的配合动作四例（见图17-10）；③蹬池底（边）闭气自由泳（见图17-11）；④配合呼吸的完整练习。

3. 仰泳

仰泳是身体较水平地仰卧水面，依靠两腿不停地上下交替向后方踢水，两臂轮流向后划水而游进的。仰泳速度仅次于自由泳和蝶泳。仰泳还常用于水中拖运较轻的物体，水中救人或长游。

（1）动作要领：身体几乎水平仰卧在水面，胸部自然伸展，与腹部成一直线，髋关节微曲，两腿较平地延伸。头部后脑浸入水，下颏微收，脸露出水面，眼视斜后上方，颈部自然放松，头部在游进时应始终保持正直姿势。两臂各划一次，呼吸一次。两臂于两腿的配合与自由泳一样。

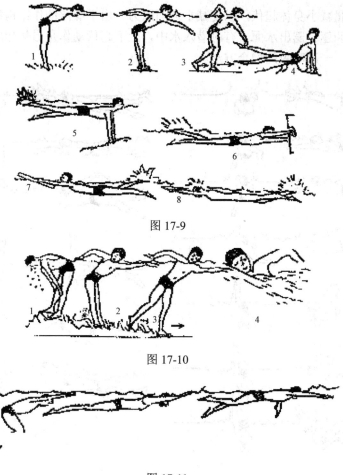

图 17-9

图 17-10

图 17-11

（2）技术要点：

1）身体姿势：平直仰卧于水中——头梗颏收脸露水——展胸收腹一直线——使身体成流线形。

2）腿的技术：大腿发力髋为轴——下压上提鞭打水——切勿膝脚露水面——动作连贯要自然。

3）臂的技术：肩沿线外手插水——伸肩扣水掌对水——屈臂划水至腰侧——小臂手掌快推水——以肩带动大小臂——空中前移臂前挥。

4）呼吸技术：用口吸气不用鼻——脚踢三次吸一口——再踢三次呼出气。

5）完整技术：六次踢脚二次臂——一踢臂入二划臂——三次踢腿臂前移——连贯动作以此类推（见图 17-12）。

（3）技术难点：手臂的划水动作。

4. 蝶泳

蝶泳是身体俯卧水中，依靠两臂经空中移臂入水后向后划水，躯干和两腿上下摆动而游进的。因躯干和腿的摆动像海豚，故又称海豚泳。

（1）动作要领：蝶泳随躯干和腿上下同时打水，近似波浪一样向前运动。在发挥腿的作用的前提下，尽量减小身体起伏，以便减小迎面阻力。由于蝶泳动作结构特殊，所以没有固定位置，有时头和躯干露出水面，有时潜入水中，上下起伏动作是自然形成的，蝶泳大致为二次腿，一次手，一次呼吸的配合方法。

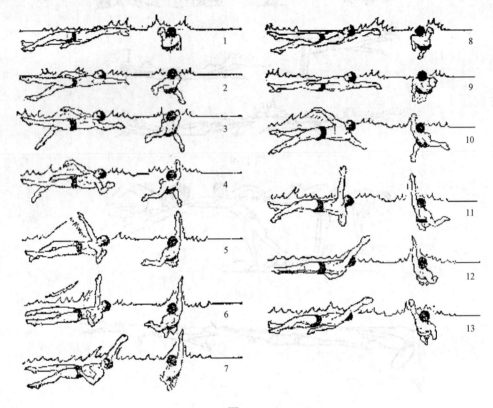

图 17-12

（2）技术要点：

1）躯干和腿：两腿并拢——脚掌放平——脚尖向里——腰腹发力——压肩提臀——腿鞭打水。

2）臀部技术：入水——抱水——划水——出水——移臂；入水：斜插入水——肩向前伸；抱水：手掌勾水——手似抱桶；划水：紧接抱水——肩带发力——带动大臂——向后推水——对着水面——呈双"S"形；出水：推水结束——惯性提肘——提出水面；移臂：臂出水后——大臂小臂——快速前摆——臂要放松。

3）呼吸技术：臂入水后——嘴慢呼气——划水结束——用力呼气——张嘴深吸。

4）完整技术：腿打两次——划水一次——呼吸一次（见图 17-13）。

（3）技术难点：躯干和腿的配合鞭打水。

三、出发与转身

1. 摆臂式出发

（1）动作要领：听哨声后，登台站好位，"各就位"时做好准备，听枪声迅速出发入水（见图 17-14）。

（2）技术要点："各就位"屈膝——枪响重心移——两臂用力摆——两腿蹬离台——身体

腾空滑——流线型入水。

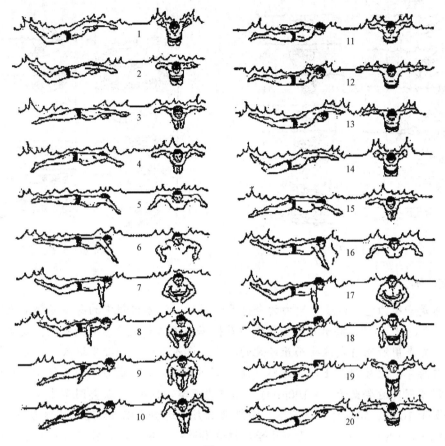

图 17-13

（3）技术难点：入水的角度。

（4）练习方法：①陆上模拟练习方法（见图 17-15）；②水中模拟练习二例（见图 17-16）。

图 17-14　　　　　　　　图 17-15　　　　　　　　图 17-16

2. 转身

（1）蛙泳转身技术要点。手触池壁——腿向下收——抬头吸气——两手离壁——向左转身——用力右推——向右甩臀——头肩入水——双脚蹬壁——身体滑行（见图 17-17）。

（2）自由泳转身技术要点（以右手扶池壁为例）。右手前伸——肘渐弯曲——身体左转——收腿屈膝——迅速深吸——蹬离池壁——开始滑行（见图 17-18）。

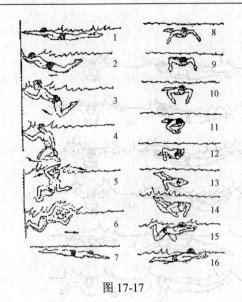

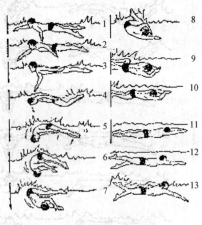

图 17-17　　　　　　　　　　　　　　　图 17-18

🍃 案　例

　　游泳是一项力量、速度和耐力的全身运动项目。游泳过程中的身体姿势呈流线型，即"直、平、尖、紧"，游泳的主要推进力是根据作用力与反作用力的关系。我国优秀运动员乐靖宜是用游泳自我抗病而开始她的游泳光辉人生的。她七岁进入上海体育俱乐部开始训练游泳，12 岁进入上海游泳队，16 岁调入国家队，其运动生涯成绩更辉煌：1992 年获巴塞罗那奥运会女子 4×100m 自由泳接力亚军，1993 年获美国布法罗世界大学生运动会女子 100m、50m 自由泳冠军，1993 年 8 月七运会上以 54″72 的成绩获女子 100m 自由泳冠军，1993 年 12 月在西班牙世界短池游泳锦标赛上共打破 5 项短池世界纪录，共获得 5 项冠军：50m、100m 自由泳分别以 24″23、53″01 夺冠，并与队友合作，分别以 3′35″97、3′57″73、7′52″45 的成绩获得女子 4×100m 自由泳、4×100m 混合泳、4×200m 自由泳冠军。并于 1994～1998 年期间皆获得了不错的成绩，尤其是曾于 1996 年获得了亚特兰大 26 届奥运会女子自由泳 100m 金牌。除此之外，乐靖宜曾先后多次被中国体育记者协会评选为亚洲"十佳运动员"称号、"建国 45 周年体坛 45 英杰之一"，国家体委授予体育运动荣誉奖章和体育运动一级奖章。

　　总的来说，游泳是一项老少皆宜的体育运动，只要了解它的属性，掌握它的技术要领，持之以恒的训练、练习，就可以达到强身健体的目的。

🌱 案例分析

　　游泳是水中体育项目，它是首先要克服身体重心浮力，然后做到上下肢配合的全身运动。下面以自由泳为例谈以下三点。

　　（1）屈臂曲线划水，屈臂高肘的曲线划水已是现代自由泳划水合理技术的重要特点。

　　（2）前交叉的两臂配合技术，从生物力学和角度作分析表明，较慢的划水速度更有效，它可使划水路线增长，而且可最大限度地节省能量，保持体力。

　　（3）自由泳时不仅要保持高、平、直的身体位置，还要利用躯干滚动来克服移臂时侧向摆动和减少游进时的形状阻力。

任务三 游泳卫生与救护

在群众性游泳活动和游泳课的教学活动中，游泳者应注意游泳卫生，并懂得游泳安全和掌握水中救护知识和技能，才能预防疾病、避免游泳意外和突发事故。

一、游泳卫生

（1）进行身体检查，特别是有某种慢性疾病但可以游泳的，须征求医生同意。

（2）由于水温和体温相差较大，下水前一定要做好热身运动，在身体上和心理上做好游泳准备。

（3）人体在饥饿时或刚进食和剧烈运动后不宜游泳。饥饿游泳会因体内糖分过低引起心慌、腹痛、头晕等不良反应；刚进食进行剧烈运动，会影响食物的消化和吸收，应该在饭后半小时之后再进行游泳，剧烈运动后游泳会引起感冒、抽筋、中暑。

（4）不宜长时间憋气潜泳，潜泳中不可打闹、开玩笑，不要在不明水域情况下进行潜泳。

（5）耳朵进水易发生化脓性中耳炎，排除水的方法是把头偏向有水的一侧，单脚蹦跳，同时用手扯耳垂，必要时，用棉花轻伸入耳中吸水。为避免结膜炎、鼻窦炎，在游泳后可用氯霉素、金霉素药水滴眼和鼻。

二、水中救护

水中救护是指发生水上事故时，对溺者和非溺者的救护措施，水中救护大致可分为间接救护和直接救护。

1．间接救护

在水中救护时，凡能使用救生器材的，则尽可能使用，特别是正在呼救、挣扎、离岸较近的人，一般是利用竹竿、浮球、救生圈、救生衣及木板进行救护。

2．直接救护

在不能使用间接救护或溺水者已昏迷，采用直接救护。在施救时，救护人员应注意以下三点。

（1）救护人员下水前必须观察溺水人被淹地点浮、沉情况。如溺水者已昏迷应先把他的脸托出水面，然后拖举。如溺水者挣扎，须从后部接近溺水者，以免被其抱住。

（2）救护者对水中情况不了解时，跳水的方法最好是腿部向下，切忌头先入水。救急流中的溺水者，应从溺水者的斜前方入水，朝溺者游去。如溺者已沉没，应迅速寻找。

（3）一般采用侧泳、反蛙泳将溺者拖带至岸边。

3．自我救护

（1）手指抽筋，将手握拳，用力张开，反复几次，直至消除。

（2）小腿或脚趾抽筋，用抽筋肢对侧手握住抽筋肢脚趾用力上拉，同时伸直抽筋腿。

（3）大腿抽筋，同样采用拉伸抽筋肌肉的方法。

三、水中解脱法

溺者挣扎时，只要抓住东西就不肯松手，救护人员也可能被溺者抱住，而不肯松手，救护人遇到这种情况，不可自我慌张，要沉着、冷静、尽早解脱。解脱方法通常有以下四种。

1．虎口解脱法

如手臂被溺者抓住，救护人员被抓住的手臂用力压溺者的虎口，可迫使溺者的手指松开。

2. 扳指解脱法

若溺水者从背后抓、抱，两臂未被抱住时可用力反扳溺者的中指。

3. 推扭解脱法

若溺者从前面抓、抱，两臂未被抱住时可推脱溺者下颌，或扭转溺者颈部。

4. 托肘解脱法

若溺者从前或后将身体及两臂抱住时，可采用把溺者的肘部下托，身体下钻。

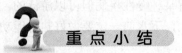

重 点 小 结

现代自由泳的技术特点如下：

（1）更注重水平基线，尽可能保持游进过程中身体的流线型；

（2）头的位置相对较低且相对稳定；

（3）手的入水点在肩的延长线进行；

（4）划水路线围绕着肩的延长线进行；

（5）注意肩的滚动与向前移动，动作发力点在于腰；

（6）抓水点远，高肘加速划水，推水不推到底，打退技术。

课 课 练

（1）身体素质练习：俯卧撑练习；哑铃练习；一分钟跳绳单摇、双摇计时练习。

（2）专项技术练习：直臂划水练习；屈臂高肘划水练习；水中换气练习；打腿练习。

项目十八

瑜　　伽

【学习目标】

1. 知识目标

（1）了解瑜伽运动的特点和健身的价值。

（2）学习掌握瑜伽的运气、柔等技术动作。

（3）掌握瑜伽的基本技术与练习方法。

2. 技能目标

（1）通过学习认知瑜伽运动。

（2）了解瑜伽对强身健体的作用。

（3）了解和掌握瑜伽的学练方法。

【运动提示】

（1）在练习中要抛弃杂念，结合自然，安全有效。

（2）掌握正确瑜伽运动的学练方法。

（3）学习、掌握腹式呼吸、胸式呼吸及各种练习姿势。

（4）掌握瑜伽的组合评价与考核。

【项目任务】

（1）练习者一定要掌握正确的呼吸，并抛弃杂念，注意力集中。

（2）练习中要循序渐进，练习项目按练习要求到位。

（3）了解掌握瑜伽运动的重点组合的评价与考核。

【项目实施】

任务一　瑜伽简介及健身特点

了解瑜伽　健康瑜伽　快乐瑜伽

"瑜伽"这个词，是从印度梵语"yug"或"yuj"而来，其含意为"一致""结合"或"和谐"。瑜伽是通过提升意识，帮助人们充分发挥体能的哲学体系，及其指导下的运动体系。瑜伽姿势是一个运用古老而易于掌握的方法，提高人们生理、心理、情感和精神方面的能力，是一种达到身体、心灵与精神和谐统一的运动形式。

瑜伽起源于印度。距今有五千多年的历史文化,被人们称为"世界瑰宝"。现代学者将瑜伽分为四个时期:①前古典时期;②古典时期;③后古典时期;④瑜伽的现代发展。

瑜伽的分类:正统的印度"古典瑜伽"包括智瑜伽、业瑜伽、信仰瑜伽、哈他瑜伽、王瑜伽、昆达里尼瑜伽六大体系。不同的瑜伽派别理论有很大差别。智瑜伽提倡培养知识理念;业瑜伽倡导内心修行,引导更加完善的行为;信仰瑜伽是将前者综合并衍生发展而来的;哈他瑜伽包括精神体系和肌体体系;王瑜伽功偏于意念和调息;昆达里尼瑜伽……这些不同体系理论的瑜伽,对于修习者来说都是通往精神世界的工具。

瑜伽的修持方法:①道德规范;②自身的内外净化;③体位法;④呼吸法;⑤控制精神感觉;⑥冥想、静止状态。七大要领:①我要呼吸;②我要热身;③我要感觉;④我要专注;⑤我要平衡;⑥我要持续;⑦我们要爱上瑜伽。

一、瑜伽简介

瑜伽是东方最古老的强身术之一,公元前起源于印度,在全世界流行。瑜伽一词源于梵文音译,有结合、联系之意,这也是瑜伽的宗旨和目的,即为达到冥想而集中意识之意。

19 世纪 60 年代在美国芝加哥的一次博览会上,一位名叫维夫卡南达的印度圣人展示了各种瑜伽姿势,首次向西方介绍了瑜伽并引起了西方世界的浓烈兴趣。此后的若干年里,许多信徒和斯瓦米们(即印度教哲人)从印度来到西方。今天瑜伽作为人类精神遗产被重新得到重视,他对人体的各个方面,如生理、心里、精神、情感等都起到良好的作用,并已作为一种健康有效地健身运动而风靡全世界。

研究学者将瑜伽的发展分为前古典时期、古典时期、后古典时期、现代瑜伽四个时期。

瑜伽的出现和发展,一直与印度的生活方式与哲学密切相关。然而从实际上讲,它一直与任何宗教信义或伦理保持分离状态,从不要求任何信仰系统接受它。他不是宗教,是生活哲学,它的目的是使身体和精神之间完美平衡的发展,以使得个体和宇宙之间完全和谐。

在印度,至今仍将各种修炼方法统称为瑜伽。瑜伽一词在欧美早已被人熟知,而在我国则是 20 世纪 80 年代才渐渐流传,这得益于一位瑜伽修炼者——张蕙兰(瑜伽名字是瓦伊史那瓦·达西)在中央电视台的大力推广。修习瑜伽姿势和瑜伽冥想能使人实现身体和精神两方面健康,具有悠久历史的强体健心的方式,多年来一直在世界各地广泛的传播和发扬。

二、瑜伽的健身特点

1. 抛弃杂念,净化心灵

瑜伽要求练习者在宁静的心境下,抛弃世间的一切烦恼,排除杂念,放松大脑,释放压力和紧张情绪,使我们的身心产生平衡和安宁,使心灵更易产生反思、灵感和创造意识。这就是瑜伽的一大特点。

2. 结合自然,愉悦身心

瑜伽讲求天人合一,要求练习者融入大自然的怀抱中,呼吸自然新鲜的空气。瑜伽修行者在大自然中仔细观察动物的习性,模仿动物的典型姿态,创造出了瑜伽体位法,并有许多姿势都被冠以动物的名称,如猫式、鱼式、狮子式等,意在获取动物身上神秘的力量——自然康复能力,以使人的精神和肉体保持健康状态。因此,练习完瑜伽后,不仅身体感觉到舒服,而且会有种愉悦的感觉。

3. 安全有效,方便易行

瑜伽的一些姿势从运动学的规律看是反关节的练习,是不利于健康的违例动作,但瑜伽姿势要求动作做的缓慢、用力均匀、步骤分明,每做一个练习都是放松有控制的,是以自身能承受的角度、幅度、力度进行练习,不超出自身的极限,没有强迫性,从而将伤害减小到最低限度。另外,瑜伽练习不需专门的器械和场地,只需保持空气流通、新鲜,周围安静即可,故非常便于练习。

✿ **案 例**

2011 年 4 月 5 日华西都市报报道,86 岁的成都金堂高志福老人自学瑜伽 22 年,这位高龄老人能坚持完成"双腿绕头"、"金鸡独立"等高难度动作。通过瑜伽练习,他从一个疾病缠身的人成为一个健康的人,由此可见瑜伽锻炼对促进人们身体健康的益处。

❦ **案例分析**

瑜伽来源于印度,动作简单易学,但是要求人们在练习时呼吸自如,心神宁静,排除杂念,练习过程中由浅入深,动作力度缓慢,用力均匀,循序渐进,持之以恒,就可达到理想效果。

任务二 瑜伽的基本技术与学练方法

一、瑜伽基本技术入门阶段的学练方法

(1)腹式呼吸。舌头顶住硬腭,再将嘴合拢。用鼻子深深地吸一口气,并使肚皮鼓胀,然后再缓缓呼气的同时收缩肚皮。初习者呼气和吸气的时间比一般应保持 1:1 的比率;中级课程的训练者应将吸气、屏气、呼气的时间比保持在 1:1:2 的比率;高级训练者以保持在 1:4:2 的时间比率。刚开始的时候可能会产生很多杂念或者感到疲惫,但这个时候千万不能屈从,一定要将意识集中于一处,并保持大脑清醒。这样,意识就会渐渐平定下来,同时也会感到全身舒畅。这一腹式呼吸法是瑜伽的核心内容。因此,初习者一定要勤加练习。

(2)胸式呼吸。气息的吸入局限在胸的区域,气息较浅,这种呼吸宜做针对性较强的动作(如上背部和胸部的动作)。方法:呼吸时,意识集中于肺部,缓缓吸气,感觉自己的肋骨向外扩张,气息充满胸腔,保持腹部的平坦;缓缓呼气放松胸腔,将气呼尽。

二、瑜伽入门阶段的基本组合

1. 半莲花坐姿

坐姿,先两腿前伸,屈左腿,左脚掌紧贴右大腿内侧;把右脚踝放在左大腿根部,脚心向上,脚跟触及骨盆。初学者可能会出现右膝盖翘起很高的情况,可将右手放在右膝盖上,坐一段时间后右膝会自然下沉。左右两腿交替练习,时间逐步增加。

功效:放松腿、髋、膝、踝关节,有助于缓解关节僵硬,预防风湿病,增强骨神经功能。

2. 过渡姿势

双腿分开,脚心相对,双手置于膝盖上,轻轻向下按动;两腿并拢向前伸直,放松双脚,轻轻抖动双脚，直至下肢松弛。

3. 前屈

坐姿，两腿分开，两手载体后扶地；屈右腿，右脚抵住左大腿根部，脚尖尽量贴近会阴处。吸气，两臂向前伸展，双手拉住左脚踝，左脚尖向前勾起；呼气，两臂伸直，低头拱背前额尽量靠近左膝盖，自然呼吸，保持 15s；吸气，挺胸抬头，小腹前顶，自然呼吸，保持 15s；呼吸，放松，上体自然下放，尽量水平贴近左腿，保持顺畅的呼吸；屈左腿，按照上述的方法，练习右侧。

4. 分腿正前屈

坐姿，两腿向前伸直，尽量打开，两臂自然前伸，放在两腿中间。吸气，背部上提、拉长；呼气，上体由髋关节向前倾，颈部拉长，缓缓呼气。伸展手臂、腋下、腰身及双腿，尽量将上体贴与地面，用胸腔呼吸，停留时间尽可能长一些。

功效：增加髋关节和大腿内侧的伸展性，背部得到伸展而变得更有力。

5. 放松背部

跪姿，两臂自然下垂，双手、两膝分开与肩同宽；重心向前移至中间，双臂和双腿与地面垂直；吸气，抬头挺胸；颈部拉长，腰身向下压，尽量伸展背部，调息 3～5 次；呼气，低头拱背，双手用力撑地面，背部向上舒展，调息 3～5 次。

功效：放松背部，缓解背部疲劳，增加脊椎的灵活性。

提示：重复 3～4 次这组动作，交替凹凸你的脊椎。配合好呼吸，将有助于巩固你的背部与腹部肌肉。

6. 半驼式

两膝及小腿着地，两腿分开与肩同宽，背部直立，双手撑腰，肩关节打开；吸气，背部拉长，髋部前顶，让脊椎自然后弯，舒适的向后伸展背部，停顿数秒，缓缓将气呼尽；再次吸气时，将背部上提，上体还原，调息 2～3 次，如此向后伸展 3 次。注意，让背部韧带达到一定的柔韧度后，可将右脚尖踮起，上体侧向右后方，右手抓住右脚跟。左臂向前方升起，仰头，眼睛顺着左手指向上看，髋部和腰身前倾，左右手臂在一条直线上，保持数秒钟，用胸腔呼吸；还原，将左脚尖踮起，按照以上方法，反方向做一遍。还原，上体前倾，双手撑地，重心后移，臀部着地，放松腰身，双手支撑于体后两侧，变跪姿为坐姿；小腿紧靠大腿，双手用力一撑，重心落于双脚，可顺势站起。

功效：增加脊椎的弹性，滋养脊椎神经，有助于驼背、含胸等。

7. 树式

立姿，保持脊柱自然中正。

吸气，曲右膝，调整身体平衡，用左脚抓住地面；呼气，打开右髋，右脚掌尽量顶住左大腿根部；如一时无法做到，可调整高度，顶在左膝内侧；吸气，两掌合于胸前，慢慢的呼吸，调整平衡，稳定腰身；深深吸气，两臂向上伸展，举过头顶；感觉到自己变成一颗在苗壮成长的大树，身体随着呼吸慢慢上提，无限伸展。呼气，放松肩膀、背部、腰身，慢慢收回手臂及右腿，还原成立姿。吸气，曲左膝，反方向再做一遍。

功能：调理、强化肌肉，增强平衡感。

提示：平衡姿势看起来是静止的，实际上是动态过程。平衡重要保持平和、连续的呼吸，以使身体充满生机和活力。

8. 眼镜蛇式

俯卧，双脚并拢，脚背着地，收下颌，额头触地，弯曲手肘，双手平放胸侧，调匀呼吸。吸气，下颌慢慢抬高，头部向上后仰，上身同时慢慢离开地面（感觉是把脊柱一节一节向后弯曲，用腹肌力量而不是用臂力）肚脐与腹部着地，眼望前方；吐气，双臂伸直，背部继续往后弯曲，头部尽量后仰，腹部仍然贴地，眼望上方，眼球可同时左右转动；放松，上身按从骨盆、腰椎、胸椎、颈椎、下颌到额头的顺序慢慢还原到坐姿，重复练习 3 次。

功效：促进甲状腺与肾上腺机能正常，消除疲劳，增加心脏和肺活量，舒缓身心。更可强化肩、颈、背部肌肉，具有健胸、收腹和美化背部的功效。

提示：练习此式时不可用爆发力，要尽量使身体处于舒适状态。

9. 放松姿势

仰卧，身体放松，两臂和双腿自然分开，闭上双眼；自然调整呼吸，慢慢舒展双肩、手臂、背部、腰部和双腿，用心体会身体的变化。慢慢恢复你的意念，吸气，双腿并拢，弯曲；呼气，双腿一起倒向右侧，头转向左侧，舒展背部。吸气，双腿回到中间；呼气，双腿一起到向左侧，头转向右侧，舒展背部；吸气，双腿回到中间，双手抱腿，注意力放在腰、背、脊柱及脊柱两边的肌肉上，身体慢慢左右摆动，自然呼吸，放松背部肌群；双腿回到中间的位置，吸气，背部带起，前额碰膝盖，将全身缩成最小的团；呼气，全身向后滚动，放松脊柱神经；放松，用腰、背、手臂力量带动上身坐起。

体位：一套瑜伽体位练习，最后以放松姿势结束，以便进一步学习瑜伽呼吸和冥想。

🖋 案　例

瑜伽是一个通过提升意识，帮助人们充分发挥潜能的哲学体系及其指导下的运动体系。瑜伽姿势是一个运用古老而易于掌握的方法，提高人们生理、心理、情感和精神方面的能力，是一种达到身体、心灵与精神和谐统一的运动形式。王媛，中国著名瑜伽导师，印度瑜伽文化传播者，"全国十佳瑜伽明星教练"之一，"特殊贡献奖"获得者。1998年获"全国一级健美教练"称号。2000年开始在中国北京、广州、上海、香港等地研习瑜伽并从事瑜伽教学工作。2003年在享誉世界的"中国瑜伽之母"张蕙兰老师教学体系下系统研习瑜伽，2004年开始多次游历印度温达文、瑞诗凯施、哈瑞多瓦、瓦拉纳西等古老瑜伽圣地。遍访名师精习瑜伽以及传统瑜伽文化。2004年获"全国十佳瑜伽明星教练"称号，2005年跟随南怀瑾老师的弟子王绍瑶老师修习禅学。同年在北京创办"天地心韵瑜伽中心"，致力于在中国的瑜伽文化传播事业，2006年经过多年在瑜伽领域的不懈努力，正式皈依印度最古老的、有5000年历史的梵天奉爱瑜伽传系，被授予梵文名字：奎师那·库玛瑞，正式成为真正进入印度瑜伽传系中的女瑜伽师。

🌱 案例分析

瑜伽的主要修持方法主要有以下五点。

（1）瑜伽强调道德规范。没有道德任何功法都练不好。必须以德为指导，德为成功之母，德为功之源。瑜伽道德基本内容：非暴力、真实、不偷盗、节欲、无欲。这是瑜伽首先要求修持者遵守的道德规范。

（2）自身的内外净化：外净化为端正行为习惯，努力美化周围环境；内净化为根绝七种恶习：欲望、愤怒、贪欲、狂乱、迷恋、恶意、嫉妒。

（3）体位法是姿势锻炼，能净化身心，保护身心，治疗身心。体位法种类不可胜数，他们分别对肌肉、消化器官、腺体、神经系统和肉体的其他组织起良好作用。不仅提高身体素质，还可以提高精神素质，使肉体、精神平衡。

（4）呼吸法是指有意识的延长吸气、屏气、呼气的时间。吸气是接受宇宙能量的动作，屏气是使宇宙能量活化，呼气是去除一切思考和情感，同时排除体内废气、浊气，使身心得到安定。

（5）控制精神感觉：精神在任何时候都首先处于两个相反的矛盾活动中，欲望和感情相纠缠，其次是同自我相联系的活动。控制精神感觉，就是抑制欲望使感情平和下来。集中意识于一点或一件事，从而使精神安定平静。

重点小结

（1）瑜伽是一个非常古老的能量知识修炼方法，集哲学、科学和艺术于一身。
（2）掌握练习瑜伽的技巧，避免对身体造成伤害。

课课练

（1）热身练习。
（2）呼吸练习。
（3）瑜伽练习。

项目十九

体 育 舞 蹈

【学习目标】

1. 知识目标

（1）了解体育舞蹈及其对人体健康的作用。

（2）掌握体育舞蹈的基本技术与练习方法。

（3）掌握体育舞蹈的学与练方法。

（4）学习了解体育舞蹈的重点组合与考核。

2. 技能目标

（1）能基本掌握体育舞蹈的基本技术。

（2）掌握体育舞蹈学练方法。

（3）学习掌握重点组合与考核要求。

（4）了解比赛场地与服装要求，头发：男子前不遮耳，后不过领及发须；女子不可披长发。

【运动提示】

（1）要经常加强身体各肢体的柔韧练习。

（2）掌握核心舞蹈技术的学习与练习的方法。

【项目任务】

（1）掌握核心舞蹈技术要点的学习和练习的方法。

（2）了解体育舞蹈比赛规则。

（3）掌握体育舞蹈音乐的选用。

【项目实施】

　　体育舞蹈是体育与艺术高度结合的一项新兴起的体育项目。它集娱乐、运动、艺术于一体，是文明社会里的一种高雅活动。

任务一　体育舞蹈简介

了解体育舞蹈　享受运动娱乐

　　体育舞，又称"国际标准舞"，由社交舞转化而来，是体育与艺术高度结合的一项体育项目，是一种男女为主体的步行式双人舞的竞赛项目。现代舞世锦赛于 1950 年举办，拉丁舞世锦赛 1960 年正式推出，此后合并于体育舞蹈。起源于 11～12 世纪的欧洲一些国家。

我国交谊舞于 1924 年的时候传入中国，如上海等几大城市和通商口岸。新中国成立初期，五、六十年代，交谊舞在中国非常流行，文革时陷入困境。随着改革开放的进一步深入，体育舞蹈在我国也进入了一个新的发展时期。外国专家学者纷纷来华讲学。表演、交流、培训，体育舞蹈迅速从北京、广州向全国推广。1993 年中国举办了第一次国际比赛——"中国上海、北京世界杯体育舞蹈锦标赛"。

中国体育舞蹈的发展：1984 年体育舞蹈传入中国；1986 年成立了"中国国际标准舞总会"；1987 年举办了第一届"全国国际标准舞锦标赛"；1989 年 8 月，国家体委成立了体育舞蹈俱乐部；1993 年 12 月举办了"中国上海、北京世界杯体育舞蹈锦标赛"（中国首次被认可的世界性公开赛）；1994 年"中国国际标准舞协会"和"国际标准舞学院"相继成立；1996 年 5 月，协会首次派考察团参加世界著名的英国"黑池"71 届舞蹈节。如今，体育舞蹈在中国已经非常流行，加上国家的重视，中国参加体育舞蹈英国黑池节比赛的选手已经非常多，水平也非常高。目前成绩从 21 岁冠军一直到职业明星，都能看到中国选手的身影，并且都能获得极为优秀的成绩。

一、体育舞蹈发展概况

舞蹈是一种动态性的非语言文字的人体文化。它产生于人类的生活、劳动和情感，起源于民间自娱性舞蹈，随着社会的发展，舞蹈种类、功能随之增多，于是出现了以教育、增强体质和社会交往为目的的舞蹈——交际舞。交际舞，又名交谊舞，又称为舞厅舞或舞会舞，也有人称为社交舞。最早的舞会舞蹈产生于 14～15 世纪的意大利，16～17 世纪流传到法国，并在那里得到了很大的发展。1768 年巴黎开办了第一家交谊舞厅，由此社交舞开始流行于欧美各国，成为一种普遍性的社交方式。19 世纪中叶华尔兹成为舞会的主要舞蹈。19 世纪末20 世纪初北美和南美的交谊舞打破了欧美舞种独霸天下的局面，出现了布鲁斯、慢华尔兹、狐步舞。第一次世界大战之后又出现了伦巴、桑巴等交谊舞，这一时期交谊舞发展的一个明显特征就是受黑人传统音乐、舞蹈文化的深刻影响。第二次世界大战后，英国皇家舞蹈教师协会又整理了拉丁舞蹈（拉丁舞蹈起源于拉丁美洲和非洲的民间舞蹈），并将它纳入国际舞范畴，列入正式比赛项目。至此，国际标准舞形成了包括十个舞种在内的现代舞系列和拉丁舞系列两大类，人们称之为当代国际标准舞。国际标准舞的诞生，改变了社交舞的完全自娱性质，引起了社会各阶层的极大兴趣，它的典雅风格和优美舞姿征服了世界舞坛，掀起了近一个世纪以来长盛发展的世界国际舞热潮。

我国交谊舞的历史可追溯到 20 世纪 20 年代初期，受西方文化的影响，交谊舞先后被介绍到上海、北京、广州、天津等大城市。20 世纪 50 年代初国内盛行内部舞会，通常由各地的工会、共青团、妇联组织舞会。1956 年以后，交谊舞陷入困境。1979 年 2 月，人民大会堂春节联欢会后，交谊舞复出，从此社会上再次掀起"交谊舞热"。20 世纪 80 年代初，随着改革开放的进一步深入，体育舞蹈在我国也进入了一个新的发展时期。外国专家及优秀选手纷纷来华讲学、表演、交流、培训，体育舞蹈迅速从北京、广州向全国推广。1989 年中国舞蹈家协会正式成立了"中国国际标准舞协会"。1991 年"中国体育舞蹈运动协会"成立，从此全国性体育舞蹈比赛每年举行一次。1993 年中国举办了第一次国际性比赛"中国上海·北京世界杯体育舞蹈锦标赛"。

■ 案　例

体育舞蹈具有舞蹈的动感和节奏，轻松易学，又有体育运动的体力和强度，疏松身体和骨骼，使血脉流畅，加强呼吸均匀和提高免疫力。因此，该项目在国内深受人们的喜爱，参与该项运动的人数也越来越多。2012 年各省市均有组织体育舞蹈的比赛，如贵州省 5 月 2 日举办了第 19 届体育舞蹈锦标赛暨全国体育舞蹈邀请赛；云南省将体育舞蹈列为第十四届省运会比赛项目；湖南省也于 5 月 4 日举办了青少年体育舞蹈锦标赛等。

■ 案例分析

体育舞蹈属文艺范畴的舞蹈演变而来的体育项目，是具有自娱性、表演性及观赏性的竞技舞蹈，它具有以下三大特点：①严格的规范性；②表演的观赏性；③体育性（其包括竞技性和锻炼价值）。

二、体育舞蹈的特点和分类

1. 体育舞蹈的特点

体育舞蹈是由属于文艺范畴的舞蹈演变而来的体育项目，它兼有文艺和体育的特点，是介于文艺和体育之间的边缘项目，是以竞赛为目的，具有自娱性和表演观赏性的竞技舞蹈。它具有以下三个特点。

（1）严格的规范性。规范性首先表现在体育舞蹈是一个完整的舞蹈系统，如同中国古典舞和西方芭蕾舞一样，它是经过数百年历史的锤炼、几代人的加工而成的；其次表现在技术的规范性上，它严格到多一分嫌多，少一点欠火的程度。

（2）表演观赏性。体育舞蹈融音乐、舞蹈、服装、风度、体态美于一体，既有观赏的价值又有参与的可能，被认为是一种"真正的艺术"。

（3）体育性。体育性一方面体现在竞技性，即比成绩，拿冠军，为国争光；另一方面表现在锻炼价值上，通过体育舞蹈的练习，提高人体心肺功能的水平。

2. 体育舞蹈的分类

从舞种起源来看，交谊舞可分为现代舞（摩登舞）和拉丁舞两大类。现代舞绝大多数起源于欧洲，舞种有华尔兹舞、维也纳华尔兹舞、快步舞、狐步舞，其特点是具有高贵典雅的绅士风度；拉丁舞起源于拉丁美洲，舞种有伦巴、恰恰恰、桑巴、斗牛舞、牛仔舞，其特点是热情奔放、充满浪漫的情调。

从严格标准规范的角度来看，交谊舞又可分为国际标准舞和舞厅舞两大类。国际标准舞要求舞步、舞姿、跳法要系统化和规范化，舞种为摩登、拉丁各五种，具有表演性、体育性和竞技性；舞厅舞要求即兴发挥、自由化，舞种除摩登、拉丁各五种外，还有北京平四、迪斯科等，其特点为自娱性和社交性。

任务二　体 育 舞 蹈 内 容

一、体育舞蹈基本知识

1. 舞步、舞程线、角度

（1）舞步。所有交谊舞及其花样都是由不同的舞步组成的。按照舞步的速度分为慢步和快步。根据舞步的方向可分为前进、后退、斜进、斜退、旁迈等。按照舞步的性质可分为实步、虚步、踏步、敲步、点步等。

（2）舞程线。在跳舞时为了防止碰撞，必须按规定的路线有序行进，特别是在连续行进和旋转时就更为必要。因此规定舞者必须按逆时针方向行进，这条行进方向上的无形直线就是舞程线。舞程线中，长的两条称为 A 线，短的两条称为 B 线（见图 19-1）。

（3）角度、方位与路线。以舞场的正前沿即男舞伴所站的方向为中心点，分前、后、左、右及四角八个方向，每 45°为一个方位，分别称为 1～8 号位。

交谊舞中旋转起着非同小可的作用。旋转的方向可分为左转和右转。旋转的角度一般采用 45°、90°、135°、180°、255°、270°、315°、360°。同时要明确旋转的方向，即左转和右转（见图 19-2）。

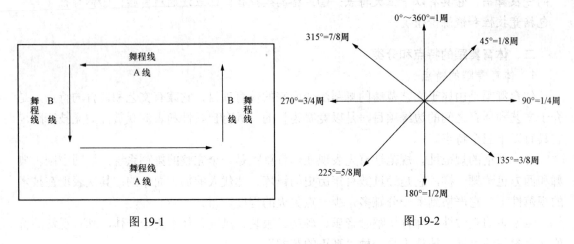

图 19-1　　　　　　　　　　　　　　图 19-2

2. 音乐的选用

音乐是交谊舞的灵魂。节拍、速度和旋律构成了音乐的三要素。

与交谊舞相关的首先是节拍和速度，其次是旋律。国际公认的标准如慢四的音乐节拍为 4/4，音乐速度为每分钟 24～28 小节；慢的华尔兹音乐节拍为 3/4，音乐速度为每分钟 30～40 小节；快的华尔兹音乐节拍为 3/4，音乐速度为每分钟 50～60 小节；狐步舞的音乐节拍为 4/4，音乐速度为每分钟 28～36 小节；探戈舞的音乐节拍为 2/4 现用 4/4，音乐速度为每分钟 28～34 小节。任何舞步都在强拍中起步弱拍中进行。好的音乐不仅提供了舞蹈节奏，更主要是使舞者充满激情、振奋情绪、心旷神怡。

3. 舞会的礼节

（1）衣着必须整洁、漂亮、舒适。

（2）举止文明，谈吐文雅、礼貌、诚恳。

（3）邀舞要有礼貌。

二、体育舞蹈技术

1. 现代舞

（1）华尔兹。华尔兹（Waltz）也称圆舞，是现代舞中历史最悠久、生命力最强的舞蹈形式。华尔兹舞的风格是典雅大方、动作流畅、旋转性强、华丽多彩，其动作高雅和谐、起伏多变，舞姿飘逸优美、文静柔和。华尔兹的音乐是 3/4 拍，每分钟 30～32 小节（职业组为

27～29 小节），它的舞步基本上是一拍跳一步，每一小节三步。但在各舞步中也有不同的变化，如在犹豫步、前进并合步（追步）、前进锁步、后退锁步中是每一小节跳四步。华尔兹是五种摩登舞中最基础、也是最难跳的一种舞，因此华尔兹是体现舞伴之间的内心世界，表现爱情的一种舞蹈，它有身体的起伏、倾斜、摆动和反身的特点。基本步法有前进并换步、后退并换步、左右并换步、左右转步、帚行步、侧行追步、迂回步、跨蹉拉步、跨蹉换步、分式急转步等。

（2）探戈。探戈（Tango）起源于非洲中西部的民间舞蹈——探戈诺舞，16 世纪末随着贩卖黑奴进入美洲，随后传入欧洲。

探戈是最早被英国皇家舞蹈教师协会肯定并加以规范的四个标准舞之一。探戈舞步独树一帜，斜行横进，步步为营，俗称"蟹行猫步"。动作刚劲锐利，欲进又退，欲退还前，动静快慢，错落有致，沉稳中见奔放，闪烁中显顿挫。探戈舞以其刚劲挺拔、潇洒豪放的风格和独有的魅力征服了舞坛，被誉为"舞蹈之王"。舞曲是 2/4 拍，每分钟 30～34 小节。跳探戈舞时，要求膝关节松弛、微屈、重心下降，脚步干净利落，不拖泥带水。基本步法有常步并式、侧行步、摇转步、行进连接步、四快步等。

（3）狐步舞。狐步舞（Foxtrot）起源于美国黑人舞蹈，20 世纪初从美国逐渐流行于世界。其风格具有舒展流畅、轻盈飘逸、平稳大方、悠闲自在、从容恬适的韵味。

狐步舞的舞步轻柔、圆滑、流畅，方位多变且不并步，动作连接中呈现出降中有升、升中有降的线行流动状。狐步音乐 4/4 拍，基本节奏与探戈相反是慢快快（SQQ），每分钟 30 小节左右。基本步法有羽步、三直步、转步、波浪步、盘转交叉步等。

（4）快步舞。快步舞（Quickstep）从美国民间舞蹈演变而来，快步吸收了快狐步动作，后又引入了芭蕾的小动作，使舞步更显轻快灵巧。

快步舞的风格特点是轻快活泼、富于激情，舞步洒脱自由，包含动力感和表现力。舞曲为 4/4 拍，每分钟 50～52 小节，基本节奏是慢慢快快（SSQQ）、慢快快慢（SQQS），一个慢相当于两拍，快相当于一拍。基本步法有四分之一转、跨蹉转步、直行追步、前进锁步、后退锁步、快步式转步、四快跑步等。

（5）维也纳华尔兹。维也纳华尔兹（Viennese waltz）起源于奥地利北部山区农民舞，是历史最悠久的舞蹈。其风格特点是动作舒展大方，连绵起伏，节奏清晰，旋律活泼，动作优美，舞步轻快流畅，旋转性强。

维也纳华尔兹舞的音乐是 3/4 拍，每分钟 60 小节。基本步法有基本步、转步、后退换步等。

2. 拉丁舞

拉丁舞起源于非洲和拉丁美洲，具有热情奔放、浪漫风格的特点。舞蹈动作豪放粗犷，速度多变，手势和脚步内容丰富，充满激情，音乐节奏鲜明强烈，尤为中、青年人所喜爱。

（1）伦巴。伦巴舞（Rumba）起源于古巴。其音乐缠绵浪漫，舞蹈风格柔媚、抒情，是表现爱情的舞蹈。伦巴舞与其他拉丁舞不同的特点是在舞步的运行中，髋部富有魅力地扭摆，上身自由舒展，在抑扬的韵律节奏下，具有文静、含蓄、柔媚的风格，更展示女性婀娜多姿。伦巴舞因在拉丁舞中历史悠久，舞型成熟和它那异国情调的独特风格，被誉为"拉丁舞之魂"。伦巴舞音乐 4/4 拍，每分钟 27 小节。基本步法有扇型、阿列曼娜、曲棍步、陀螺转、分展步、定点转、开式扭臀、阿伊达等。

（2）桑巴。桑巴舞（Samba）源于巴西，是从巴西农村的摇摆桑巴舞传入都市演变而成的。桑巴舞的风格特点是动作粗犷，起伏强烈舞步奔放、敏捷，富有强烈的感染力。由于它在移动时沿舞程线绕场进行，因此它是拉丁舞中行进性的舞蹈。桑巴舞音乐 2/4 或 4/4 拍，每分钟 48～56 小节。在一小节中，舞步可以跳出二步（SS）、三步（SQQ 或 SAS）、四步（QQQQ）等多种步型。基本步法有向左向右叉形步、博塔费戈、伏尔塔、辫子步等。

（3）恰恰恰。恰恰恰舞（Cha-Cha-Cha）由非洲传入拉美后，在古巴获得很大发展，它是模仿企鹅姿态创编的舞蹈。在动作编排上一反男子领舞的习惯，男女动作不求统一整齐，且多半是男子随后。恰恰恰由于名称动听，节奏欢快易记，乐鼓和沙球的咚咚沙沙声与动作相吻合，舞蹈诙谐、花哨，步法利落、紧凑的风格，所以备受欢迎，是拉丁舞中最受欢迎的舞蹈。恰恰恰舞的音乐为 4/4 拍，每分钟 29～32 小节。基本步法有交叉基本步、分展步、纽约步、古巴断步、曲棍步等。

（4）帕索多布累。帕索多布累（Paso Doble）即斗牛舞，起源于西班牙，是模仿西班牙斗牛士的动作，由西班牙风格的进行曲伴舞的一种拉丁舞。在舞蹈中，男士象征斗牛士，女士象征斗牛士的斗篷，因此舞蹈应表现出男子强壮英武和豪迈昂扬的气概。斗牛舞特色鲜明，风格迷人，音乐雄壮，舞态生动，步法强悍、振奋。音乐为 2/4 拍，每分钟 60 小节。基本步法有摇摆、抛掷、美式疾转、马鞭步、风车步、西班牙手臂步。

（5）捷舞。捷舞（Jive）即牛仔舞，源于美国西部。原来的牛仔舞节奏快速兴奋，动作粗犷，带有举持舞伴和甩动的技巧，是表现西部牛仔强健体魄和自由奔放情绪的舞蹈。后经规范进入社交界，成为社交舞和表演舞范畴。牛仔舞舞态多姿，舞步丰富多变，其强烈的扭摆和连续快速的旋转，常使人眼花缭乱、亢奋热烈，舞步欢快，有跃动感。音乐为 4/4 拍，每分钟 44 小节。

✿ 案　例

在 2002 年 8 月德国公开赛职业组表演赛中齐志峰获得亚军，世界舞坛领奖台上第一次升起了中国国旗；2004 年，已经有 79 年历史的英国黑池国际舞蹈节，领奖台上首次出现中国人的身影。齐志峰和他当时的舞伴张震夺得职业新星组摩登舞第三名。齐志峰也是迄今唯一在国际大赛中获得冠军奖杯最多的亚洲人。

▼ 案例分析

国标舞，除了特殊的动作外，一般舞步与动作，只要四肢灵活，具有音乐感，都可顺利地完成动作。假如，舞步与姿势没有正确技巧，而是用不大恰当的方法去完成；则往往做成不良姿势，导致在跳舞时产生不协调现象，增加意外的困难和形成姿势的扭曲。跳舞时，非常讲究基本姿势正确，包括脊柱保持垂直（舞蹈的直腰），同时，腰胯要放松，做到丹田控制呼吸（横膈膜逆式呼吸），因此，要取得良好的姿势和内在力量，最好的方法是记住一些最基本的要点：

（1）站立时，悬顶拔背，气沉丹田。这样，可使背肌往上伸展，脊柱保持中正不偏，同时，可以增加颈部到腰腹的长度，更重要的是使身体保持舞蹈的"直腰"。

（2）耳根竖起，能起到精伸提起的作用，同肘，要感觉颈的长度，耳朵和肩膀的距离。

（3）两肩松垂，两肘微微向下松沉，使身体重心不至提升。跳摩登舞时，握持不要夹得太紧，也不能大松软；要稳固，十分坚定，有弹性，不能僵硬。

（4）确定收小腹，利用丹田内气控制呼吸（横膈膜逆式呼吸），胸部要非常舒松自然。

（5）人在水中跟地面一样，可以通过呼吸使身体变轻。跳舞时，通过身体变轻，减少身体对腿部的压力。

（6）头部的转动，要带动整个脊柱转动，而不是头颈单独转动。

（7）腰胯要放松，膝部要保持微曲和松弛，感觉腰腿至脚大拇指的长度。

（8）上半身要往上伸拔，下半身则要往下松沉，使得脊柱像吊着的铁链一样，既松垂笔直而又灵活，这样，从中腰起，上下就有一种对拉的抗衡力，犹如禾苗的生长，根往下生，茎往上长；使身体放长，增加身体上下的抗衡力，抗衡力越大，就越能增加弹性和爆发力。这样，就会有更好的表现。

重点小结

国际标准交谊舞，不管是哪一个舞种，不管跳的怎么复杂，它都是一步一步"走"出来的。而在这每一步中，都包含着速度、距离和方向。即国际标准交谊舞步法三要素。

（1）步速：这是指运步的速度，国际标准交谊舞舞步中一个时间概念上的元素。国际标准交谊舞的步速有常步、快步、慢步、超快步、加长步、"静止"步。

（2）步距：这是舞步中一个空间概念上直线度量的元素，它指的是国际标准交谊舞运步中每一步定位的瞬间，两脚间的距离（两脚支撑点间的距离）。国际标准交谊舞的步距一般分为一步、半步、超大步、碎步、立步。

（3）出步方向：这是舞步中一个空间概念上弧线度量的元素。他指的是交谊舞运步中，脚形的变化方向。通常以脚尖、脚跟、脚内侧、脚外侧为参考点变化脚形。出步时脚形方向的正确与否，直接影响交谊舞动作的质量。特别是在大角度旋转动作中，脚形方向的正确是旋转角度到位的关键因素。常用的出步脚形方向有直步、横步、切步、扣步。

课 课 练

（1）舞步、舞姿、跳法练习。

（2）舞蹈音乐熟悉。

（3）舞蹈礼仪学习。

项目二十

散　　打

【学习目标】

1. 知识目标

（1）了解散打运动的概况。

（2）学习掌握散打的基本技术。

（3）了解散打运动中常见的伤害及预防。

2. 技能目标

（1）能基本掌握散打的基本技术。

（2）掌握散打的基本技术与实战中的运用。

（3）了解掌握散打运动中常易出现或可能出现的伤害及其预防。

【运动提示】

（1）要多加强腿部力量的锻炼，步伐移动的练习。

（2）有针对性的练习手型、身型的基本技术动作。

（3）训练中要提前预防因练习所带来的身体伤害。

【项目任务】

（1）掌握散打的基本技术要领等。

（2）熟知散打所需的场地、器材要求和主要规则。

（3）了解散打运动中易出现的伤害，做到提前预防。

【项目实施】

任务一　散打简介及健身特点

散打亦称散手，是现代武术中的对抗项目。散打的基本技法包括打、踢、摔、推、拿，练习者须依靠自己的身体素质（包括体力、耐力）于攻技术、战术等方面的能力打击对手，取得胜利。在发挥攻防技术和战术时，须正确运用散手的基本姿势，即掩护人体的要害部位，并利用步伐（进、退、垮、闪、击、垫）灵巧敏捷的移动来变化身体的基本位置。选择姿势因人而异，一般应根据本人的身型、身体素质、特长动作与战术运用等特点来灵活掌握。

散打是中华武术的精髓，是武术中攻防动作的具体体现和充分运用。通过散打练习，可以提高灵活性和大脑的快速反应能力，以及在高度紧张、复杂状况下的自我控制能力，并对身心具有极大的益处。

散打分为传统散打和竞技散打。传统散打属于技击的运动，是将中国国粹（武术）中各种不同套路中的有效击打及抗击的单一和连贯动作，有机组合成为独立成型的一种击打对方与抗对方击打的特有技能的展现。传统散打遵守"以人为本、安全第一、点到为止"的原则，运用"踢、打、摔、拿、扣、刁、挤、采、推"等技术，进行斗智，较力，较技等传统对抗运动，可以直观地概括为"手是两扇门，全凭脚踢人"。

竞技散打为迎合国外而制定，修改训练与竞赛规则，吸收了西洋拳的特点而形成，引进与开展的时间不长，适宜于少数特定的人群，是一种不太安全的角逐项目，推广和普及的难度较大。

案 例

散打亦称散手，它是中华武术的精华，亦是具有独特民族风格的体育项目，民间流传发展较广，深受广大群众喜爱。中国散打王应属山东的柳海龙。他在 2000 年度第一届中国武术散打王争霸赛上，一举夺得了 75 公斤级冠军，并荣获"散打王"称号；而自由搏击的优秀运动员应属湖南的杨建平，他分别于 2011 年和 2012 年中国拳王对国际拳王的比赛中战胜了美国和日本拳王。

案例分析

散打现分为传统散打和竞技散打。两者各有不同，传统散打讲究点到为止；竞技散打是吸收了西洋拳的特点，是为了适合外国人。学习散打应遵循以下几个原则。

（1）扎实的专项基本功练习：力量、速度、柔韧、灵敏反应和抗击打能力等。

（2）步伐基本功练习：平常主要以练习弹跳步和静止步，以及进退步、侧移闪步、垫、滑步等。

（3）基本拳法练习：冲拳、掼拳、抄拳等。

（4）基本腿法练习和摔法练习：主要有勾踢腿、正、侧踢腿、抱腿摔及后侧蹬摔等。

（5）运动防范：比赛中一旦受伤，无论受伤情况如何，必须先休息和采取紧急治疗。

任务二 散打的基本技术与学练方法

散打的内容复杂多样，大体上凡涉及两个或多人，通过拳脚及器械进行对抗性质的行为都在散打范围内。本着易学、易练的原则，现在最常用的散打技术介绍如下。

一、散打的专项基本功

散打的专项基本功包括力量、速度、柔韧性、灵敏性、反应速度、自我保护能力和抗击打能力等。

二、准备姿势和基本步法

1. 准备姿势

每个人在散打前的准备姿势不尽相同，但基本原则相同，就是尽可能少地把自己暴露给对方，而且还要有利于自己做进攻和防守动作。

准备姿势要领（以左脚在前为例）：两脚前后开立，左脚在前，脚尖稍内扣，膝微屈。右脚在后，脚跟稍抬起，脚尖向外斜45°，膝微屈。左臂屈肘在90°～110°，肘间下垂，左手握拳前伸，拳心向右斜方，与鼻同高。右臂弯曲小于 90°，右手握拳拳心向左斜下方，与下颌平高，右肘自然下垂。身体侧向左，重心在两腿之间，微含胸收腹，下颌微收，目视前方（见图 20-1）。

2. 基本步伐

常用的步伐有弹跳步和静止步两种。弹跳步是通过两脚弹跳完成的步法；静止步是相对静止、以静制动后发制人的步法。

实践中表现出来的步法是多种步法的综合运用，包括进步、退步、侧移步、侧闪步、垫步、斜上步、滑步等，练习时就在掌握单一步法的基础上进行综合练习，以进退躲闪自如为目的。

三、散打的拳法

1. 左右冲拳

左右冲拳即击拳直来直去，其特点是距离近、用时短、速度快。

动作要领：准备姿势站立，出拳时拳沿直线向前击出，左（右）臂伸直，左（右）肩前顺，头的姿势基本不变，目视击打目标。发力顺序是脚，腿，腰，肩，臂，直达拳面。拳打出后沿原路放松收回，仍成准备姿势（见图 20-2）。

左右冲拳的防守方法有退闪防守、拍击防守和躲闪防守三种方法。退闪防守是当对方出拳时，利用退步进行躲闪，基本姿势不变。拍击防守是当对方出拳时，利用左手和右手掌将对方的拳头向右或左拍开，使对方的拳改变方向达到防守目的。拍击的幅度以改变对方拳势方向，打不到自己为度（见图 20-3 与图 20-4）。躲闪防守是当对方的拳攻来时，低头俯腰从对方拳下躲过，然后恢复准备姿势。

图 20-1　　　　　　　图 20-2　　　　　　　图 20-3　　　　　　　图 20-4

拳的防守反击指定完成防守动作的同时马上进行反击，有以下三种方法。

（1）退进防反。以退步闪开来拳后立即上步以冲拳反击对方。

（2）拍击防反。一手拍开对方冲拳的同时，另一拳马上以冲拳反击。

（3）躲闪防反。低头俯腰躲开对方冲拳的同时，直接在其臂下冲拳击打对方腹部（见图 20-5），或从对方臂下绕出后马上抬头直上体用掼拳击打对方的头面部（见图 20-6）。

2. 掼拳

即从左右两侧击打对方的头面两侧，耳部，或击其两肘部。

动作要领：准备姿势站立，以左拳为例，出拳时左拳向左前摆出，然后左前臂内腰向右拧，带动上体送左肩将力量自左向右击出，拳高与肩高（见图 20-7）。右掼拳动绕划弧平击，拳心向下，拳眼向内，以拳锋面击打目标。发力顺序是左脚蹬地，作同上，惟方向相反（见图 20-8）。

图 20-5　　　　　　　　　　　图 20-6　　　　　　　　　　　图 20-7

　　掼拳的防守方法有退守防守、格挡防守和躲闪防守三种。退步防守，以退步闪开来拳后立即上步以冲拳反击对方；格挡防守，根据对方的左右掼拳，相应的用自己的右左掼拳。格挡时前臂上抬回屈约 90°，在自己的头侧格挡来拳（见图 20-9）；躲闪防守，即低头俯腰绕闪对方的进攻。应根据来拳的方向采用向左、右绕闪。

　　掼拳的防守反击有以下三种方法。

　　（1）退进防反。退闪防反，退闪来拳击马上进攻。

　　（2）格挡防反。格挡来拳后马上冲拳反击。

　　（3）躲闪防反。低头俯腰绕过对方拳后马上抬上体用掼拳反击对方，或低头的同时直击对方腹部（见图 20-10）。

图 20-8　　　　图 20-9　　　　　　　　　图 20-10

　　3．抄拳

　　动作要领：由准备姿势开始重心略降，左（右）拳随之下降，然后蹬地向右（左）转体，带左臂将左拳向前上方击出，拳心向内，以拳面击打目标。

　　抄拳防守时，可采取退步防守和下压防守。后者是在对方出拳后，用自己的前臂横向下压击来拳的腕部或前臂阻其发力（见图 20-11）。

　　抄拳防守反击时，可采取退进防守反击和压打防守反击两种方法。后者是在下压完成后直接抬手以冲击对方头部（见图 20-12）。

　　四、散打中的腿法

　　1．勾踢腿

　　这是一种使对方失去重心的腿法。

　　动作要领：勾踢腿是由准备姿势开始，以一脚支撑，另一脚沿地面由侧向前，向另一侧做半圆形扫动，扫动脚勾起、紧张，该腿伸直，踢至支撑脚一侧回收成准备姿势（见图 20-13）。

图 20-11   图 20-12   图 20-13

勾腿踢防守时，当对方勾踢时，只要提起自己站前的一条腿即可（见图 20-14）。

勾踢腿的防守反击时，提腿躲过对方勾腿的同时，直接侧踹反击，或以直拳法反击。

2. 正蹬踢

动作要领：准备姿势站立，起腿时一脚支撑身体，另一条腿屈膝上提，大腿抬至一定高度再将脚伸直蹬出，脚尖回勾，力点在脚跟部（见图 20-15）。提膝，蹬脚，发力动作要连贯一致，上体正直，力量通过脚跟击打目标（见图 20-16）。

图 20-14   图 20-15   图 20-16

正踢腿防守时，可采取退步防守和下压防守。下压防守是以掌或前臂向下压挡攻击对方的小腿，阻其发力。

正踢腿的防守反击可采取拳法反击和腿法反击（用腿法后述）。

3. 侧踢腿

动作要领：准备姿势站立，起腿时支撑脚外展撑地。另一腿由体侧屈膝提起，至一定高度时将脚向侧前方蹬出，力点在脚跟。起腿时支撑脚站稳，踹出时屈膝提起，发力后将腿蹬直，用力向侧前蹬出、此时脚、髋、上体基本在同一个平面内。主要进攻部位为膝、肘和头（见图 20-17）。

图 20-17

侧腿提防守时，可用格挡防守、抱腿防守和腿法防守。格挡防守是用前臂或手掌格挡来腿的小腿，使之改变方向（见图20-18）；抱腿防守是当来腿在自己腰及以上部位时，抱住来腿，目的是为了做抱腿摔，抱腿时，一臂回屈贴紧软肘，另一臂由下向上将来腿抱在两臂之间（见图20-19）；腿法防守是在对方起腿后自己也用侧踹腿的动作将脚蹬在对方腿的下侧，阻挡其进攻。

图20-18　　　　　　　　　　　　　　　　图20-19

侧踹的防守反击可采取抱腿摔、拳法防反和腿法防反方法。

4. 横打腿法

这是一种由侧面横向打击对方的方法。

动作要领：准备姿势站立，支撑脚尖外展，重心落在支撑脚上，另一腿膝上提，内扣，上体略随转，脚尖伸直，脚面绷紧，随转体摆腿的力量甩小腿将脚横向内打；着力部位在脚背至小腿正面前部（见图20-20）。

打腿的防守可采取格挡防守和抱腿防守。格挡防守是用两手推挡来腿的小腿正面，阻其进攻，推拍时动作不宜过大，以推开为好（见图20-21）；

图20-20

抱腿防守是将相应侧的臂贴紧软肋，另一手从下向上将来腿抱在两臂之间（见图20-22）。

横打腿的防守反击可采取拳法防反、腿法防反和抱腿摔等方法（见图20-23）。

图20-21　　　　　　　　图20-22　　　　　图20-23

五、散打中的摔

摔法是散打近体战中的最有效的制敌方法之一。其方法有多种，现在常用方法加以说明。

1. 抱腿摔法

（1）上撩法。抱住腿后用力向前上方撩起，使对方摔倒（见图20-24）。

（2）侧踹法。抱住对方来腿的同时向前一步，上抬对方的来腿，下面用侧踹腿法踹其支撑腿膝及以上部位，使之摔倒。练习时注意侧踹要轻，不可用力过大，以免踹伤。

（3）勾踢法。抱住来腿的同时，自己一脚支撑，另一相应脚勾踢对方支撑脚踝关节，使之失重心摔倒（见图 20-25）。

（4）拧踝关节法。抱住来腿时，用自己在下的手拉对方脚跟突然用力拧踝关接节，但用力不要过大，否则会拧伤踝关节（见图 20-26）。

（5）顺势抱腿法。当对方一条腿打来时，自己相应侧上体，同时抱其小腿并顺其来势加力将对方摔出（见图 20-27）。

图 20-24　　　　　　　　图 20-25　　　　　　　　　图 20-26

2. 上体（肢）摔法

（1）抓臂前垮摔。在抓住对方打出的手臂的同时，顺势拉向自己且相应上步转体用胯贴顶对方的腰胯部，顺势俯腰顶胯将对方从自己的背上摔出。注意整个动作从抓、拉、上步、贴紧、俯腰背胯，连续快速完成（见图 20-28）。

图 20-27　　　　　　　　　　　　图 20-28

（2）抓臂绊腿法。抓住来拳顺势拉近自己身体，同时上步顶在对方出前臂侧后方，另一手抓或勾住对方的肩胸或颈部，向自己内侧下方用力将其绊摔（见图 20-29）。

（3）后倒蹬摔。当双方互相抓住双肩时，自己突然向后倒地，同时两手拉紧对方的双肩使之随己前倒。拉倒的同时抬起一脚蹬在对方的腹部，利用后倒的惯性和蹬脚的力量将对方从自己的上方蹬摔过去，练习时注意蹬脚的部位和力量，避免受伤（见图 20-30）。

此法亦可用于一手抓住对方的手、肩、胸时向后倒的蹬摔。

图 20-29　　　　　　　　　　　图 20-30

📝 **案　例**

　　散打由步法、拳法、腿法和摔法等技术组成。我国选手柳海龙是当代中国散打的代表人物。他 13 岁开始习武，后又被选入山东散打队受训。初出茅庐就在全国散打锦标赛中战绩显赫：1999 年获 75 公斤级第三名；2000 年获 75 公斤级第一名；2001 年再获 75 公斤级第一名；2002 年获 80 公斤第一名；在 2000 年度举办的第一届中国武术散打王争霸赛上夺得了 75 公斤级冠军，并荣获"散打王"称号，此后还获得了"超级散打王"称号。在中国功夫对泰国职业拳王争霸赛中两胜泰国拳手。在中美自由搏击对抗赛中击败美国选手而名声大振。劈挂腿是一种用自己的腿自上而下的垂直攻击技术。而散打王柳海龙更是以擅长此技术而闻名。它以对手的头部为攻击目标，在对手即将要做动作，还没做出来之前，用自己的腿跟进进行打击。根据时机和距离，又有很多的不同的使用变化。

🌱 **案例分析**

　　散打以精湛的步法移动，多变的拳法，有力大腿和快速的摔法组成。

　　（1）散打步法是为保持与对手间的距离，实施进攻与防守动作而进行专门的脚步移动方法，步法较多，其主要有滑步和垫步。

　　（2）散打的拳法主要技法有直拳、勾拳、摆拳，后演变出刺拳、鞭拳等。

　　（3）腿法是散打技术中最重要的技法之一，腿较粗壮有力，攻之威力大，防之有效，攻击面大容易得手，因此拳家常说："手是两扇门，全凭腿打人。"

　　（4）摔法散打精髓。"远则拳打脚踢，近则贴身快摔。"这是拳家的谚语。实践中，中国选手用抱腿摔、别腿摔、拉臂过摔、插挡杠摔等，常常使对方不知所措、望而生畏。

任务三　散打的重点技术评价与考核

一、散打的主要规则

　　散打比赛实行三局两胜制，每局 3min，局间休息 1min。先胜两局者获胜。比赛采用记分形式，得分多者获胜。得失分方法如下。

　　（1）优势胜利。比赛双方实力明显悬殊时，常出现优势胜利。当被击倒 10s 或失常，犯规致伤不能参赛，经裁判长和医生同意判优势方胜，一局中将对方打下台两次，也为优势方胜。

　　（2）得 3 分。使用前后扫腿，勾踢腿击倒对方而自己站立，可得 3 分；使用后转身扫摆击中对方得分部位（或击倒对方）而自己站立，可得 3 分。一局中一方三次得 3 分，该方胜该局。

　　（3）得 2 分。对方倒地而再站立，一次连续进攻击中对方头部或对方得分部位，腿击中对方躯干一次，皆可得 2 分；受警告一次，对方得 2 分。

　　（4）得 1 分。用手法击中对方得分部位一次，用腿法击中对方头部和腿部一次，皆得 1 分；而消极一方 8s 内被主裁判指定仍不进攻者，主动倒地超过 3s 不进攻者，以及受劝告一次，对方皆可得一分。

（5）不得分。同时或依次击中对方，同时倒地或下台，互抱互踢对方，抱缠超过 2s，主动倒地者，提防时被击中，双方相互搂摔一方用拳击中对方等情况，均不得分。

二、散打中常见的损伤及防治

散打中的伤害事故是经常发生的，要避免伤害事故的发生，就要弄清事故产生的原因和机制，从根本上进行防治和治疗。

1. 打击外伤

常发生于实战练习和比赛中，易伤的部位有面部、鼻部、小腿正面等，这些部位承受能力小，易发肿裂、骨折等损伤。要预防这些损伤的发生，就必须逐渐提高抗打击能力，增加力量的练习；提高有效防守能力，从而到达预防的目的。一旦伤害发生，必须尽快找医务人员进行处理。

2. 打击内伤

指受伤的部位表面变化虽不大，但伤及内脏的情况。如脚踢中胃部和肝部，易引起胃、肝的损伤。有时造成较严重后果。要预防这类伤害，首先是实战前严格检查护具，在没有护具的情况下进行练习时，就必须遵守点到为止的原则，以掌握和熟练动作技术为目的，这样即使偶有失误，也不会产生较大事故。按循序渐进的原则练习自身的抗击打能力，也有助于减少伤害。不管损伤严重与否，发生后都必须休息治疗。

3. 意外伤害

指出人意料之外发生的伤害事故，如有辅助器械，自身失误等原因造成的损伤。要避免意外的发生，就要做好各种准备活动，包括检查器械和场地等。

重点小结

（1）散打运动是人们强健身体的运动项目之一。掌握正确站立姿势，重心稳固，攻防启动灵活，是散打的基本要求。

（2）散打练习要熟练掌握和运用步法、腿法、拳法和摔法，尤其是腿法。

（3）散打是一种极好的健身体育项目之一，它要求人们持之以恒，经常保持步法灵活，力量强大，身法敏捷。

课 课 练

（1）身体素质练习：跑步，正、侧压腿，立卧撑练习；滑步、垫步练习；杠铃、哑铃练习。

（2）基本技术练习：步法练习，拳法练习，打沙袋练习，腿法练习，摔法练习。

项目二十一

跆　拳　道

【学习目标】

1．知识目标

（1）了解跆拳道的发展概况。

（2）学习掌握跆拳道的站位和步伐。

（3）掌握跆拳道的拳法和脚踢法。

（4）了解重点组合的评价与考核。

2．技能目标

（1）掌握跆拳道的基本站位及基本步伐（前进步、后退步、后撤步、跳换步等）。

（2）熟练掌握跆拳道的基本进攻技术（拳法和脚踢法）。

（3）学习掌握跆拳道的脚法的核心技术及学练方法。

【运动提示】

（1）学习掌握跆拳道的几种站位姿势，即：标准、侧向姿势及开式和闭式站位等。

（2）学习掌握跆拳道的前进步、后退步、后撤步、跳换步等步伐。

（3）学习掌握跆拳道的基本进攻战术。

【项目任务】

（1）了解跆拳道的站法和站位。

（2）学习掌握跆拳道的拳法和腿法。

（3）掌握正确的跆拳道基本进攻技、战术，并运用到实战中。

（4）了解掌握跆拳道运动中易出现伤害部位，做到提前预防。

【项目实施】

任务一　跆 拳 道 简 介

了解跆拳　强身健体　娱乐生活

　　跆拳道是韩国格斗术，以其腾空，旋踢脚法而闻名。跆拳道这个名称来源于韩语"跆"（指用脚踢打）"拳"（指用拳击打），"道"（指格斗的艺术和一种原理）。它是由品势、搏击、击破、特技、跆拳舞等五个部分组成。具有较高的防身自卫及强健体魄的实用价值。能使练习者增强体质，掌握技术，并培养坚韧不拔的意志品质。现分为世界跆拳道联盟（WTF）和国际跆拳道联盟（ITF），世界职业跆拳道联盟（WPTF）。腰带颜色象征拥有人的练习级别：

白色：初学者。

白黄带：动作不太标准。

绿带：技术不太完善。

绿蓝带：练习者水平处于绿蓝带之间。

蓝带：练习者已经完全入门。

蓝红带：介于蓝红水平之间。

红带：练习者已具备相当攻击能力，注意自我修养控制。

红黑带：练习者已修完 1 级以前课程，开始向黑带过渡。

黑带：技术动作与思想修为均已相当成熟。

跆拳道在中国的发展状况：1992 年 10 月 7 日，中国跆拳道筹备小组成立，这标志着我国跆拳道运动的正式开始。

1994 年 5 月，在河北省正式举行了首届跆拳道教练员和裁判学习到位。

1994 年 9 月，在云南昆明举行了首届全国跆拳道比赛。

1995 年 5 月，在北京体育大学举行第一届全国跆拳道锦标赛。

1995 年 8 月，正式成立了中国跆拳道协会，魏纪中当选为第一任主席。

1995 年 11 月，中国跆拳道协会被世界跆拳道联盟 WTF 接纳为正式会员。

1998 年 5 月 17 日，北京体育大学 97 级学生贺璐敏参加越南举办的第十三届亚洲跆拳道锦标赛。获一枚金牌，突现了我国金牌零的突破。

1998 年 6 月 7 日，在加拿大埃特蒙多举行的世界跆拳道锦标赛上，我国女子运动员王朔战胜多名世界强手，获得女子 55 公斤级冠军（第一个世界级的跆拳道冠军）。之后，陈申、罗微、吴静钰又先后在 27、28、29 届奥运会上夺得女子 67kg 级和 49kg 级冠军。从而掀开了中国在跆拳道新的一页。

目前，我国跆拳道馆各地均有。跆拳道运动得到普及，其原因是该运动对练习者的身体素质要求不高，普遍都可以参加练习。同时也深受大学生的喜欢。只要有恒心，就可以达到事半功倍的效果。

跆拳道（Taekwondo）一词中，跆（tae），意为以脚踢或摔撞；拳（kwon），意为以拳头打击；道（do），指方法、技艺和道理。跆拳道古称跆跟、花郎道，起源于古代朝鲜。早在公元 688 年新罗王国统一朝鲜时，建立了"花郎制度"。到真兴王时就创立了"花郎道"。

1945 年朝鲜独立后，朝鲜的自卫术再度兴起，因战乱流落海外的朝鲜人也将各地的武技带回本国，与朝鲜本土的跆拳道融合，逐渐形成了现代跆拳道的体系。

1986 年，跆拳道被列为第 10 届亚运会的比赛项目。1987 年，跆拳道被列入泛美运动会、全非运动会及东亚运动会的正式比赛项目。1988 年第 24 届奥运会在韩国汉城拉开帷幕，主办国不懈努力，跆拳道被列为奥运会的表演项目，为跆拳道的迅速发展提供了最大的机会与动力。1994 年在法国巴黎召开的国际奥委会第 103 届会议上做出决议，将跆拳道项目列入 2000 年奥运会的正式比赛项目。同样，跆拳道也是世界大学生运动会、友好运动会、东南亚运动会、南美运动会、南太平洋运动会、世界军人运动会等一系列国际体育赛会的正式比赛项目。

中国的跆拳道项目起步较晚，1992 年 10 月 7 日，中国跆拳道筹备小组成立，这标志着我国跆拳道运动的正式开始。但是，跆拳道运动在我国发展很快，在 1999 年加拿大举行的世界跆拳道锦标赛上，我国女运动员王朔战胜多名世界强手，获得女子 55 公斤级冠军，这是我国运动员获得的第一个跆拳道世界冠军。在 2000 年悉尼奥运会上，陈中获得女子 67 公斤以上级冠军。2007 年，吴静钰获世界跆拳道锦标赛冠军。2008 年，吴静钰获北京奥运会的跆拳道冠军。

目前，跆拳道运动在世界各地得到了广泛开展，约有 3000 万跆拳道爱好者，世界跆拳道联合会有 182 个会员国。跆拳道的竞赛有奥运会跆拳道比赛、世界锦标赛、洲际锦标赛和亚运会等。跆拳道每两年举办一次世界锦标赛和世界杯比赛。跆拳道水平较高的国家有韩国、中国、美国等。

📖 案 例

侯玉琢，女，1987 年 11 月 14 日出生于河北张家口市。2010 年进入北京体育大学学习，曾获第 11 届全运会 57 公斤级冠军，2009 年获跆拳道世锦赛女子 57 公斤级冠军，2011 年跆拳道世锦赛女子 57 公斤级冠军。其是中国跆拳道历史上第一个在世锦赛上卫冕的选手，更是现冲刺伦敦奥运的跆拳道冠军希望之星。

🌱 案例分析

自 1992 年 10 月 7 日我国跆拳道运动开始以来，跆拳道在我国发展很快，我国运动员曾多次在世界大赛上夺得冠军，为国争光。目前全国各地有很多的跆拳道馆，为中国跆拳道运动的发展奠定了基础。跆拳道训练要求掌握正确的练习方法，循序渐进，勤练基本功。

任务二　跆拳道基本功与组合的入门与提高的学练方法

一、跆拳道入门阶段基本技术及学练方法

1. 基本姿势

（1）标准姿势。左脚在前称为左势，右脚在前称为右势（以下以左势为例）。

动作规格：两脚前后开立与肩同宽，前脚尖 45°斜向右前方，后脚跟抬起，膝关节微屈，重心落在两脚中间；上身自然直立，45°斜向右前方，双手握拳、拳心相对，两臂弯曲置于胸前；头部直立向前，目视正前方。

（2）侧向姿势。

动作规格：身体完全侧向，前后脚在一条直线上。其他部位同标准姿势。

2. 基本站位

（1）开式站位。指和对方体前相对应的站位，即自己的身体前面相对对方的身体前面。包括左势对右势和右势对左势两种形式。

（2）闭式站位。指和对方的体前侧部相对应的站位，即自己的体前对应对方的体后。包括左势对左势和右势对右势两种站位形式。

3. 基本步伐

跆拳道是一种以腿法为主的武技，实战中步法的灵活运用对保证充分发挥腿的威力，取得实战的胜利具有极其重要的意义。腿法使用时多以后腿进攻，因此跆拳道的步伐具有鲜明

的特点，即重心落在两脚之间或偏于前脚，而且身体姿势大都以侧向站位，以便保护身体和正面要害部位和使后腿通过拧腰转髋发力，增加击打的力量和速度。

常用的基本步伐包括以下四种。

（1）前进步。标准实战姿势开始，两脚成斜马步，两手握拳置于胸前。前进时后脚蹬地向前迈步，身体侧转成另一侧斜马步，可连续进行。这是前进步中的一种上步，注意拧腰转髋。前进时，后脚蹬地，前脚向前滑行称为前滑步；后脚蹬地，前脚向前跳跃称为前跃步。前滑步和前跃步都属于前进步，是主动进攻时采用的步伐。也可用于假动作，配合两手臂的动作进行，便于快速接近对方。

（2）后退步。由标准实战姿势开始，前脚掌用力蹬地，后脚先退后一步，前脚随即后退，两脚及身体保持原来姿势；若前脚掌蹬地后，后脚沿地向后滑行一步，前脚随即同样向后滑行一步，两脚及身体仍保持原来姿势，叫做后滑步退。这种步法可以拉开和对手的距离，避开对方的进攻，准备做反击动作。

（3）后撤步。从标准实战姿势开始，以后脚前脚掌为轴，前脚抬起向后经后脚内侧向后撤一步，形成和原来相反的实战姿势。后撤步可根据实战需要左右变化，调整与对方的相对距离，准备进行攻击或反击。

（4）跳换步。由标准实战姿势开始，两脚同时蹬地使身体腾空，空中两脚前后交换，同时转体；落地时身体姿势成另一侧的准备姿势。跳换步的腾空不宜高，略离地即可；换步时，要拧腰转髋，迅速敏捷，其目的是干扰对方的攻防思路，选择适于自己进攻的方位和转换自己身体的得分部位使对方不能得分。

4. 跆拳道基本进攻技术

跆拳道的基本进攻技术主要包括拳法和脚踢法，这些技法组成了跆拳道的基本形式。只有练好基本进攻技术，才能为今后的实战提高打下基础，才有可能成为优秀的跆拳道选手和跆拳道实战家。所以，必须认真学习基本技术，体会基本技术的动作含义，揣摩研究基本技术的实际运用规律，为今后的提高打下坚实的基础。

（1）拳法。拳法是跆拳道中最基本而又非常重要的技术。出拳的基本原则是从腰间发力将拳击出，抱拳于腰间时拳心向上，拳击的过程中要做手臂的内旋动作，拳击最远端时手臂伸直，拳心向下，击打目标后放松收回。

（2）脚踢法。跆拳道以其变幻莫测、优美潇洒的腿法著称于世，被世人称为踢得艺术，这是跆拳道区别于其他格斗术的一个重要特点。跆拳道的腿法讲究变化多样和灵活多变，对人体的柔韧性、大脑反应的灵敏性、身体运动的稳定性都有很高的要求，是对人体机能和体能的综合考验。

1）前踢。实战姿势开始（见图 21-1）。右脚蹬地髋关节向左旋转，双手握拳置于体侧；同时，右脚以髋关节为轴屈膝上提（见图 21-2）；当大腿抬至水平或稍高时，髋关节向前送，向前顶，小腿以膝关节为轴快速向前上方踢出，力达脚尖，整条腿揣直（见图 21-3）；踢击后迅速放松，右腿沿原路线弹回，将右脚放置在左脚前面仍成实战姿势。

练习方法：采用分解教法，先练提后腿，同时向前送髋；再练弹出小腿；完整练习前踢动作并能熟练使用。

2）侧踢。实战姿势开始（见图 21-4）；右脚蹬地右腿以髋关节为轴屈膝提起，两手握拳置于体侧（见图 21-5）；随即左脚以前脚掌为轴外旋 180°，髋关节向左旋转，右腿以膝关节为轴向前蹬伸，右脚快速向右前上方直线踢出，力点在脚跟（见图 21-6）。发力后沿起腿路线收腿、放松，重心落下（原处或向前均可），再次回到实战姿势。

图 21-1　　　　图 21-2　　　　图 21-3　　　　图 21-4　　　　图 21-5　　　　图 21-6

练习方法：先练习提腿转髋动作；再练习平蹬腿动作；完整练习侧踢动作。

3）劈腿。实战姿势开始（见图 21-7）。右脚蹬地，重心前移至左脚；同时，右脚以髋关节为轴屈膝上提，两手握拳置于胸前（见图 21-8）；随即充分送髋，上提膝关节至胸部，右小腿以膝关节为轴向上伸直，将右腿伸直举于体前，右脚过头（见图 21-9）；然后放松向下以右脚后跟（或脚掌）为力点劈出，一直到地面，成实战姿势。

练习方法：开始练习时可扶物先练提腿、提膝和上举脚动作；练习下劈腿的动作；先扶物，动作熟练后，再进行徒手练习；完整练习劈腿动作。

4）推踢。实战姿势开始（见图 21-10）。右脚蹬地，右脚以髋关节为轴提膝前蹬，用右脚脚掌向前蹬推脚掌，推力向正前方（见图 21-11）。

图 21-7　　　　　图 21-8　　　　　图 21-9　　　　　图 21-10　　　　　图 21-11

二、跆拳道提高阶段脚法的核心技术及学练方法

1. 横踢

（1）动作方法。实战姿势开始。右脚蹬地，重心前移至右脚，右脚屈膝上提，两拳置于胸前；左脚前脚掌碾地内旋，髋关节左转，左膝内扣；随即左脚掌继续内旋至180°，右脚膝关节向前抬至水平状态，小腿快速向左横向踢出；击打目标后迅速放松收回小腿，右脚落回原地成实战姿势（见图 21-12）。

（2）练习方法。先练前踢，待熟练后再练横踢；提后腿（提膝），同时转髋，弹出小腿；熟练后可练习横踢击打头部（高横踢）。

图 21-12

2. 后踢

（1）动作方法。实战姿势开始，转身后腿后撤背对对方（见图 21-13）。重心后移至左脚，右脚蹬地后屈膝提起，右脚贴近左大腿，两手握拳置于胸前（见图 21-14）；随即左脚蹬地伸直，右脚自左大腿内侧向后方直线踢出，力达脚跟（见图 21-15）；踢击后右脚按原路线快速收回，成实战姿势。

图 21-13　　　　　图 21-14　　　　　图 21-15

（2）练习方法。开始练习时可手扶支撑物，体会后蹬腿的感觉；练习转身同时提关节的动作；平伸后蹬；进行完整的后踢动作练习，可采用踢打固定靶练习；练习反击后踢。

3. 后旋踢

（1）动作方法。实战姿势开始。两脚以两脚掌为轴内旋约 180°，身体随之右转约 90°，两拳置于胸前；上体右转，与双腿拧成一定角度，右脚蹬地将蹬地的力量与上体拧转的力量合在一起，将后腿向后上以髋关节为轴直腿摆起，右腿继续向后旋摆鞭打，同时上体右转，带动右腿弧形摆至身体右侧，右腿屈膝回收落地（见图 21-16）。

图 21-16

（2）练习方法。支撑前脚掌着地转动，转身同时向后蹬伸腿；右脚向后摆动；先练习身体原地转动 360°；右腿开始摆动时不要求高度，以后在逐渐升至摆动高度；进行完整的后旋踢动作练习。

案　例

　　跆拳道是以腿法为主，拳脚并用的一门运动。陈中是我国著名跆拳道运动员，悉尼奥运会上为中国赢得了第一枚也是世界跆拳道史上的第一枚奥运金牌。陈中学习跆拳道前在焦作市篮球业余体校打了 4 年篮球，1995 年开始练习跆拳道，1997 年入选国家集训队。2000 年从北体竞技体校毕业，进入北京体育大学运动系。陈中是跆拳道界的传奇人物，她不仅在 2000 年悉尼奥运会和 2004 年雅典奥运会上实现奥运双连冠，还在 2001 年世界杯及 2007 年北京世锦赛夺冠。在跆拳道女子大师级的比赛上，陈中堪称世界第一人，她实现了奥运会、世锦赛和世界杯冠军的"大满贯"。陈中的特点是身体素质好，速度快，头脑灵活，打法简洁实用，是目前这个项目上世界最具实力的选手之一。

案例分析

　　跆拳道是一种以腿法为主的武技，实战中步法的灵活运用对保证充分发挥腿的威力，取得实战的胜利具有极其重要的意义。腿法使用时多以后腿进攻，因此跆拳道的步法具有鲜明的特点，即重心落在两脚之间或偏于前脚，而且身体姿势大都以侧向站位，以便保护身体和下面要害部位和使后腿通过拧腰转髋发力，增加击打的力量和速度。

任务三　跆拳道重点组合的评价与考核

一、进攻→防守（即先进攻再防守）

1. 右横踢→左后踢

考核要点：右横踢可以使假动作，趁对方反击时用后踢重创对手。

2. 右下劈→左下劈

考核要点：两个动作要连贯。

二、进攻→进攻（即连续进攻）

1. 左横踢→右横踢

考核要点：如果左横踢踢空，右横踢要快速连接。

2. 右前横踢→左横踢

考核要点：前横踢起动要突然。

重 点 小 结

　　1. 跆拳道以腿法为主的武技，主要以腿部的灵活多变来打击对方。因此，跆拳道的步法具有鲜明的特点。即重心落在两脚之间或偏于前脚，而且站立姿势大都以侧向站位，以便使保护身体的重要部位和使后腿通过拧腰转髋发力，增加打击力度和速度。

　　2. 跆拳道以腿法快速、灵活、多变的移动来达到攻击对方。主要特点有以下五个。

（1）以腿法为主，拳脚并用。

（2）动作追求速度，力量和效果，以击破为测试功力的手段。

（3）强调呼吸，发声扬威。

（4）以刚制刚，方法简练。

（5）礼始礼终，内外兼修。

课课练

（1）身体素质练习：跑步，正、侧压腿，立卧撑练习，前进步，后撤步，后退步，跳换步练习。

（2）专项技术练习：步法练习；拳法练习；击、踢沙袋练习。

项目二十二

轮 滑 运 动

【学习目标】

1. 知识目标

（1）了解轮滑运动的起源和发展概况及其运动的特点与锻炼价值。

（2）熟知轮滑运动分类：①速度轮滑；②花样轮滑；③轮滑球。

（3）学习掌握轮滑运动的基本技术。

2. 技能目标

（1）能基本掌握轮滑运动中的身体平衡、重心及稳定。

（2）学习掌握轮滑运动侧蹬滑行。

（3）学习掌握轮滑运动后滑步转弯。

（4）学习掌握轮滑运动的几种停止滑行的技术要领。

【运动提示】

（1）依据循序渐进的原则，先学习站立、踏步的行走。

（2）反复练习单脚蹬地，双脚向前滑行：左脚在前成"丁"字形站立，右脚用内侧轮向身体的侧后方蹬地，左脚尖稍向外撇向前滑行，依次进行。

（3）学习掌握前滑压步变左脚支撑滑行，后滑压步转弯技术。

（4）练习和掌握轮滑运动的停止滑行技术要领。

【项目任务】

（1）了解掌握轮滑运动的基本步伐。

（2）掌握各种滑步进行的用力，支撑和停止前行的技术。

（3）掌握速滑弯道滑行技术要领。

（4）熟知轮滑运动场地和安全自我保护（当失去平衡，应迅速屈膝下蹲，顺势滚翻）。

（5）锻炼时要远离斜坡和山地、车辆；练习时必须穿戴护具及头盔。

【项目实施】

轮滑运动（Roller Skating）俗称"滑旱冰"，是穿着有轮子的轮滑鞋在坚实的地面上滑行的一项运动。

任务一　轮滑运动简述

了解轮滑　体验轮滑　娱乐轮滑

轮滑起源于公元1100年,溜冰鞋是利用骨头装在长皮靴脚掌上帮助猎人也能在冬天才能进行的打猎游戏。由苏格兰民族 Dutchman（人名）于公元1700年爆炸性创造了第一对溜冰鞋，他希望能在夏天模拟出冰上溜冰（ice skating）。于是用敲定的木制的线轴长条林木附在他的鞋子上。这年年中在 Edinburgh （爱丁堡）组成了第一个溜冰俱乐部。

之后1760年（英国）、1819年（法国）、1863年（美国）、1884年（美国）人们先后开始对轮子进行改进。到1980年，明尼苏达外两位热爱冰上曲棍球的兄弟，为了在球季之中能够继续夺冠，便将轮子装在刀底鞋垫之内，出现了第一双单排轮滑鞋，这种轮子排列成一排直线的溜冰鞋正式学名为 In-lines Kate，这就成了今天单排轮滑正式名称。

之后于1984年、1985年，又改进了轮子，最终使单排轮滑更好玩、更刺激。

因此，可以说第一双真正意义上的轮滑鞋是由美国人詹姆斯·普利姆顿于1863年发明。他的发明推动了各国轮滑运动的发展。

轮滑是一项休闲运动，但同时也是竞技项目，随着它的不断完善，目前已经形成多项轮滑竞技项目。速度轮滑进入2010年广州亚运会竞赛项目，共设6块金牌。

轮滑作为一种娱乐性项目于19世纪末传入我国，而作为一种体育项目来发展还是在20世纪80年代初，作为体育项目，轮滑在我国正处于发展阶段；作为一种休闲运动，早已在全国各地普及了。轮滑是借助半机械性轮滑在路面上展示自己体能与风采的运动，深受青少年的喜爱。同时它还具有如下三个特点。

健身性：轮滑是一项全身性运动，能促进心脑血管系统和呼吸系统机能改善和代谢的作用加强，能增强臂、腿、腰、腹等肌肉的力量和身体各个关节的灵活性，特别是平衡能力有很大作用。

娱乐性：轮滑有很强的娱乐性和趣味性，通过运动可使人们从平时紧张、压力繁重的学习和工作中解脱出来，达到心身放松的目的。

工具性：除了上述两个特点外，轮滑具有很多项目所不具有的一个特性，就是它可做交通工具。一般情况下，在平整的路面上，轮滑都可以代步成为交通工具。不过，要穿梭于车来人往的大街上，滑着轮滑要注意交通安全。

在有条件的院校建议开设选修课，配备专职教师或成立俱乐部。

一、轮滑运动的起源和发展

轮滑运动是从滑冰运动过渡而来，据有关资料记载，轮滑在18世纪由不知名的荷兰人发明。他为了在不结冰的季节继续进行训练，尝试把木线轴安在皮鞋下，在平坦的地面上滑行。从此，轮滑运动在欧洲诞生、兴起并得到了较快的发展。

现代轮滑是由美国的詹姆斯·普利姆普顿于1863年发明的。他用金属轮子代替木质轮子，他的发明推动了各国轮滑运动的发展。1892年，国际轮滑联盟在瑞士成立，轮滑运动进一步向正规化、国际化方向发展。以后，轮滑运动逐渐演化为花样轮滑、速度轮滑和轮滑球三种不同形式的运动项目。1936年在德国的斯图加特举行了首届世界轮滑球锦标赛。1937

年，在意大利蒙扎正式举办了首届世界速度轮滑锦标赛。5 年后，第 1 届世界花样轮滑和花样舞蹈锦标赛在美国华盛顿举行。1940 年在罗马举行的第 43 届国际奥林匹克委员会会议上正式承认了轮滑项目的国际联合会。这一决定，使轮滑运动很快地从欧洲传到北美、南美、非洲、大洋洲等地，各洲也相继开展了轮滑锦标赛。在经过第二次世界大战的停顿后，于 1947 年又恢复了轮滑运动的世界锦标赛，并由战前的三年一届改为每年一届。目前，美国、德国、意大利是世界轮滑的强国。

我国轮滑运动开展较晚。轮滑运动 19 世纪传入中国，当时仅限于沿海个别城市，只作为娱乐活动。直到 20 世纪 80 年代初期我国才有正式比赛出现。现在，轮滑运动已经成为我国青少年最喜爱的运动项目之一。

🍃 案　例

轮滑运动自 18 世纪荷兰人发明开始，历经比利时人约瑟夫默林、美国人詹姆斯普利姆普顿等先后改进，发展成现代的轮滑运动。即花样轮滑、速度轮滑和轮滑球三种不同形式的运动项目。轮滑运动传入我国则在 19 世纪末，而真正被列为正式比赛项目则是在 20 世纪 80 年代。在竞赛水平上，亚洲的各项轮滑运动与世界相比还有一定的差距。但中国在亚洲的历届比赛中多次获得花样轮滑团体的金牌。

🌱 案例分析

①轮滑运动属业余活动，经费少、比赛少、普及面窄；②中国目前主要在学生中开展；③轮滑运动是一项全身运动，健身性强，锻炼时不受年龄、性别的限制。

二、轮滑运动的特点及其锻炼价值

轮滑是一项融健身、竞技、娱乐、趣味、技巧、休闲于一身的全身运动。轮滑运动的器材和设备相对比较简单，有一双轮滑鞋就可以在坚实的地面上滑行起来。从事轮滑锻炼可以不受季节、时间、温度的影响，不受性别、年龄、体质水平的限制。所以，轮滑运动是一项便于普及的体育项目。

轮滑运动是一项全身运动，健身性强，不仅能增强臂、腿、腰、腹肌肉的力量和各关节的灵活性，提高平衡能力，而且对心脑血管和呼吸系统机能的改善能起到良好的作用。青少年参与其中，更会从摔倒和爬起中得到启发和磨炼，有利于他们心理健康的发展。

三、轮滑运动的分类

轮滑运动可以分为速度轮滑、花样轮滑、轮滑球。

1. 速度轮滑

比赛分场地跑道比赛和公路比赛两种。场地跑道比赛项目有 300m、500m、1000m、1500m、2000m、3000m、5000m、15 000m、20 000m、30 000m、50 000m。公路比赛有男子 42km，女子 21km。

2. 花样轮滑

有男子单人滑、女子单人滑、双人滑（一男一女）。规定图形有 17 类，共 61 种滑法。根据运动员所做动作的准确性、难度、造型优美的程度来评分。

3. 轮滑球

比赛规则、打法、裁判法及使用的器材与冰球类似。比赛双方各 5 人上场竞技。所不同的是，全场共分两局进行，各 20min，两局中间双方交换场地。

任务二　轮滑运动的基本技术

轮滑是一项在运动中灵活变换重心、维持动态平衡的运动。因此，在练习时应认识到大胆、灵活、及时地移动重心、掌握技术的重要性，并通过多种练习手段提高移动重心的灵活性和掌握平衡的能力。轮滑运动具有侧蹬用力的特点。穿着轮子前后转动的轮滑鞋，在滑行中无法在身体后面找到有效的支点，而只能在体侧找到合理稳固的支点，只有通过侧向蹬，才能产生前进的动力。因此，学习轮滑必须克服在陆上走或跑时所蹬用力的习惯，建立侧向用力的习惯。轮滑滑行时一般都采用蹲或半蹲的姿势滑行，因此要求初学者要时刻想着腿的蹲姿，培养良好的习惯。

一、初学滑行练习

1. 站立

主要是掌握和保持身体的前后平衡。方法：两脚左右开立，两膝微屈，上体稍前倾，目视前方，两臂置于体侧，两手的高度不宜过腰，体重均衡压在两脚上。

2. 踏步及行走

（1）踏步。主要是掌握用一只脚支撑身体和保持身体重心移动时的平衡。身体成站立姿势，上体稍前倾，大腿用力向上抬起；膝关节弯曲，小腿在空中自然放松，身体重心在支撑腿上，踝关节用力控制滑轮的滚动，保持抬腿时身体重心的移动和平衡，两脚交替做踏步练习。踏步的频率，随着能自如地控制身体平衡而逐渐加快。两腿抬的高度可逐渐增高，即从原地踏步变成高抬脚踏步。动作要轻松自如、协调。

（2）行走。开始练习时，步幅不宜过大。两脚跟靠拢，脚尖外展，两脚稍成外"八"字形，屈膝，上体略前倾，两臂侧下举，每步 10～20cm，提膝稍离地面即可，身体重心要随着腿的抬起而向前移动。落地时支撑的脚要站稳，目视前方，两臂自然摆动。

3. 滑行

（1）单脚蹬地，双脚向前滑行。左脚在前成"丁"字形站立，右脚用内侧轮向身体的侧后方蹬地，左脚尖稍向外撇向前滑行，身体重心随之移至左腿上，同时右脚收成双脚着地，向前滑行。双脚滑行阶段应长些，两脚交替进行，两臂在体侧自然地摆动，肩要放松，上体前倾度应比走步时稍大。

（2）两脚交替蹬地，两脚交替单足向前滑行。左脚在前成"丁"字形站立，屈双膝，右脚用内侧轮向身体的侧后方蹬地，左脚屈膝向前滑行，身体体重心逐渐移至左腿，成单脚支撑向前滑行。右脚蹬地后在左脚的侧后方自然放松地收至靠近在脚外处落地滑出，脚尖稍向外展，再用左脚内侧蹬地，重复交替进行。蹬地时身体重心应及时地转向支撑腿，单脚滑行阶段的距离尽量长些，两脚滑行的时间和距离尽力相等。

（3）前滑压步转变左脚支撑滑行。身体左倾，右脚在右后侧蹬地，蹬地后摆越左脚，在左前侧落地，身体重心移至左脚。同时左脚用外侧在右后方侧蹬地，蹬地后前移至左前侧落地支撑滑行。前滑压步右转弯与左转弯动作相同，方向相反。

（4）后滑压步转弯。以后滑压步右转弯为例先右脚支撑后滑，身体向右分倾斜，左脚在左前下方蹬地。左脚蹬地后摆越右脚尖，在右侧下方支撑落地，身体重心移至左脚，同时左脚在右侧前下方蹬地，蹬地后移至右后侧下方支撑落地滑行。这样，连续不断后压步转滑行。

4. 停止滑行

（1）减速停止在快速滑行时逐渐减速，两脚内侧轮施用力成内"八"字形，可立即停止滑行

（2）"丁"字形停止以右脚在前为例，可以先用左脚滑行，然后将右脚抬起，右足跟向里足尖向外，放在左脚前或后成"丁"字形，重心移至右脚上，以增加阻力，达到减速或急停。

（3）转体停止，在滑行中急停，可以改变滑行方向，采取向左或向右转圈，即左脚或右脚上一步向左或者向右转一个小圆圈，停止滑行，但要注意上体立直，下肢屈膝，切不可前倾，否则会跌倒。在掌握基本滑行技术的基础上，逐步学习后滑、双脚前滑转体后滑、花样滑等技术。

二、速度滑轮滑基本技术

速度滑轮滑基本技术包括直道滑行、弯道滑行、起跑、冲刺几部分。

1. 直道滑行

上体前倾稍高于臀部，大腿与小腿约呈 110°夹角，小腿与地面约呈 60°夹角，重心落于支撑脚的两轮之间，目视前方 10m 左右地面。如果左脚支撑前滑，右脚在右后侧下蹬地，蹬地角约为 60°。同时右手前摆约高于头部，左臂自然后摆。右脚蹬地后，屈腿后摆再前收，靠左脚后落地支撑滑行，接着左脚在左后侧下方蹬地，交替滑行动作。

2. 弯道滑行

从直道进入弯道时，要增大向心力，上体必须向左倾斜。倾斜的大小，应根据滑行速度和弯道大小来决定。左脚滑行时身体右倾，右脚在右后侧下方蹬地，右臂向左前上摆，左臂自然后摆。脚蹬地后，右大腿带动小腿，提脚落于左前侧支撑滑行，重心移至右脚，上体左倾。左脚在侧下方蹬地，左臂向左前上摆，摆幅稍小，右臂自然后摆，摆幅稍大。如此交替压步转弯直至直道滑行。

3. 起跑

起跑由预备姿势起动和疾跑构成，有正面起跑和侧向交叉起跑两种姿势，其中侧向交叉起跑：当听到预备口令时，运动员左肩对滑跑线站立。两脚与肩同宽，左外轮紧靠起跑线站立。上体直，两臂前平举，两腿屈成稍蹲姿势，静止不动。听到起跑信号后，右脚用力蹬地并在左腿前交叉跨第一步，重心侧移，上体左侧前倾，两臂右摆，接着左脚外轮用力蹬地，蹬后左脚尖外转跨出第二步，两臂左摆，上体转向正前方倾斜，然后用外八字步，内轮用力蹬地，疾跑五六步进入滑行。

4. 冲刺

冲刺时要加快节奏，提高频率，加大摆臂力量，长距离一般在最后 400~800m 时冲刺，短距离在最后 100~200m 冲刺。

三、轮滑运动场地和安全

从事轮滑锻炼时，应注意安全。轮滑运动的技术特点，主要是移动身体重心，保持身体的动态平衡。滑行时必须使身体重心的垂直投影点落在支撑底面内，滑行时一旦失去平衡，应迅速屈膝下蹲，顺势滚翻，进行自我保护。从事轮滑锻炼时，必须穿戴护具及头盔，以免发生意外。

每次锻炼时，都要注意选择好场地，最好在允许滑行的公园和广场。要找一块光滑、平坦的地方，要远离斜坡和山地，远离车辆。在学会急停和控制速度之前，千万不要在人行道和街区内滑行。

在台阶及马路沿前要减速。在上台阶时将鞋倾斜一些，像螃蟹一样侧身行走。

地上的每一个裂缝、碎石、小树枝都会锁住轮子，有发生意外的可能。如果在这样的地面上，双腿分开可以站得稳一些。能控制速度和制动后，才可以练习下坡。如果是初学者，下坡时，还是脱下鞋走，这样比较安全。

🖉 案 例

轮滑是一项具有娱乐性、环保性、健身性、工具性、安全性、经济性、方便性、刺激性、观赏性的运动。轮滑运动有助于锻炼脑部平衡力、减肥、强化关节、塑造体型、减压。我国具有惊人天赋的轮滑运动员苏菲浅，1998 年出生，四川人，从小学习舞蹈、芭蕾舞、拉丁舞、艺术体操和自由体操，2008 年苏菲浅就在新加坡举行的世界轮滑锦标赛中获得了季军，并因此入选了中国轮滑国家队。此后，一直专注于研究更高难度动作的苏菲浅，在 2009 年上海轮滑世界锦标赛之前，练成了一套以舞蹈为主的轮滑动作。2009年 8 月下旬，2009 年上海轮滑世界锦标赛上，四川轮滑年仅 11 岁的苏菲浅以近乎完美的表演，征服了现场的上千名观众和现场评委，最终为四川轮滑拿到了首个世界冠军。2010 年第四届全国自由式轮滑大赛暨世锦赛选拔赛女子花式绕桩冠军。苏菲浅还获得了2010 年第十四届亚洲自由式轮滑锦标赛女子花式绕桩冠军，2010 年海宁国际公开赛女子花式绕桩冠军，2010 年海宁国际公开赛女子对抗赛冠军，2010 年韩国全州世界轮滑锦标赛女子组花式绕桩冠军，2011 年第五届全国自由式轮滑锦标赛暨世锦赛选拔赛女子对抗赛和女子花式绕桩两项冠军，2011 年北京燕莎国际大师赛女子对抗赛冠军，2011 年上海世界杯轮滑大奖赛女子对抗赛和女子花式绕桩两项冠军。2011 年德国第 5 届自由式轮滑世界锦标赛女子对抗赛冠军和青年女子花式绕桩亚军。

🌱 案例分析

普通的轮滑技巧主要有站姿、起步、滑行、身体的重心、滑行姿势、停止。

（1）站姿一种是普通的平行站立，第二种是应用于非平整地面的丁字形站立（也叫 T 字形站立）。

（2）起步滑行从 T 字形站姿起步，让一只脚保持前进姿势，脚尖向前，另一只脚向身体侧后方蹬地推出，就会有向前前进之力量。

（3）滑行时为保持较好的平衡，要尽量屈膝弯腰。目的是稳定重心和便于发力。

（4）滑行时身体的重心要始终稍向前倾，随着两脚的不断交替，重心要不断地转移。当一只脚向侧后方蹬出时，身体重心必须要完全放在另一条腿上，这样才能保证蹬出的腿很顺畅的收回来。

（5）滑行姿势：双膝微弯，身体稍向前倾以保持重心。滑行速度越快，屈膝弯腰的幅度越大。标准的速滑姿势为双手自然背后（无摆臂的情况下），背部与地面平行，大腿与小腿弯曲角度不大于 $120°$。

（6）以上述姿势滑行，双脚靠近保持平行，有熬车块的脚稍稍向前，使两脚距离相差约有半个脚，提起脚尖直到煞车块碰触到地面，然后慢慢将重心移到有煞车块的脚，增加压力，直到停下来。

重 点 小 结

（1）轮滑是一项极易掌握的体育运动，任何人都能很快地学会它。但对很多人来说，初次接触轮滑时，心理上会产生一种畏惧感——担心摔跤。其实，只要简单地掌握一些轮滑的方法和技巧，就能把这项运动变成乐趣。

（2）平衡是掌握轮滑的基础，掌握平衡是非常重要的。初学者可以通过控轮练习来慢慢地掌握平衡，控轮练习的目的就是尽快地熟悉脚下的鞋和轮子，找到轮上的感觉，找到平衡。

课 课 练

（1）原地错步、原地高抬腿、平行行走练习。
（2）普通轮滑技巧练习。

第四篇　体育运动大视野

项目二十三　民族和传统体育运动

【学习目标】

1. 知识目标

（1）了解民族和传统体育运动的起源、发展和概况。

（2）掌握几种民族和传统体育运动的基本技术、动作方法和要领。

（3）了解和掌握几种民族传统体育运动的基本战术及战术特点。

（4）了解几种民族传统体育运动的主要竞赛规则。

2. 技能目标

（1）熟练掌握几种民族传统体育运动的基本技术，促使学生的身体形态、机能、素质的正常发展。

（2）掌握几种民族传统体育运动的基本战术以及在比赛中能合理的运用。

（3）掌握几种民族传统体育运动的竞赛规则，并能鉴赏各类民族传统体育运动的比赛。

（4）不分成绩高低、有无运动天赋，都可以参加民族传统体育训练。

【运动提示】

（1）要多加强力量、柔韧和各项身体素质的练习。

（2）在基本技术的练习中要多做徒手模仿练习，练习时动作应先慢再快，先轻后重，先稳再攻，由浅入深，循序渐进。

（3）在练习中要带着战术意识去练技术，这样才能练就真正实用的技术。重点技术要经常练、反复练，做到精益求精。

【项目任务】

（1）熟悉划龙舟的基础知识和竞赛规则。

（2）熟悉巴山舞的起源和套路动作。

（3）熟悉掌握毽球的发展、锻炼价值与基本技术。

（4）掌握跳绳的练习方法和运动规则。

（5）了解拔河的概述和基本技术。

【项目实施】

任务一　毽　　球

一、毽球运动概述

1. 毽球运动发展概况

（1）毽球运动的起源。据历史文献和出土文物证明，踢毽子起源于我国汉代，盛行于六朝、隋、唐。在我国著名的"毽乡"之一河北承德，家家有毽，人人善踢，逢年过节，更是热闹，街头巷尾，到处可以看到踢毽的活动。到了唐宋时期，踢毽子非常盛行，踢的花样也很多，集市上还有制作出售毽子的店铺。明清时开始有正式的踢毽比赛，不少民间艺人就爱画少儿踢毽子的生动场面。清代民间艺人绘制的《踢毽图》上的动作姿态和现代踢毽子相似。到了清代末年达到鼎盛时期，踢毽子的技巧已经相当高了，踢法有里外廉、拖枪、耸、佛顶珠等技法。

（2）毽球运动的发展。20 世纪 30 年代，我国涌现了一批全国闻名的踢毽子能手。踢毽技术在普及的基础上得到了提高，各种踢法丰富多彩，高难翻新的动作层出不穷，使我国传统的踢毽运动日趋完善。1928 年 12 月，我国第一次举行了踢毽子公开比赛，推动了这项民族体育项目的发展。1933 年 3 月 26 日，在南京市又举行了第一次全国性的踢毽比赛。

1933 年 10 月举行的全国体育运动会上，踢毽子同拳术、摔跤、弹弓、剑术等民间运动项目一起进行了比赛。新中国成立后，这项民族体育运动才逐渐得到了恢复和发展。1950 年，北京市吸收了在街头靠踢毽糊口的艺人参加了杂技团，专设踢毽子节目，并出国进行表演，受到了国外观众的热烈欢迎。1963 年，踢毽子同跳绳等被列入国家提倡开展的体育活动，踢毯子运动还被编入小学体育教材。1961 年 6 月，中央新闻电影制片厂拍摄了"飞毽"的电影，介绍了踢毽运动的历史和踢法，进一步推动了这一运动的发展。

我国踢毽子的第一次正式比赛是广州市体委 1956 年举办的，并制定了简单的规则。1984 年春《毽球竞赛规则》诞生。它是根据踢毽子的特点，吸收了几种球类比赛的形式综合而成的。

从源于汉代的踢毽子发展到今天的毽球、花毽，从花式的多样性、观赏性、个人性到现在的群众性、对抗性，毽球运动在广泛开展的基础上，运动水平不断提高涌现出一批高水平运动队，技术动作的难度不断加大，头球、脚踏球、倒勾、凌空勾球等难新动作层出不穷，每次大赛都出现精彩的竞争场面。

2. 毽球运动的特点及锻炼价值

（1）毽球运动的主要特点。

1）灵敏性：一个小小的、上下飞舞不定的毽子，踢毽者要在最有利的一刹那间来控制它，在空中完成各种接、落、跳、绕、踢的动作，过早过晚都要失败，这就需要做到反应快、时间准、动作灵敏、协调。

2）观赏性：踢毽子是我国独有的民族体育运动之一，它不仅是锻炼身体的手段，而且也是一种优美的艺术表演，有很好的观赏价值。

3）融合性：毽球运动融入了足球的脚法、羽毛球的场地和排球的战术。发展踢毽运动，还对其他体育运动技术的提高有促进作用。有人研究，踢毽子与踢足球有很多共同点，它们都是利用足内侧、足外侧、正脚面来控制，同样需要踝关节、膝关节和髋关节的灵活协调。足球受场地和器材的影响较大，特别是城市中小学，除体育场训练外，其他训练条件较差，如制一毽子，随身而带，可利用一切空余时间进行足球的辅助练习。除足球之外，踢毽对其他运动项目，如武术、体操、跑步等都有帮助，不失为一种良好的辅助运动练习。

4）普及性：踢毽子运动量可随意控制，可视自己的体能来确定运动量。不必与人争抢冲撞。不受场地限制，占地小，器具简单，投资少，男女老少都可参加。

5）群众性：踢毽子对男女老少都相宜，点滴时间也可以利用，便于广泛开展。

（2）毽球运动的锻炼价值。踢毽子是一项全身运动，有时还很激烈。经常参加这项运动，不仅可使下肢肌肉、韧带富有弹性，关节灵活，提高人们的反应、灵敏和动作协调的能力。而且可使心、肺机能得到全面锻炼，起到增进身体健康的良好的作用。另外，对老年人和慢性病患者，经常适度踢毽可舒筋活血，益寿保健。

二、毽球基本技术

1. 准备姿势

准备姿势是运动员在场上未接球时身体的一种等待状态。一般分以下两种。

（1）左右开位站势。这种站势使运动员能从静止状态快速转向左右的移动的状态，尤其用在比赛的防守过程的站势当中。

（2）前后开位站势。这种站势使运动员能从静止状态快速转向前后的移动状态，较多应用在比赛过程的接发球和防守当中。注意后脚跟离地，身体重心要向前移，随时保持静中带动的状态。

（3）移动。步法是移动的灵魂，没有纯熟的步法移动技巧，在比赛中就不能变被动为主动。步法移动一般分别为前上步、后撤步、滑步、交叉步、并步、跨步、转体上步、跑动等八种。

2. 基本脚法

（1）脚内侧踢球。膝关节外张，大腿向外转动，稍有上摆，不要过大，髋和膝关节放松，小腿向上摆，踢毽时踝关节发力，脚放平，用内足弓部位踢球。在运用上主要多用在传接球方面，因此要想成为一名出色的球员，无论是一传手、二传手或是攻球手，都必须熟练、稳定地掌握好脚内侧踢球。

（2）脚外侧踢球。要稍侧身，向体侧甩踢小腿，勾脚尖，用脚外侧踢球。注意要想获得较低的托球点，必须使支撑脚做适当的弯曲。还要注意身体重心应放在支撑脚上。

（3）脚背踢球。用脚背踢球，一般用正脚背，要注意绷脚尖和抖动脚腕发力击球。此踢球的技术是相对其他基本技术中难度较大的一种，主要动作要求不但要快，还要求有一定的准度，一旦抖动脚腕发力击球的节奏过快或过慢都会影响完成踢球的质量。

（4）触球。在身体膝关节以上部位的踢球都叫触球。但又可以分为大腿触踢球，腹部触踢球，胸部触踢球，头部触踢球。大腿触踢球时，要注意抬大腿迎球，放松小腿，用大腿正面前段击球。腹部触踢球，胸部触踢球，头部触踢球，都要注意触球时将腹部、胸部或头部要稍微向前去主动迎接球，并控制球落在自己的前方，然后用脚将球踢出。

3. 发球

（1）脚内侧发球。抬大腿带小腿，用内足弓部位向前上方送髋推踢。其特点是既稳又准，破坏性强。

（2）脚正背发球。用正脚背向前上方发力挑踢。它的特点是平、快、准。

（3）脚外侧发球。稍侧身站位，绷脚尖，用脚外侧发力扫踢，其发球的盘点是既快又狠，攻击力强。

（4）脚踏发球。面对发球方向，摆腿高于自己的头顶。然后向前送髋，摆动小腿，用前脚掌把球击出。

4．攻球

攻球是指用脚或头的有关部位攻击的总称。一般技术有倒勾、前踏、里合、外摆、头攻，它们是比赛中夺取发球权或得分的重要手段。其威力表现在高度、力量、速度、变化和突然性上，它同时灵活多变。

（1）倒勾。身体背网站立，当球在体前侧位置时，屈膝上抬大腿，迅速摆动小腿，在击球瞬间勾脚尖用脚趾背部位将球攻入对方场地。其特点是攻球速度快和凶猛。

（2）前踏。大腿带动小腿上抬，勾脚尖，击球时，小腿向前上方摆起，随即下压，以脚前掌部位攻击球。其特点是站位有利，破坏对方拦网。

（3）里合攻球。身体侧对球网站立，腿由外向里摆，膝关节为轴，腿由直到屈，小腿快速向内下压，以脚前掌部位击球。其特点是突然性强，杀伤力大且隐蔽性好。

（4）外摆攻球。大腿前松，膝部弯曲。脚内旋，击球时随即向外摆动小腿，用脚背或脚背外侧弹击球。其特点是球路变化大，不受对方拦网影响。

（5）头攻球。是由助跑、起跳、展体、摆头击球和落地五个部分组成，首先判断球路及高度，然后助跑、用单脚或双脚在限制线后面起跳，空中展体，击球时收腹摆头，用前额或头侧部位压击球。头攻的特点是击球点高，威力大，对方不易拦网。

5．传球

传球是用各种踢或触球技术将球传给同伴的过程，它是防守反击的主要手段，传球可以将球一次性传给同伴，也可以调整一次，第二次将球传出。

三、毽球的练习方法

1．触踢球的练习方法

（1）徒手练习：徒手做各种触、踢球动作。

（2）自抛自踢或触一次，用手接住。反复练习熟练后，可采用连续触踢球。

（3）移动中脚内侧连续触、踢球练习。

易犯错误与及原因：击球不准或击球不到位，判断不好，移动不及时，时空感差。

纠正方法：

（1）多进行踢球练习，掌握踢球部位。

（2）多做步法和灵敏性练习。

（3）互抛互踢，掌握时空感。

2．发球方法

（1）徒手练习技术动作，体会发球动作要领及用力过程。

（2）对墙发球，在墙上划一横线，横线与地面高 1.20m，练习采用某一种发球技术反复发球。

（3）两人相对发球，距离由近到远。

易犯错误及原因：击球部位不对，判断有误，空间感差，发球时腿部力量掌握不好。

纠正方法：

多做触、踢球练习，对墙自抛自踢，多做定点发球，固定技术动作。

3．攻球练习

（1）徒手做各种攻球练习，体会动作要领。

（2）对墙自抛攻球，在墙上画一条标志线高 1.55m 左右，将球击在标志线以上处。

（3）原地或上步用各种攻球方法攻击悬垂球。

易犯错误及原因：击球部位不准，摆脚高度不够，判断力差，空间感差。

纠正方法：多做自抛自攻练习，加强腿部柔韧性练习，多做徒手摆腿练习。

四、毽球的基本战术

1．进攻战术

（1）"一、二"阵容配备。就是在三个上场队员当中有一个是主攻手；两个是二传手。运用此阵容配备时，主攻手一般不参与接发球（见图 23-1）。

（2）"二、一"阵容配备。是在上场三个队员中有一个主攻手、一个副攻手和一个二传手，组成"二、一"阵容配备（见图 23-2）。

（3）"三、三"阵容配备。就是在上场三个队员中三个都是攻球手又是二传手。"三、三"阵容配备场中队员接球站位（见图 23-3）。

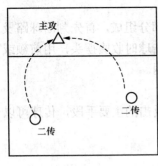
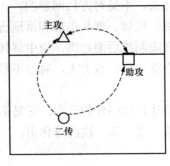
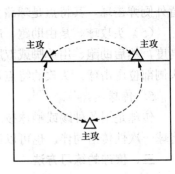

图 23-1　　　　　　　　图 23-2　　　　　　　　图 23-3

2．防守战术

（1）"弧形防"。就是三名人员在中场成小弧形的站位防守。"弧形防"阵形是在对方的攻球威力不大时采用（见图 23-4）。

（2）"一拦二防"。在场上三个队员中，一人在网前拦网，另两名队员分别在其两侧分区防（见图 23-5）。

（3）"二拦一防"阵型。就是在场上三个队员有两人在网前拦网，另一名队员在其后方防守（见图 23-6）。

（4）"拦—堵—防"阵型。就是一人在网前拦网，一人在侧面往后堵击，另一人在中后场防守（见图 23-7）。

五、毽球运动主要竞赛规则

1．场地

（1）场地面积。

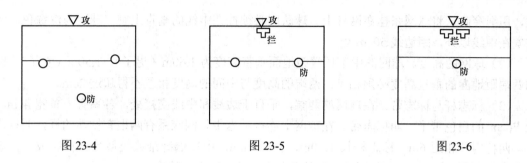

图 23-4　　　　　　　　　图 23-5　　　　　　　　　图 23-6

1）多人比赛场地：长 11.88m，宽 6.1m（见图 23-8）。

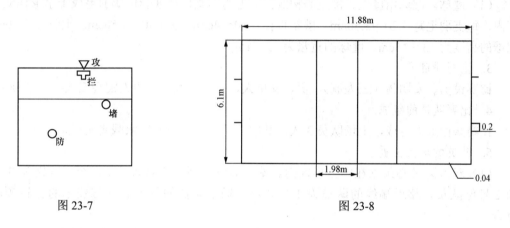

图 23-7　　　　　　　　　　　　　　　图 23-8

2）单人比赛场地：长 11.88m，宽 5.18m（见图 23-9）。

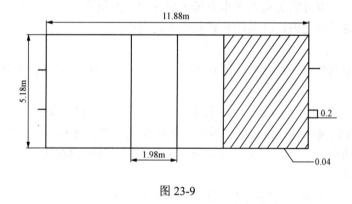

图 23-9

（2）界线。比赛场地应按平面图画出清晰的界限，线宽 4cm，线的宽度包括在场地面积之内。较长的两条边界叫边线，较短的叫端线。连接场地两边线的中点与端线平行的线叫中线。中线将场地分为均等的两个场区。在中线两侧各画一条与中线平行的线叫限制线（此线包括在限制区内）。中线至限制线的距离为 1.98m。

（3）发球区。距两端线中点两侧各 1m 处向场外各画一条长 20cm 与端线垂直的短线叫发球区线（此线不包括在发球区内）。发球区线向后无限延长的区域叫发球区。

2. 球网

（1）球网的规格。球网长 7m、宽 76cm，网孔 2cm 见方。球网上沿缝有 4cm 宽的双层白布，用绳穿起，将球网张挂在网柱上。球队网必须挂在中线的垂直上空。球网为深绿色。网柱安在中线以外，距边线 50cm 处。

（2）球网的高度。球网的中部顶端距地面垂直高度为 1.60m（男子），1.50m（女子）。网的两端距地面的垂直高度必须相等，两端的高度与中间的高度相差不得超过 2cm。

（3）标志杆与标志带。在球网的两端，垂直于边线和中线交接处，各系有一条宽 4cm，长 76cm 的白色带子，叫标志带。在球网上连接标志带外侧应系有两根有韧性的杆，叫标志杆。两杆内侧相距 6m。标志杆长 1.20m，直径 1cm，用玻璃纤维或类似的材料制成。标志杆应高出球网上沿 44cm，并用鲜明对比的颜色画上 10cm 长的格纹。

（4）毽球。毽球由毽毛、毽垫等构成。毽毛为四支白色或彩色鹅羽毛成十字形插队在毛管内，每支羽毛宽 3.20～3.50cm。毽垫直径 3.80～4cm，厚 1.30～1.50cm。毛管高 2.50cm。毽球的高度为 13～15cm。毽球的重量为 13～15g。

3. 比赛项目

比赛设男、女团体（三人制），男、女单人，男、女双人，男女混合双人共七个项目。

4. 比赛队员的组成

比赛队由 6 人组成，上场队员 3 人，其中队长 1 人（左臂应佩戴明显标志）。

5. 队员的场上位置

（1）双方队员必须站在本方场区内。站在靠近球网的两名队员从左至右分别为 3 号位和 2 号位队员，靠近端线的队员为 1 号队员。场上队员的位置必须与登记的轮转顺序相符合。

（2）发球的位置。发球的一方，2、3 号位的队员在发球队员的前方，彼此间相距不得少于两米。球发出后，双方队员可以在本方场区内任意交换位置。

（3）每局比赛结束之前，队员的轮转顺序不得调换。

6. 比赛局数

比赛采用三局两胜每球得分制，团体赛每局 21 分，其他各项每局 15 分。

7. 发球

（1）发球。发球队员须在站在本方发球区内，用手持球，将球抛起，用脚踢向对方场区，使比赛进行。发球队员必须在发球区内发球，在球发出后才能进入场区。发球时 2、3 号队员不得有任何掩护动作，否则，判由对方发球。单人赛的发球须落在接发球有效区内，即限制线与端线之间的区域（见图 23-9）。

（2）发球失误。发生下列情况之一时，即判为发球失误。

队员发球时，踏及端线或发球区线及其延长线；球未过网、触网或触及标志杆；球从网下穿过；球从标志及其延长高度以外过网；球触及任何障碍物，或在进入对方场区前触及本队队员；球落在界外；发球延误时间超过 5s；裁判员鸣哨后球坠落在地上。

当发球队失误时，应判失发球权，由对方发球。

（3）重发球。发生下列情况之一时，须重发球：在比赛进行中，球挂在网上（最后一次击球挂网除外）；在比赛进行中，毽毛或毽垫在飞行时脱离；在裁判员鸣哨之前发球；在比赛进行中，其他人或物品进入场区。

（4）发球次序错误。当球发出后，裁判员发现该队发球次序错误，则判该队失发球权，并恢复正确位置。如犯规队已得分，应取消该队因该次发球次序错误所得的分数。

8. 轮转顺序

（1）某队取得发球权时，应先按顺时针方向轮转一个位置，然后由轮转到 1 号位队员发球。

（2）新的一局开始前，可以变换本队队员的轮转顺序，并填好位置表交给记录员。

9. 比赛进行中的击球与附加动作

（1）每队在将球踢入对方场区前，在本方场区最多只能有三人次共击球四次。

（2）每个队员可以连续击球两次。

（3）不得用手、臂触球。但防守队员在手臂下垂不离开躯干的前提下，拦网时手球不判违例。

（4）球不得明显地停留在队员身体的任何部位。

10. 网上球

在比赛进行中球触及两标志杆以内的球网为好球，球触标志杆为失误。

11. 触网

（1）比赛进行中，队员身体任何部位触及两标志杆以内的球网，均为触网违例。

（2）队员击球后，触及标志杆或标志杆以外的球网、网柱、网绳或其他物体，不为违例。

12. 进入对方场区和空间

（1）过网击球为犯规。

（2）比赛进行中，身体任何部位不得进入对方场区的空间。

（3）队员若用头攻球时，必须在限制线以外，但落地时两脚可落在限制线以内。防守队员在限制区内，头部无意识触球过网不判违例。

（4）在比赛进行中，除脚以外，身体任何部位不得触及中线。脚不得完全越过中线。

13. 死球

球触地及违例为死球。

14. 计胜方法

（1）接发球队失误，应判对方得一分；发球队失误，则判由对方发球。

（2）某队得 21 分并至少比对方得多 2 分时，则为胜一局。如比分是 20 比 20，比赛应继续进行，直至某队领先 2 分，方为胜一局。

15. 换人和暂停

（1）由教练员或场上队长提出换人请求。每局每队最多可替换三人次（一队员上场，另一队员下场为一人次）。换人时，可换一人次，也可同时换多人次。换人时间 15s。

（2）每队每局可请求暂停两次，每次暂停时间 30s。

16. 拦网

（1）拦网触球后再次击球不判犯规，算一人次二次击球。

（2）防守队员在手臂自然下垂的前提下，拦网时的手球不判违例。

（3）当发出的球整体高于球网上沿时，接发球方不能在限制区内进行进攻性的拦击。否则判"拦击发球"犯规并失一分。

17. 比赛间断

（1）某场比赛一次或数次间断累计不超过 2h，若比赛仍在原场地进行，间断的一局应保持原比分、原队员和原场上位置；如比赛另选场地，应取消该局的比分，重新比赛，已经结束的各局保留比分。

（2）如果一次或数次间断时间累计超过 2h，则全场比赛重新开始。

案　例

进行毽球教学过程中发现大部分学生拿着毽球站着不动，有的学生将毽球放在地上踢来踢去，有的学生练习的时候不能够连续踢，感觉非常的吃力，有的学生连基本的方向都控制不了，但有的学生举手说自己已经可以连续踢几十个都不会掉下来。教师号召同学们从自己的基础练起，按基础的不同分 4 小组，设置不同的要求，每组设立小组长并对自己的成员负责，第一组练习基本的踢起来，接住，然后再踢起来，也就是边踢边接；第二组练习原地单脚或者双脚连续踢或两人一组互相对踢；第三组的水平是最高的，让他们自己想办法将自己的连续踢次数控制在 40～50 次，并且希望能够踢出自己的特点出来；第四组由教师亲自带领练习双脚交换连续踢。通过分组的方式，学生的练习兴趣大大提高了，各组在小组长的带领下，开动脑筋，积极练习，利用毽球来做游戏。有的几个人一组踢毽球，有的同学指导其他的学生练习毽球，还有学生利用毽球来进行接力比赛。看到学生们这么积极地进行练习，对学生在练习中的表现，不断地进行夸奖与鼓励："你真行！""踢得真好！""很不错！""能不能还可以连续多踢几次？""不要灰心，再试试看，好吗？"让学生在教师的评价中充分感受到一份成功的自豪感和愉悦的情感，他们练习得愉快、轻松、自信、积极。

案例分析

此案例体现了新课程标准所提倡的"以学生为主体"的教学理念；把学习活动的主动权交给学生，给了每个学生以充分的选择机会和发展空间，让他们按照自己的爱好和兴趣来确定自己的学习内容和学习方式。

针对学生身体差异较大，活泼好动，为培养学生的主人翁意识和激发他们的学习兴趣，在教学中让学生通过自主选择学习内容和学习方式，从自己的基础练起，按基础的不同分组，设置不同的要求，分小组的群体活动，是教学中采用最多的一种形式。学生在小组群体中，人与人之间要进行各种交流，还要互相配合进行各种活动，这实际上是社会中人与人之间交往活动的缩影。两人一组一带一练习，三个人一组轮流练习就是让学生在练习中体验到互相配合的重要性，使每个学生体验到单靠个人的力量是不足的，让学生充分感受到自主与合作的乐趣，让学生亲自体验运动的快乐，因为成功与失败都是收获，酸甜苦辣都有营养。进行积极的评价，教师在课堂中对学生的主体言行充满激情的真诚赞扬，让学生在教师的评价中充分感受到一份成功的自豪感和愉悦的情感。

在教师引导下有目的的分组练习给学生搭建展示才能的舞台，培养了学生的主动参与意识、自我管理能力和合作精神，使他们能充分享受到学习活动的乐趣，充分体现了平等、信任、双向情感互动的新型的师生关系，创设了开放、民主的课堂氛围，尊重学生、理解学生和信任学生，从而使学生成为教学过程中的劳动者、求索者和设计者。能使师生共享教学乐趣的方法，何乐而不为。

重 点 小 结

（1）毽球运动是一种快乐体育模式，让学生体验运动的乐趣，培养学生自主学习意识，提高学生实践能力。拓展体育教学功能，更好地在学校体育教学中贯彻素质教学。

（2）毽球运动具有的几大特点：灵敏性、观赏性、普及性、融合性、群众性。

（3）毽球运动的基本技术包括准备姿势、基本脚法、发球、攻球、传球。

（4）在毽球运动练习中多采用自抛自踢、两人对踢、多人对踢的形式，配合步伐和身体的灵敏练习。

（5）自抛自踢的个数多少可作为课堂测验的一种项目。

课 课 练

（1）身体素质练习：

1）步伐练习：滑步、并步、交叉步、跨步、快速小步跑、折返跑。

2）上肢力量练习：俯卧撑、立卧撑、杠铃翻腕。

3）下肢力量练习：蛙跳、矮子走、半蹲杠铃、深蹲杠铃。

4）腰腹背肌练习：仰卧起坐、仰卧两头起、反弓抬头、肋木举腿。

5）协调性练习：不习惯动作之身体练习、反向完成动作、改变动作空间范围。

（2）专项技术练习：

1）徒手做各种触摸和踢球动作。

2）自抛自踢或用手接住一次、连续自抛自踢、内外侧踢毽、多人不落地踢毽。

3）移动中脚内侧触球、踢球练习。

4）多人踢球不落地练习，掌握时空感。

任务二　跳 绳 运 动

跳绳是中国民间流行的一项体育活动，现已成为少数民族传统体育运动会的表演项目（见图 23-10）。跳绳运动的特点是器材简单、占地不大；不受性别、年龄和季节的限制；运动简单易学，有很好的群众基础，是中国各民族人民喜爱的娱乐健身活动。近年来，国外一些健身运动专家格外推崇跳绳运动。专家们认为，人们持续跳绳 10min 的运动量，与慢跑 30min 或跳健美舞 20min 的运动量相差无几，跳绳可谓是耗时少，耗能大的有氧运动。

图 23-10

一、跳绳的基本技术

跳绳要求参与者手脚协调和身体有节奏感。整个跳绳动作分为手部摆绳、脚部跳跃及身侧摆绳跳跃，当三个动作都能完成时，方可尝试过绳跳。

1. 跳绳的选择

初学者可以双脚踏住绳的中央，两手执着绳的两端拉直到腋下，便是适合的长度。

2. 跳绳的正确技术

（1）眼向前望，腰背要伸直。

（2）沉肘，手臂与手肘约成90°。

（3）以手腕力量摆绳。

（4）跳跃时双脚并合，脚尖或前脚掌有节奏地踏地跳。

（5）着地时膝盖微曲，以缓解跳跃时的震荡力。

（6）踏跳时以前掌着地，足跟大部分时间是不着地的。

3. 趣味跳绳

（1）集体跳。由多人鱼贯式或多人一齐跑进、跑出、跳过或连跳的方式进行跳绳，称为集体跳。在跳的时候，可任意跳几次，可加做一些自己喜欢的小动作，如拍手、转手、报号、唱儿歌、拾物等，增加跳绳的乐趣。下面介绍二人或三人花样趣味跳绳法的方法。

1）一人摇跳，另一人跑进、跑出或同跳。

2）一人助摇跳。

3）两人同摇跳。

4）两人跑动跳：两人左、右手持绳的两端，做向前跑动跳绳的练习，速度要求中等，动作协调，注意不要被绳子绊倒。

5）三人重跳：一人摇跳，另二人跑进、跑出或同跳。具体方法：一人先用稍长的绳并脚跳，速度较慢，然后其余两人跳进、跳出跳绳者的体前、体后或同跳。注意跳时基本一致，摇绳速度要均匀，不能忽快忽慢。

（2）单人跳。

1）原地单脚向前（后）摇跳：如一脚跳过绳，另一腿前举、前屈或后屈。

2）原地双脚摇跳：如前腿跳、蹲跳等。

3）原地交换脚跳：如交换做高抬腿等。

4）行进间的交换脚跳。

5）花样跳：如双摇跳、交臂摇跳、"8"字摇跳等，也可计时跳、规定数量跳、交换速度跳等。

此趣味跳绳法在体育教学中，收到了良好的效果，既锻炼了学生的体质，又培养了学生的良好品德。

二、跳绳的练习方法

跳绳时每分钟跳跃次数因个人状况及年龄的差异而有所不同。依人体最大的极限最多可以跳200次/min，每分钟能跳150次以上就算很快了。正常情况下1min能跳120～130次，最重要的还是配合自己的体力做合理的练习。那么，每次练习的标准应如何呢？现在以成年人为例说明如下。

初级程度连续跳50次后休息2min，总计跳300次为一组练习。熟练了之后，连续跳100次休息3min，总计跳300次为一组练习，可在每天早晚分别练习。再进一步升级时，连续跳200次之后休息5min，总计跳400次为一组练习，可在每天早晚分别练习。即使再勤奋的练习，要达到这种程度（连续跳200次）也得花3～4个月的工夫。

三、跳绳运动基本规则

1. 场地

以室内或室外的平坦地面为宜。在室外时，其风级应在以不影响回旋绳的张力为限。其场地如下：

（1）个人赛：边长至少为 4m 以上的正方形。

（2）双人赛：边长至少为 6m 以上的正方形。

（3）团体赛：边长至少为 12m 以上的正方形。

2. 器材

比赛用绳的质料不拘，长度、粗细、重量不限，颜色以易于辨别为宜。比赛用绳均由大会统一准备。

3. 比赛项目

比赛项目分为个人赛、双人赛、团体赛。

4. 比赛规则

（1）比赛必须统一用绳。

（2）绳子的长度按比赛规定执行。

（3）摇绳的正反方向不限。

（4）比赛进行中不准换人。

（5）比赛以鸣抢、鸣笛为信号，结束时听哨声或鸣锣停止计数。

（6）发令员口令："裁判员注意——运动员预备——鸣枪。"

（7）运动员有抢口令（鸣哨、鸣枪）者，发令员有权鸣笛停止比赛，对规范运动员提出警告，然后重新组织比赛。某一运动员或 2 次犯规，取消其比赛资格。

（8）比赛进行中，运动员影响他人（或队）应判为犯规，对受影响的运动员（或队）经裁判长同意，可以重新参加比赛。

（9）摇绳人中途脱手应继续进行比赛：如绳断，经裁判长同意，可给予重新比赛的机会。

（10）运动员在比赛进行中，不得接受任何形式的场外指导，违者取消其比赛资格。

重 点 小 结

（1）跳绳运动是一种器材简单、占地少、耗时少、耗能大的有氧运动，它可以使运动员直接地练习到四肢力量、心肺功能、身体协调性。

（2）在跳绳运动中，摇绳与身体的协调配合是关键。摇绳时肘关节要下沉，大臂与小臂约 90° 角，以手腕力量摆绳，跳跃时双脚并合，脚尖或前脚掌有节奏地踏地跳，膝盖稍微弯曲，以缓解膝盖所承受的身体力量，跳跃时脚后跟是很少着地的。

（3）一人双摇单跳可以作为测验的一项，在摇绳时手腕要多用力些，并且跳跃一次手腕要快速连摇两次，让身体跳跃一次的同时绳过身体两圈。脚前掌落地时身体要直，腰部绷紧，脚踝带动小腿与膝盖使身体向上跳跃。标准以连续双摇单跳计数多不死绳为好。

（4）练习跳绳时，首先利用原地单脚向前（后）摇跳、原地双脚摇跳、原地交换脚跳、行进间的交换脚跳来练习，然后再逐步进行单人摇跳、双摇单跳、多人摇跳绳练习。

课 课 练

（1）身体素质练习：

1）上肢力量练习：俯卧撑、立卧撑、杠铃翻腕。

2）下肢力量练习：蛙跳、矮子走、半蹲杠铃、深蹲杠铃。

3）腰腹背肌练习：仰卧起坐、仰卧两头起、反弓抬头、肋木举腿。

4）协调性练习：不习惯动作之身体练习、反向完成动作、改变动作空间范围。

（2）专项技术练习：

1）单人摇跳绳、两人摇跳绳、三人摇跳绳、多人摇跳绳。

2）单人握绳手法、双人握绳手法。

任务三 拔 河

一、拔河运动概述

拔河是我国古代民间流传的一项传统体育活动，具有悠久的历史，相传始于春秋战国时期，楚越两国水军交战时，鲁国的工匠设计了一种称"钩强"的兵器，用于阻挡和钩住敌船，而在阻和钩时需要战士具有强大的力量，因此，当时把钩强对拉作为军事训练的重要内容。随着历史的发展，这项军体运动逐渐演变为一项民间的体育娱乐活动，有的地区还形成了一种习俗，每逢佳节就用"牵强"之戏来进行庆贺。到了唐代改称为"拔河"，那时用的是四五十米长的粗大麻绳，绳索两头分别系有数百根小绳，每一根小绳由一人牵拉。

拔河形式多种多样，有两人对抗，也有多人对抗；有徒手对抗，也有利用器械进行对抗等。现在，我们通常所说的拔河是指多人平均分成两队进行的徒手对抗。比赛时，参赛两队的人数必须相等，按事先确定的方位分别站于绳的两端，并握好绳，此时，绳的标志带应垂直于中线。待裁判员鸣哨后，两方各自一起向自己的方向用力拉绳，以一方把标志带拉过自己一侧的河界为胜方。

拔河运动具有较强的健身性、娱乐性，并能锻炼身体，陶冶情操，同时又不受时间、季节、场地、器械等影响，因此便于开展。参与此项活动既能增强力量、耐力、灵敏、灵巧等身体素质，又能培养顽强拼搏的意志品质和集体主义的优良作风。

二、拔河的基本技术

拔河技术概括起来可分为站位、握绳、用力三个方面。

1. 站位

两腿前后开立，前腿蹬直，脚掌内扣，后腿屈膝，上体后倾，与地面呈 60°角，两手紧握绳，目视前方。

2. 握绳

前臂伸直，后臂屈肘，两手将绳握住，并将绳放置于后臂腋下方，紧靠住身体，同时，用腋部夹住绳。

3. 用力

听从指挥员指挥，全队应同时发力，以前脚用力向前下方蹬地，两手握紧绳，上体后倾。

重 点 小 结

（1）拔河是我国古代民间流传的一项传统体育活动，具有悠久的历史，相传始于春秋战国时期，兴起流行于现代的各个民间组织和机关单位中。

（2）在拔河运动中，站立、握绳、用力的技术尤为重要。

（3）拔河形式多种多样，有两人对抗，也有多人对抗；有徒手对抗，也有利用器械进行对抗等。现在，我们通常所说的拔河是指多人平均分成两队进行的徒手对抗。以三打两胜为评判标准。

课 课 练

（1）身体素质练习：

1）上肢力量练习：俯卧撑、立卧撑、杠铃翻腕。

2）下肢力量练习：蛙跳、矮子走、半蹲杠铃、深蹲杠铃。

3）腰腹背肌练习：仰卧起坐、仰卧两头起、反弓抬头、肋木举腿。

（2）专项技术练习：

1）拔河站位练习。

2）握绳手法、集体一致用力练。

项目二十四

运动搏击类体育运动

【学习目标】

1. 知识目标

（1）了解搏击类体育运动的发展、概况和场地要求。

（2）熟悉拳击和女子防身术的基本技术、动作方法和要领。

（3）了解并掌握拳击和女子防身术的基本战术及战术特点。

（4）了解搏击类体育运动的主要竞赛规则。

2. 技能目标

（1）科学、安全、有效地全面健身，把挑战性与娱乐性融为一体。

（2）提高肌肉的爆发力、耐力、心肺功能、平衡能力、敏捷和协调能力和增强肌肉力量。

（3）熟悉拳击和女子防身术的基本战术，能够鉴赏搏击类的比赛。

（4）掌握女子防身术的基本动作要领能够加强女生的自我防身功能。

【运动提示】

（1）要多加强力量、灵活、协调、柔韧和各项身体素质的训练。

（2）在基本技术的练习中要多做徒手模仿练习，根据自身承受力来扩大或缩小动作幅度，避免损伤。

（3）练习时衣着要以吸汗、宽松的运动服为主，要穿带有气垫的运动鞋，并戴上手套，这样能使初学者有效并拢手指，出击更加有力。

任务一 拳 击

拳击运动分为职业拳击和业余拳击两种。职业拳击是以商业为目的，运动员缺少有效的保护，比赛充满血腥的味道，我国不主张开展此运动；业余拳击是奥运会、亚运会和全运会的正式比赛项目。

拳击运动看起来是运动员两个拳头之间的较量，实际上它是两个运动员之间头脑、意志、品德、修养和体力的较量。拳击运动也是锻炼身体、增强体魄、防身护卫、陶冶情操、培养高尚品德和顽强意志的体育教育手段，它备受各国倡导和重视。

一、运动概述

拳击是一项对抗性强、搏击激烈的体育运动。它同我国的武术散手，日本的柔道、空手道，朝鲜的跆拳道及泰国的泰拳一样，深受世界各国人民的喜欢。

参加拳击比赛的运动员双手要戴皮制的拳套，1 人对 1 人，按一定的姿势和拳法和步法，相互伺机打击对方的头部自眉际以下至下颌，侧面自耳以下至腮腭处和身体正面脐部以上的部位。以击倒对手为目标。被击倒在地的一方，在裁判呼数 1～10 而未能起立时，即为失败。如双方均未被击倒，则按有效的打击次数或防守技术积极的程度，来判断得分，决定胜负。拳击比赛在专设的拳击台上进行，台的面积为 5.5×5.5m，高 0.85～1m，台的四周用 3 道粗 3cm 的平行围栏拦住，围栏距台面的高度为 130cm。参赛的运动员按体重从 48kg 到 91kg 以上，分为 12 个级别进行较量。

二、基本技术介绍

1. 基本姿势

拳击的基本姿势，一般是有力的手在后。根据手臂前后的不同，分为右势（左手、左腿在前）和左势（右手、右腿在前）两种。

具体姿势（以右势为例）：两腿前后开立，左腿在前，脚尖稍内转，着力点在前脚掌上；右腿在后，脚尖向后，脚跟提起。两脚间距离略比肩宽，身体略倾向前脚方向。前臂应前伸，上提，拳略高于下颚。手臂屈约大于 90°，后臂屈约小于 90°，两肘下垂，略低头，收下颌、含胸、目视前方。两拳和两肘臂形成保护头和胸腹状，身体重心始终保持在两腿之间，着力点在两腿前掌上，自然协调，并保持最大限度的灵活性。

2. 基本步法

步法在拳击技术中是十分重要的，步法掌握的好坏，直接影响拳击技术的掌握与运用。步法细分有很多种，现将其中最常用的几种介绍如下。

（1）滑步。两脚掌不离地面的向前向后移动。前进时前脚先沿地面向前滑动，当前脚掌着地时，后脚迅速前滑跟上，后退时，后脚先向后滑动，着地后，前脚迅速沿地面向后拉回，每次移动距离 10～20cm。

（2）侧步。向对手出拳的手臂外侧移动时的一种步法，有左侧步、右侧步 2 种。左（右）侧步时，左（右）脚先向左（右）横向移动，着地后，左（右）脚随即向左（右）横滑跟上，侧步距离一般在 30～40cm。

（3）冲侧步。这是突然进攻和"追击"对方时常用的步法。动作的方法是后脚先快冲用力蹬地，推动身体前移，前脚稍离地面即积极前伸一步，前脚着地后，后脚迅速跟上，身体重心落在两脚之间，避免上体前倾或后仰。

三、基本拳法（以右势为例）

拳法是指进攻时出拳与打击动作的方法。拳法按击打的方向，可分为正面击打拳法（刺拳、直拳）、侧面击打拳法（摆拳、平勾拳、斜下勾拳、抛拳）、由下向上击打拳法（上勾拳、斜上勾拳、上摆拳）；按打击的距离，可分为长距离拳法（直拳、摆拳）、短距离拳法（勾拳、振拳）。在这些拳法中，最基本、最常用的有刺拳、直拳、摆拳和勾拳。

1. 基本拳法介绍

（1）刺拳。指前面手臂使用的拳法，主要用于打击对方头部。击拳时，主要靠手臂迅速前伸来完成。刺拳多带有试探性的作用，由于出拳动作小而快，因此具有较强的攻击隐藏性。

（2）直拳。有左右直拳之分，出拳呈直线运动，拳重、威力大，是在比赛中使用最多的一种进攻拳法。出拳时，后脚先用力蹬地，身体重心前移，同时发力手臂迅速前伸，在尚未完成伸直的瞬间，前臂迅速向内旋转，以延长击打距离。出拳时要避免身体重心越出前脚的支撑点，以免失去身体平衡。

（3）勾拳。是一种近击拳法，因手臂形状如勾，所以叫勾拳，勾拳可分为上勾拳和平勾拳（亦叫侧勾拳）2 种：上勾拳，由下向上击打对手腹部或下颚处，发力以后脚为着力点。由下向上击打时，身体旋动向上挺，以增加拳头的打击力量。上勾拳有左上勾拳和右上勾拳。平勾拳，从侧面击打对手腮部，下颚，亦可用于巨大肋、腹部。平勾拳亦分为左平勾拳和右平勾拳两种。

（4）摆拳。是一种由侧面击打对手的远距离拳法，拳的进行路线呈弧形，主要打击面部，有左、右摆拳之分。

2. 拳法在进攻时的运用

进攻时所采用的拳法有很多种，大致可归纳为单拳、连击拳和连续拳。按打击的部位又可分为击头部与击上体等。现将最常用拳法列举如下。

左直拳击头部；左直拳击上体；左摆拳击头部；左上勾拳击下颚；右直拳击上体；右摆拳击头部；右平勾拳击上体与肋部；右右平勾拳击头部；左刺拳连击头部；左直拳击头部、腹部；左平勾拳击头部、腹部；右平勾拳击头部、腹部；右直拳击头部、腹部；左刺拳击头部接左摆拳击头部；左直拳击头部接左平勾拳击头部；右平勾拳紧急通报接右上勾拳击腹部；左直拳击头部接右直拳击腹部、再连续用左摆拳、右直拳击头部；左直拳击头部接右上勾拳击腹部。

四、基本防守技术介绍

防守是拳击重要基本技术之一。只有掌握好防守技术，才能避开对手的攻击，然后伺机击打对手。防守技术包括阻挡、格挡、闪躲、摇避等。此外还有屈臂防护法、叠臂防护法、肩臂防护法等。

1. 阻挡

右手张开手套，掌心向来拳方向，在下颚前 5～10cm 处，用力阻挡对手的正面击来之拳。

2. 格挡

用右手掌向左下方拍击对手左手腕，使对手的来拳击空。

3. 闪躲

向右侧身闪躲时，上体和头部同时向右前侧身闪，上体略向右前方倾斜，使对手来拳从左肩和颈外侧滑过。

4. 摇摆

向左摇避时，先低头屈膝下潜，头和上体从下潜开始自右向左做摇避动作，使对手拳从头部滑过。

5. 屈臂防护法

在保持基本姿势的基础上，两臂弯曲置于胸前，两前臂相距 10～15cm，两肋向下，两手自然张开，手掌向内掩护面部，两臂保护胸、腹和肋部。

6. 叠臂防护法

一臂弯曲置于胸前，手心向下，前臂约与地面平行，防护胸腹和肋部。另一臂弯曲置于头前，保护头部，两臂相距 15～20cm。

7. 肩臂防护法

上体稍右转，左肩上提对着对手，左前臂贴住腹部，上臂贴于肋部，右臂屈肋置于胸前，右手张开，手心向前，置于下颚处，保护面部。

五、基本技术练习方法示例

1. 基本攻防姿势练习方法

主要以模仿练习为主，全身各部位要协调放松，身体重心不要轻易改变，时刻做好进攻和防守的准备。

2. 基本步法的练习

首先，进行无攻防姿势下的基本步法练习，开始是要放慢练习速度，注重动作要领和节奏，全身协调放松；其次，做好攻防姿势下的练习，移动时要时刻保持基本攻防姿势和重心的稳定性，加强全身的协调配合，动作要干净有节奏感，一步到位，不要拖泥带水；再次，在教练和老师步法的诱导和威逼下进行移动步法的练习，要求反应要迅速，完成动作要及时，身体重心要平稳；最后，在出拳和实际交战中步法的练习。

3. 拳法的练习

首先，进行徒手的单拳出击练习，开始时要适当放慢练习速度，注重动作的正确性，身体重心要稳定，全身协调放松，时刻做好基本攻防姿势，然后再进行击打固定目标的拳法练习，要求出拳有力，回收拳迅速；其次，结合步法进行击打游离目标的拳法练习，要求拳法和步法互相配合协调，出拳要稳、准、狠，移动要快、灵、巧；再次，进行在各种防守后的出拳练习，防守要合理，步法要多变，出拳要果断；最后，在实际交战中进行拳法的练习。任何一种拳法的练习都离不开步法的支持和全身的协调，因此，我们在学习初始可以人为地进行分段练习，一旦我们掌握了基本要领后，就必须整合练习，这样才能使全身的协调和用力得到最大限度的利用和发挥。

4. 基本防守的练习

要明确各种防守的使用条件，必须正确使用各种防守动作，如果不分条件的胡乱使用，这样不但起不到防守的作用，还有可能遭到更为凶狠的击打。基本防守的练习，首先练习原地的防守，针对不同的来拳，采取相应的防守技术，速度由慢到快，动作幅度不要过大，起到防守的目的即可。假象性防守练习：在熟练掌握各种防守动作之后，假想对手出拳后，采取不同的防守方法并结合步法进行还击。在快速步法的移动中，进行各种防守和还击的练习。最后，在双方的实战中进行从纯防守到防中带攻的综合练习。拳击中任何一种技术的运用，都不是个体的，都必须有其他技术的配合和支持，只有多方位、多角度的贯穿，才能充分体现拳击的韵味。

重 点 小 结

（1）拳击运动是锻炼身体、增强体魄、防身护卫、陶冶情操、培养高尚品德和顽强意志的体育教育手段。它分为职业拳击和业余拳击两种。

（2）拳击的特点是运动员双方通过两只拳头的对抗，进行体能、技术和心理的较量。利用强有力的身体和娴熟的技术、多变的战术进行攻击和防守。对于拳击爱好者和拳击运动员的身心健康具有极大的锻炼价值。

（3）拳击运动的基本步伐：滑步、侧步、冲侧步；基本拳型：刺拳、直拳、勾拳、摆拳等。

（4）防守技术包括阻挡、格挡、闪躲、摇摆等。此外还有屈臂防护法、叠臂防护法、肩臂防护法等。

（5）在练习时主要以模仿动作为主。步伐练习要有节奏感，一步到位，不要拖泥带水。拳法练习要和步法互相配合协调，出拳要稳、准、狠。防守练习要采取相应的防守技术，速度由慢到快，动作幅度不要过大，起到防守的目的即可。

课　课　练

（1）身体素质练习：

1）步伐练习：滑步、侧步、冲侧步、弹跳步。

2）上肢力量练习：俯卧撑、立卧撑、杠铃翻腕、杠铃上举。

3）下肢力量练习：蛙跳、矮子走、半蹲杠铃、深蹲杠铃。

4）腰腹背肌练习：仰卧起坐、仰卧两头起、反弓抬头、肋木举腿。

5）协调性练习：改变已习惯动作速度与节奏、采用不习惯动作组合，使已习惯动作更加复杂化。

（2）专项技术练习：

1）滑步、侧步、冲侧步、弹跳步练习。

2）刺拳、直拳、勾拳、摆拳练习。

3）阻挡、格挡、闪躲、摇摆练习，屈臂、叠臂、肩臂防护法练习。

任务二　女子防身术

女子防身术是一项运用踢、打、摔、拿等技击方法，以制服对方和保护自己为目的的搏击技术。其技击方法吸收了许多搏击技术方法中的精华，并经过提炼、完善，使其成为一种简单的搏击技术。

女子防身术具有动作单一，以贴身搏击为主及简单、快捷、实用的特点。女子体力和力量方面都明显逊于男子，所以女子要达到制敌的目的，就必须在实战运用中做到"一狠""二全力""三准确"，以达到一招制敌的效果。

一、女子防身术的特点与原则

1. 女子防身术的特点

（1）临危不惧。面对歹徒与敌人，精神状态是首要。俗话说，做贼心虚，犯罪分子就是想速战速决达到犯罪目的，这就要求我们在面对歹徒时，应沉着冷静、毫无惧色。利用智慧争取时间，或逃脱，或求得帮助，甚至给歹徒以重击。

（2）以巧取胜。由于女子各方面身体素质均不如男子，平时很少参加体育锻炼的人身体更差，因此，面对歹徒，不应做无谓的挣扎与力量上的拼斗，而要用缓兵之计，以巧取胜，如假意给歹徒拿东西，用沙土迷其双眼，或用开水泼其面部，然后趁机离开或攻击。

（3）击打要害。在与歹徒进行搏斗时，一定要牢记击打对手的要害部位，讲究一招制敌。如果打击得手，不但能使自己逃脱侵袭，有可能将歹徒产生疼痛难忍，甚至休克而就擒。要一招制敌，当然在狠，但是仅仅狠还是不够的，必须注重攻击要害部位。因为人体不同部位承受打击的能力差异很大。有的部位承受能力强，有的部位承受能力弱。如果击打在承受能力强的部位，力度不够，便不能奏效，甚至适得其反。

2. 女子防身术的原则

女子防身实用技术的原则，就是在和敌人或刑事犯罪分子进行格斗时，应掌握和遵循的一般规律和知识。其中，不仅有踢、打、摔、拿等方法，同时也包括战、战术、心理学等诸方面的问题。归纳起来有以下五个原则。

（1）缓。遇到突如其来的侵袭，首先别慌乱，要稳住阵脚，尽量拖延时间，找机会逃脱或寻求他人的帮助。

（2）快。与歹徒进行格斗时因为力量原因不能硬碰硬，在稳住敌人后，趁其不备时出手要快，制服敌人或给敌人以重击，然后逃脱。

（3）准。与歹徒的格斗，出手一定要准，因为歹徒不可能给你很多的还手机会，所以出手就要瞄准对方要害，击打目标要准，不要做无谓的挣扎或乱抓乱打，节省体力给歹徒以重击。

（4）狠。在与歹徒搏斗中要做到心狠、手狠。武术讲究心意在先，手上要下多大力量，先取决于心中要下多大力量。

（5）喊。在与歹徒搏斗时，别忘了边喊边打，这样有可能被过路人听见而得到帮助。喊的同时，也在增加自己的胆量和信心，而歹徒就会更加慌张，从而得到解脱。

二、女子防身术的基本技术与方法

女子防身的基本技术是运用手、脚、四肢和躯干等部位，单独或配合做出一些简单的招式及技术动作。它包括拳法、肘法、腿法、膝法等基本技术。

（一）基本拳法

手离对手要害部较多的头部最近，手是最灵活的，在攻防格斗中，手的力量最大，而手的攻击形式又以拳为主。在此主要介绍手法中的拳法。

1. 拳法基本分类

（1）拳型分类：平拳、风眼拳、螺型拳、透骨拳等（见图24-1）。

（2）拳型部位：拳眼、拳面、拳脊、拳棱、拳心、拳轮。

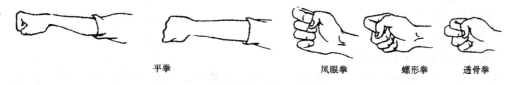

平拳　　　　　　　　　风眼拳　　螺形拳　　透骨拳

图 24-1

（3）拳法分类：拳法可大致分为以下五种。

1）直拳。主要由直线用拳，直接攻击对手面部和胸部（见图24-2）。

2）勾拳。又称抄拳，主要由弧线或直线，由下方用拳面击打对手腹部、下颌等（见图24-3）。

3）劈拳。由上往下，以拳外背棱或指棱攻击对手面部的拳法（见图24-4）。

4）鞭拳。由左右以拳背攻击对手头部的拳法（见图24-5）。

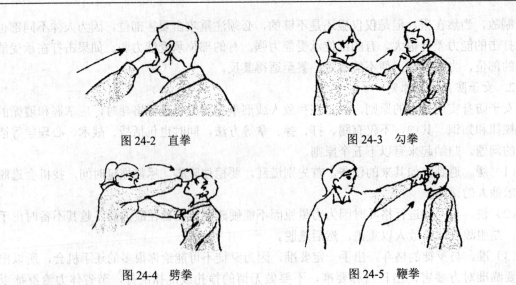

图 24-2　直拳　　　　　　　　　　　　　图 24-3　勾拳

图 24-4　劈拳　　　　　　　　　　　　　图 24-5　鞭拳

5）摆拳。又称贯拳、贯捶。主要有弧线绕过对方防守，以拳内背棱攻击对方头侧和胸部（见图 24-6）。

图 24-6　摆拳

2. 拳法发力动作要领

蹬腿发力、拧腰旋身力量自下而上发力，或直推出臂，或挥击出臂，或摆动出臂发力，力达拳面。

（二）基本肘法

肘法属于近距离进攻性强的一种击法，武术家们常说"宁挨十手，不挨一肘"，可见肘法威力。肘法包括顶肘、横肘等。

1. 肘法分类

主要攻击性肘法有以下六种。

（1）顶肘。肘部平抬，屈臂，肘间向前，发力时蹬腿、送肘，同时大臂向另一侧也产生一股伸张力。蹬腿、送肘、大臂猛伸张，三股力用好了，顶肘动作就完美了。顶肘时以肘尖攻击，女性自卫时用以顶击对手腋窝，效果最好。顶肘发力距离短，无旋转助力，练习时难度大些（见图 24-7）。

（2）挑肘。前臂回收屈曲，肘尖由下向上挑击。发力时蹬腿、旋转身体要领同直拳。挑臂动作同勾拳。挑肘可用于击打对手胸腹部（见图 24-8）。

（3）横肘。横肘动作主要是两股力：一是蹬腿，二是旋转身体。大臂向前横移，实际上也是旋身之力的延长。横肘时以肘间击打对手，适于攻击对手太阳穴、后脑、耳门、颈部及胸肋等（见图 24-9）。

图 24-7　顶肘

图 24-8　挑肘

图 24-9　横肘

（4）砸肘。手臂上抬，肘间朝前，砸击时身体迅速下沉，肘由上往下砸击。身体下沉与手臂砸击两股力合而为一。砸肘多用于对手抱腰、腿时砸击其后脑、腰部（见图 24-10）。

（5）反手顶肘。手臂略上抬，身体迅速下沉（但幅度没有砸肘大），同时两肘向后顶力，力达肘尖。顶肘主要用于攻击背后之敌肘、腹部（见图 24-11）。

（6）反手横肘。手臂平抬，蹬腿，身体旋转发力，同时手臂随旋转方向向后横向猛击，力达肘尖。反手横肘主要用于攻击背后之敌面部、太阳穴等（见图 24-12）。

图 24-10　砸肘

图 24-11　反手顶肘

图 24-12　反手横肘

2. 肘法发力动作要领

（1）蹬腿发力。

（2）送胯、拎腰、旋身力量自下而上发力。

（三）基本膝法

1. 膝法分类

（1）冲膝。攻击时，屈膝上抬，上体后仰，膝前冲力达膝尖。蹬腿前冲、往前进髋是发力关键，攻击点在中盘胸腹，依女性力量，不会有致命伤害（见图 24-13）。

（2）侧撞膝。侧撞膝分为左侧撞膝和右侧撞膝。左侧撞膝时左膝上抬，由左向向右撞击。动作要领：微倒身，扭髋内转，两手可抓住对方帮助发力。右侧撞膝与左侧撞膝相反。侧撞膝主要用于攻击胸部和腹部（见图 24-14）。

（3）提膝。又称顶膝，要领时身体直立，两手叉腰，右腿支撑，左腿屈膝，以膝盖为力点，迅速提起，膝盖与腰平，眼看前方。然后，左腿落下，左腿支撑身体，右腿屈膝，以膝盖为力点，迅速提。提膝是女性用以攻击的利器（见图 24-15）。

2. 膝法发力动作要领

（1）支撑腿支撑重心，另外一条腿提膝发力。

图 24-13　冲膝

图 24-14　倒撞膝

图 24-15　提膝

（2）送髋、收胯或展胯，含胸收腹，力量自下而上发力。

（3）力量由膝盖发出。

（四）基本腿法

腿法练习包括弹腿、蹬腿、踹退等，不同的腿法有不同技术要求。弹腿要求挺膝绷脚面，力达脚尖；蹬腿要求梃膝勾脚尖，力达脚跟，踹脚要求腿内旋、开胯、梃膝勾脚尖，力达脚跟。这三种腿法都属于屈伸性腿法，动作由屈到伸，要求支撑腿平衡稳定。

1. 腿法分类

（1）蹬腿（见图 24-16）。蹬腿时，一条腿支撑，一条腿膝上抬，同时向前蹬出。蹬腿时身体不可能前后俯仰，蹬出后迅即收回。蹬腿可用于攻击对手腹部、裆部、膝盖等。根据出腿方向不同，蹬腿可分为正蹬腿、侧蹬腿、后蹬腿；根据高度不同，可分为高蹬腿、中蹬腿、低蹬腿。

（2）弹腿（见图 24-17）。身体直立，两手叉腰，左腿支撑，右腿屈膝提起，随即梃膝绷腿面向前弹踢，力达脚尖，腿与裆平，眼看前方。然后，右脚落地，右腿支撑，左脚屈膝提起左脚向前弹踢。弹腿又可分为正弹腿、侧弹

图 24-16　蹬腿

腿、低弹腿、中弹腿、高弹腿等。女性自卫一般多用正弹腿攻击裆部。

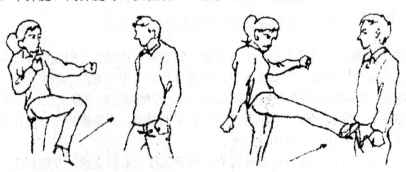
图 24-17　弹腿

（3）踹退（见图 24-18）。踹腿又可分为正踹、侧踹。

正踹时，一条腿支撑，一条腿提膝稍上抬，上抬之腿脚尖外摆，向前下方猛力踹击。正踹脚一般用于攻击对方胫骨（小腿骨）。

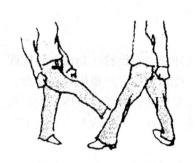

图 24-18　踹退

侧踹时，先转体，左腿支撑，右腿屈膝提起勾脚尖，膝盖内扣，腿与脚平，随即向右侧踹腿，力达于腿跟，同时，两臂向两侧分，上体向左侧倒，眼看右侧方。然后，右脚落下。右腿支撑，左脚屈膝提起，随即向左侧踹腿，身体向右侧倒。低侧踹腿可用于攻击对手胫骨、膝关节。中侧踹腿可用于攻击对手裆部、腹部。

2. 腿法发力动作要领

（1）支撑腿支撑重心，另外一条腿提膝送出发力。

（2）送胯、收肘或展肘，含胸收腹，力量仔细而上发力。

（3）力量由腿发出打击目标。

（五）头锋

以额头为武器攻击对手，主要用于撞击对手面部和胸部，一般而言，撞击面部效果较好。头锋的标准动作：下颚微收，硬其脖颈，感觉上从胯之头顶硬如一段木桩或筒子，然后腿猛蹬地发力，撞击敌人。

头锋攻击不如拳腿攻击那么灵活、快捷，因此对手闪避也容易一些。所以，趁对手往前有一个力，重心前移时攻击最容奏效（见图 24-19）。

图 24-19　头锋

三、女性自卫常识

（一）人体主要关节及要害部位介绍

人体中骨与骨以结缔组织相连构成关节。人体关节的运动一般都是绕着某个轴进行旋转与运动。当受到外力点打、擒拿超出其生理活动范围时，就会发生关节脱臼或韧带损伤现象。

人体要害部位是指人身最脆弱、怕击打的部位，轻者会休克晕迷，重者不死即残。只有了解人体主要关节及要害部位的生理机能，才能在实战中施巧计化险为夷、保护自身，克敌制胜。

1. 主要关节

（1）颈椎。是头部与躯干相连的部位。该关节能前屈、后伸和左右旋转。当击打颈椎或以擒拿术制敌时，对方会因为失去正常生理功能，产生疼痛、受伤致残，严重则顷刻丧命。

（2）肩关节。由肱骨头与肩胛骨关节盂构成，是典型的球窝关节，其运动范围较大。可做内收、外展、前屈后伸和环转运动。实战中，对敌施展反关节技法，可造成对方肩关节脱臼或韧带损伤。

（3）肘关节。由肱骨下端、桡骨小头和尺骨鹰嘴构成。肘关节的活动分为时较小的，只能伸直或前屈。如果将敌肘向内、外拎拉，或使臂伸直猛砸压肘关节，就能造成脱臼或骨折。

（4）手关节。手关节包括桡腕关节、腕骨间关节、腕掌关节、掌骨间关节、掌指关节及手指间关节。手关节可进行屈伸、旋转、内收、外展运动。手关节骨细小、脆弱，运用技法擒拿或击打均可使敌失去正常生理活动，导致韧带撕裂、关节脱臼，甚至筋伤骨折。

2. 男性要害部位简介

（1）裆部。人的肛门和阴穴（位于肛门与外生殖器之间）受到插戳、踢打等攻击，会难受异常，但一般不会丧失战斗力。由于这一部位的不堪一击，可以使你轻而易举、毫不费力地完成致命的一击，转危为安。

（2）双眼。双眼也是防护薄弱、容易受到损伤的部位。攻击眼睛也不需要太大的力量，眼睛受到打击会感到痛楚。

（3）咽喉。咽喉这一要害部位面积较大，由颈部正前方两锁骨内侧、胸骨柄上缘的凹陷处——中医针灸学所讲手腕"天突穴"。一直往上到喉结一片，都可称为咽喉。咽喉一旦受到打击，呼吸、流血受阻，神经反射作用出现，轻则说不出话，难受异常，重则窒息昏迷。

（4）颈部。颈部两侧有颈动脉，受到有力打击会导致脑部供氧不足，严重者昏厥甚至死亡。

（5）腋下。位于腋窝之下这一部位是人体又一薄弱部位。这一部位下有丰富的神经，又有人体重要内脏器官肺脏，而人体背部、胸部的防护，在这里恰巧形成交接空缺。腋下受到打击，轻则疼痛憋闷难受，重则吐血窒息。

（二）可用做武器的日常用品介绍

提包是现代时尚女性的随身携带物，所以，应该掌握万一遭遇意外时使用提包自卫的方法。如提包有长带，可以左手抓握住或缠握住包带头，再以后手抓握住包带中间，两手挥举皮包，猛击歹徒面部；如对手持器械，则亦可用包猛击其手腕；如坤包带子不够长，或中只有把而无包带，则可直接单手提握用以打击对手。但是需要指出的是不是训练有素的女性，在使用包括提包在内的这些类似软兵器的器具时，不可能在使用时具有特别大的杀伤力，自卫女性只可用来摆脱一般的缠绕，对付歹徒恶棍，亦只能一时急用。

女性身边常带雨伞，如拿长柄雨伞，自卫时可以兼用点打、戳击之法；如果伞头太尖，且又是钢质，用于戳击相当厉害，所以用伞应以戳击为主，点打为辅，伞是女性自卫的利器。

女性提包内物品在自卫时的使用方法。

1. 香水瓶的使用方法

（1）向袭击者面部喷洒。

（2）屈臂，用香水瓶砸向袭击者。

（3）用香水瓶击打袭击者的太阳穴。

2．钥匙、卡的使用方法

（1）捅袭击者的手臂，迫使他放手。

（2）用前臂按袭击者手腕咽喉，准备用卡。

（3）用卡划袭击者的面部，快速重复多次。

3．梳子手腕使用方法

用梳齿划他的人或者面颊。

4．笔的使用方法

刺向袭击者面颊、人中或下巴，动作近似于锤拳。

5．书本的使用方法

（1）将书本卷成棒状，击打太阳穴、面部、咽喉或裆部。

（2）将杂志卷成棒状，击打太阳穴、面部、咽喉或裆部。

🍃 案 例

女子防身术是新兴的体育项目，尤其现在学生放学时间比较晚，在回家的路上每个学生尤其是女学生在心理都有恐惧心理，所以在她们潜意识里都希望学会一招制敌的招数，以便于争取时间，保护自己。女子防身术，可以教学生几种简单的技术动作，主要是让学生能够灵活应用，在不同的情况下应用。从而培养学生能够沉着、冷静地处理身边的事情，为以后适应社会需要做铺垫。

🌱 案例分析

女学生在心理、生理发育时期都有很大的变化，她们具有一定的体育运动能力，体育运动能力也有一定的差异，随着身体形态发育的变化，很多学生都产生了害羞的心理，更不愿意在众多人面前表现自己，不愿意活动。有很多老师都认为她们懒惰，其实并不然，只要教师能够多沟通，多鼓励，多赞扬，她们是很愿意参与体育活动中来，通过学习女子防身术，提高学生灵敏，柔韧素质。使学生克服害羞、不敢在众人面前展示自我的心理障碍。培养学生能够用沉着、冷静的头脑处理突发事件。

❓ 重 点 小 结

（1）女子防身术是运用踢、打、摔、拿等技击方法，以制服对方和保护自己为目的的搏击技术。有以贴身搏击为主以及简单、快捷、实用的特点。

（2）女子防身术要求女子要有临危不惧、以巧取胜、击打要害点等特点。要以缓、快、准、狠、喊为原则。

（3）女子防身术的基本拳型包括平拳、凤眼拳、螺形拳、透骨拳等；基本拳法包括直拳、勾拳、劈拳、鞭拳、摆拳等；基本肘法包括顶肘、挑肘、横肘、砸肘、反手顶肘、反手横肘等；基本膝法包括冲膝、侧撞膝、提膝等；基本腿法包括蹬腿、弹腿、踹腿等。

（4）练习时要清楚人体的几个关键关节，如颈椎、肩关节、肘关节、手关节；男性的要害部位，如裆部、双眼、咽喉、腋下等。动作以快、准、狠为准则。

（5）其他日常生活用品可做武器用的：钥匙、香水、梳子、笔、包包、书本等。

课课练

（1）身体素质练习：

1）步伐练习：滑步、侧步、冲侧步、弹跳步。

2）上肢力量练习：俯卧撑、立卧撑、杠铃翻。

3）下肢力量练习：蛙跳、矮子走、半蹲杠铃、深蹲杠铃。

4）腰腹背肌练习：仰卧起坐、仰卧两头起、反弓抬头、肋木举腿。

5）协调性练习：改变已习惯动作速度与节奏、采用不习惯动作组合，使已习惯动作更加复杂化。

（2）专项技术练习：

1）刺拳、直拳、勾拳、摆拳练习。

2）阻挡、格挡、闪躲、摇摆练习，屈臂、叠臂、肩臂防护法。

3）女子直拳、勾拳、劈拳、摆拳、鞭拳练习。

4）女子顶肘、挑肘、横肘、砸肘、反手顶肘、反手横肘发力练习。

5）女子冲膝、侧撞膝、提膝发力练习。

6）女子蹬腿、抬腿、踹腿发力练习。

项目二十五

户外体育运动

【学习目标】

1. 知识目标

（1）了解户外体育运动的起源、发展和概述。

（2）掌握户外体育运动的场地、装备及基本技术、动作要领。

（3）了解户外体育运动的意义、目的及特点。

（4）了解定向越野的主要竞赛规则。

2. 技能目标

（1）熟练掌握户外体育运动的基本技术，促使学生的身体素质与身体协调性的相互发展。

（2）认识自身潜能、增强自信心、改善自身形象、克服心理惰性、磨炼战胜困难的毅力、启发想象力与创造力。

（3）提高解决问题的能力、认识群体的作用、增进对集体的参与意识与责任心、改善人际关系、学会关心、更为融洽地与群体合作、学会欣赏、关注和爱护大自然。

（4）掌握定向越野体育运动的竞赛规则，并能鉴赏各类户外体育运动的比赛。

【运动提示】

（1）要多加强上下肢力量、柔韧和各项身体协调性的练习。

（2）所有户外体育运动练习前一定要先检查安全装备是否到位，并做好自身心理调节。

（3）在练习中要做到与人之间相互信任、理解、默契和配合。

任务一 登 山

一、项目概述

据历史记载，法国一位名叫德·索修尔的著名科学家为探索高山植物资源，渴望能有人帮他克服当时看来是不可逾越的险阻——登上阿尔卑斯山顶峰。他于 1760 年 5 月在阿尔卑斯山脚下的莎莫尼村贴出一则告示："凡能登上或提供登上勃朗峰之巅线路者，将以重金奖赏。"然后，告示贴出后长期未获响应。此后，他每年出榜一次。直到 28 年后的 1786 年 6 月，一位名叫巴卡罗的山村医生接下了告示，他经过两个多月的准备，并与当地山区水晶石采掘工人巴尔玛结伴，于 8 月 6 日首次登上了勃朗峰。1787 年 8 月 3 日，由德·索修尔本人率领、巴尔玛做向导的一支 20 多人组成的登山队，再次登上了该峰，揭开了现代登山的序幕。后来，人们把登山运动称为"阿尔卑斯运动"，把 1786 年作为登山运动的诞生年，德·索修尔、巴尔玛等人则成为世界登山运动的创始人，并得到了国际登山界的公认。

1786 年登山运动诞生以后，特别是 1850～1865 年的 15 年间，阿尔卑斯山区的登山运动发展极为迅猛。世界上第一个国家性的登山组织——英国登山俱乐部，于 1857 年宣告成立。这一时期以阿尔卑斯山为中心的登山运动达到顶峰，出现了所谓"阿尔卑斯黄金时代"。

从 1950～1964 年的 14 年间，是人类登山运动的一个重要发展阶段。1950 年 6 月 3 日，法国运动员莫·埃尔佐和勒·拉施纳尔付出了血的代价（一人冻掉了双脚，一人冻掉了一只手），在人类的登山史上首次成功登上了海拔 8091 米的安娜普尔那峰。1953 年 5 月 9 日，英国登山队的依·希拉里（新西兰人）和藤辛·诺尔盖（尼泊尔人，后入印度籍）从南坡登上珠穆朗玛峰（这是人类登山史上首次成功登上世界最高峰）。在这 14 年间，地球上海拔 8000m 以上的高峰，有 13 座先后被各国运动员所征服。

与此同时，新中国登山运动员也以崭新的面貌，生气勃勃地跨进了世界高山登山运动的行列。1964 年 5 月 2 日，中国登山队许竞（队长）、王富洲等 10 名运动员首次成功地登上海拔 8012 米的世界第 14 高峰——西夏邦玛峰，创造了一次 10 名队员集体登上 8000m 以上高峰的世界纪录。世界登山史上将 1950～1964 年这段时间称为"喜马拉雅黄金时代"，并被誉为世界登山史上的伟大奇迹。

二、登山的装备

登山装备要适应登山活动的环境条件，在设计、选材、用料、制作上要尽量使其轻便、坚固、高效、并能一物多用。

1. 宿营装备

包括帐篷、炊具、寝具和各种燃料等。

2. 技术装备

包括登山绳、氧气装备、测量仪器、高度计、干湿度计、钢锥、登山铁锁、升降器、挂梯、滑车、学铲等。

3. 个人装备

包括登山服装、登山鞋、高山靴、头盔、电筒、手套、防护眼镜等。其特点是：轻便易携，坚固耐用，便于拆装，一物多用。

4. 其他装备

包括地图、指北针、头灯（含备用灯泡与电池）、备用粮食、备用衣物、防晒霜、瑞士刀、火种、打火机、急救箱。

三、登山的基本技术

登山技术是指在登山活动中为克服地形上遇到的各种困难而采取的各种技术手段和科学操作方法。

1. 结绳技术

利用打结使绳索之间、绳索与其他装备之间相互连接的方法，称为结绳技术。它是登山运动员必须掌握的基本技术之一。绳索是登山中所使用的最重要的装备。结绳只有通过运动员身体与其他物体的相互连接和固定，才能起到辅助行进和保护安全的作用。绳结是否运用得当，直接影响绳索使用的质量和效果。

2. 保护技术

为了防止在登崇山峻岭过程中动作失误而引起意外险情而进行的各种操作，称为保护技术。

在攀登、下降、渡河、救护等技术操作中，为保护安全，需要各种技术同时配合。运动员长时间在岩石或冰寒峭壁、冰雪裂缝、冰坡或岩石滑坡等危险路段进行多次往返行动中，一旦失误，就有滑坠和摔落的危险。在出现上述情况中，应用保护技术可以使险情得以及时控制。即使在未出现险情的情况下，由于运动中有了保护，也会使运动员产生一种安全感。

3. 攀登技术

根据不同的地貌特点，可将攀登技术分为岩石作业和冰雪作业两种。岩石峭壁的攀登技术简称攀岩技术，攀登岩石峭壁的方法主要有徒手攀登、器械攀登和缘绳攀登三种方法。

4. 下降技术

三点固定下降法是岩石作业下降技术的基本方法，所用工具简单，便于开展。其方法是利用双手、双脚握或蹬牢3个支点，然后移动第4个支点。这种下降方法比三点固定攀登更加困难，因此一定要设上方固定保护。

重 点 小 结

（1）登山是徒步爬山体育运动的一种，它有利于增强心肺功能、提高腰腿力量、增加速度耐力、提高身体协调平衡能力。还可以沐浴于大自然，呼吸新鲜空气，使人心旷神怡。

（2）登山前要做好各种准备工作，如：准备宿营、技术、个人的装备，看好天气、准备好包括地图、指北针、头灯（含备用灯泡与电池）、备用粮食、备用衣物、防晒霜、瑞士刀、火种、打火机、急救箱等。

（3）在登山前要练习结绳技术、保护技术、攀登技术、下降技术等。

（4）在登山前要多查阅目的地的相关资料，包括气候、地形、温度、动植物特点和有关视频。

课 课 练

（1）身体素质练习：

1）上肢力量练习：俯卧撑、立卧撑、杠铃翻腕、杠铃上举。

2）下肢力量练习：蛙跳、矮子走、半蹲杠铃、深蹲杠铃。

3）腰腹背肌练习：仰卧起坐、仰卧两头起、反弓抬头、肋木举腿。

4）心肺功能耐力练习：800m、1500m、3000m、5000m 跑。

（2）专项技术练习：

1）学会看地图、指北针、急救知识等。

2）平衡练习：单脚平衡、动态平衡。

3）柔韧练习：单杠悬垂、压腿下腰、尽量拉伸身体各部分韧带。

4）负重越野走和跑。

任务二　攀　岩

一、项目概述

攀岩运动，在 19 世纪起源于欧洲，兴起于 20 世纪 50 年代末 60 年代初。攀岩技术是登山运动的基本功。攀岩运动作为登山运动派生出来的新兴项目，更加冒险、更具挑战性。随着攀岩运动的不断发展，20 世纪 60 年代，东欧、前苏联等国家把攀岩运动作为军队比赛项目来开展，使得竞技攀岩开始兴起，1974 年被正式列为国际竞技体育运动项目。20 世纪 70～80 年代，该项目在西方发达国家迅速开展和普及。

20 世纪 80 年代，攀岩运动传入我国。1987 年我国举办了首届全国攀岩比赛，至今这项赛事已成功地举办了十余届，吸引了全国众多攀岩爱好者参加，为我国更好地开展这一运动项目打下了坚实的基础。

攀岩运动按难度与速度来分类，可以为难度攀岩、速度攀岩和大圆石攀岩三类；按参加人数来分类，可分为男子单人攀岩、女子单人攀岩、双人结组攀岩以及集体（小队）攀岩四类。

二、攀岩的装备

准备攀岩装备应是攀岩运动中的一部分，因为它直接关系到攀岩者的生命安全，所以攀岩者平时就应该注重攀岩装备的维护和保养，到攀登前更不可忽视攀岩装备的认真安装与细心检查。

个人装备：安全带、下降器、安全铁锁、绳套、安全头盔、攀岩鞋、镁粉和粉袋等。

安全带：攀岩用安全带与登山安全带有所不同，属于攀岩专用，并不适合登山，但登山用安全带可做攀岩时使用。

下降器："8"字环下降器是最普遍使用的下降器。

安全铁锁和绳套：攀登过程中，休息或进行其他操作时自我保护之用。

安全头盔：一块小小的石块落下来，砸在头上就可能造成极大的生命危险，因此头盔是攀岩的必备装备。

攀岩鞋：是一种摩擦力很大的专用鞋，穿起来可以节省很多体力。

镁粉和粉袋：手出汗时，抹一点粉袋中装着的镁粉，手立刻就不会滑了。

攀登装备：攀登装备指绳子、铁锁、绳套、岩石锥、岩石锲（chock），有时还要准备悬挂式帐篷。

绳子：攀岩一般使用直径为 9～11mm 的主绳。

铁锁和绳套：连接保护点，下方保护攀登必备的器械。

岩石锥：固定于岩壁上的各种锥状、钉状、板状、金属材料制成的保护器械，可根据裂缝的不同而使用不同形状的岩石锥。

岩石锤：钉岩石锥时使用的工具。

岩石锲：与岩石锥的作用相同，但可以随时防取的固定保护工具。

悬挂式帐篷：当准备在岩壁上过夜时使用的夜间休息帐篷，须通过固定点用绳子固定保护起来悬挂于岩壁。

其他装备：包括背包、睡具、炊具、炉具、小刀、打火机等用具，视活动类别、时间长短和个人需要携带。

三、攀岩的基本技术

攀岩的基本技术是三点固定法，即在双手抓牢、双脚踏牢三个支点的情况下，才能移动第四支点，其要领对身体各部位的姿势和动作均有一定的要求。

1. 身体姿势

攀登岩石峭壁时身体要自然放松，以三个支点稳定身体重心，而重心要随攀登动作的转换移动，这是攀岩能否稳定、平衡、省力的关键。要想身体放松，就要根据岩壁陡缓程度使身体和岩壁保持一定距离，靠的太近，会影响观察攀岩路线和选择支点。但在攀登人工岩壁时要贴得很近。在自然岩壁攀登时，上、下肢要协调舒展，盘岩要有节奏，上拉、下蹬要同时用力，身体重心一定要落在脚上，保持面向岩壁、三点固定支撑、直立立于岩壁上的攀登姿势。

2. 手臂的动作

手在攀登中是抓住支点、维持身体平很的关键，手臂力量的大小直接影响攀登的质量和效果。因此，一个优秀的攀岩运动员必须有足够的指力、腕力和臂力。对初学者来说，在不善于充分利用下肢力量的情况下，手臂的动作就显得更为重要。手臂如何用力，在人工岩壁攀登和自然岩壁攀登时情况不同，前者要求第一指关节用力扣紧支点的同时，手腕要紧张，手掌要贴在岩壁上，小臂也要随手掌紧贴岩壁而下垂，在引体时，手指（握点）有下压抬臂动作，其动作规律是中心活动轨迹变化不大、节奏更为明显。但攀岩自然岩壁时其动作就变化很大，要根据支点不同采用各种用力方法，如抓、握、挂、抠、扒、捏、拉、推压、撑等。

3. 脚的动作

一个优秀攀岩运动员的攀登技术发挥得好坏，关键是看他能否充分利用两腿的力量。只靠手臂力量攀登不可能持久。脚的动作要领是，两脚外旋，大脚趾内侧贴近岩面，两腿微屈，以脚踩支点维持身体重心，在自然岩壁支点大小不一和方向不同的情况下，要灵活运用。但要切记，膝部不要接触岩石面，否则会影响到脚的支撑和身体平衡，甚至会造成滑脱而使膝部受伤。另外，在用脚踩支点时，切忌用力过猛，并要掌握用力的方向。

4. 手脚配合

凡优秀攀岩运动员，上、下肢力量是协调运用的。

✔ 案　例

在攀岩过程中，学生一定要注意自己的身体尽量紧贴岩壁，向上攀登时，四肢应做到三点不动一点动，多利用腿的力量向上蹬，手臂用力不应分散到旁边的岩点上，应该一直找正上方的岩点抓或握。在攀岩之前教练应先介绍安全措施要求：①请大家注意观察，应将双腿穿好半身式安全带，再将腰部和腿部的保护带系紧并反扣，挂号铁锁，带上头盔，准备攀岩。②由保护人员挂好保护绳索，准备攀岩的运动员应向保护人员鞠躬敬礼，这里表示两层意思：我准备好了；我的安全交给你来，我相信你！③教练带热身操，活动上、下肢关节，肌肉，韧带。组织安排好暂时不攀岩的学生就近观察，并鼓励正在攀岩的学生。

❤ 案例分析

在完成攀岩项目后应组织大家讨论、分享。①先谈谈攀岩的自我感受；②你是怎样攀到那个高度的？③什么原因使你没有攀到岩顶？④当你准备攀岩时心里是怎么想的？（是感受一下，还是敷衍了事，或是为了挑战自我）。⑤为什么害怕？深层次原因是什么？⑥当你竭尽全力完成项目后有什么样的感受？⑦今后在学习、工作中遇到困难，将如何面对？

重点小结

（1）攀岩运动起源于欧洲，20世纪80年代传入我国，它是一种非常经典的户外运动、幻想和挑战的完美结合，近年来越来越受到人们的重视和喜爱。它需要运动员挑战大自然、挑战自我极限，被称为"岩壁上的芭蕾"。

（2）攀岩之前要做好各项准备工作：需配备安全带、"8"字环下降器、安全铁锁、绳套、安全头盔、攀岩鞋、镁粉和粉袋等。

（3）在练习中四肢要三点不动一点动、身体要紧贴岩壁、手臂要有抓、握、挂、抠、扒、捏、拉、推压、撑等动作、腿部动作尽量用大腿的力量、脚尖踩稳岩壁上突出的岩点、上下肢要协调用力。

（4）心态要保持平和、沉着、冷静。

课课练

（1）身体素质练习：

1）上肢力量练习：引体向上、双杠支撑臂屈伸、正握负重腕屈伸、手指悬垂、指卧撑。

2）下肢力量练习：负重深蹲、蛙跳、鸭子步走。

3）腰腹力量练习：负重体前屈、仰卧起坐。

4）心肺功能练习：800m、1500m、3000m跑。

（2）专项技术练习：

1）平衡能力练习：走平衡木、过独木桥、跨跳栏、跳台阶。

2）柔韧训练加灵敏性训练。

项目二十六

时尚休闲类体育运动

【学习目标】

1. 知识目标

（1）了解时尚休闲类体育运动的基本设施、基本礼仪及今后的发展趋势。

（2）掌握时尚休闲类体育运动的基本技术要领与应用。

（3）掌握时尚休闲类体育运动的训练方法、动作要领及战术特点。

（4）了解时尚休闲类体育运动的主要竞赛规则。

2. 技能目标

（1）掌握时尚休闲类体育运动的基本技术。

（2）发展身体的协调能力，增强上肢力量，培养目测能力、投准力和空间感，让体力、眼力、脑力在比赛中能合理运用。

（3）培养机智、果断、沉着、冷静的心理素质和团队协作的集体主义精神。

（4）培养自觉遵守规则、诚实和守信的精神品质。

（5）掌握各类时尚休闲体育的竞赛规则，能鉴赏各种比赛。

【运动提示】

（1）要多加强各项身体素质的练习。

（2）在基本技术的练习中要多做徒手动作的练习，持球练习中反复多次巩固练习效果。

（3）在练习中要注意控制发力点和节奏，掌握好动作的流畅性。

（4）初学者揣摩动作的发力方法要慢，不要用大力，要循序渐进。

【项目任务】

（1）掌握时尚休闲类体育运动的基础知识和竞赛规则。

（2）掌握时尚休闲类体育运动各种站位、上下肢动作、球性球路、基本技术。

（3）掌握时尚休闲类体育运动的走位、基本战术、着力点和全身的协调性。

任务一　保　龄　球

保龄球（Bowling）又称"地滚球"，是一种在木板球道上用球滚击木瓶的室内体育运动。

一、保龄球运动的起源与发展

保龄球最初叫"九柱戏"，起源于公元3～4世纪的德国，它是当时欧洲贵族间一种广为流行的高雅游戏。不过，它首先被作为教会仪式的活动之一，人们在教堂的走廊里放置九根柱子（象征着叛教徒和邪恶），然后用球滚地击倒它们，叫做打击"魔鬼"。

1875 年，美国组成了世界上第一个保龄球协会，它规定了保龄球球道的长度和球柱的大小。国际保龄球协会联合会成立于 1951 年，总部在芬兰的赫尔辛基。国际保联分美、欧、亚三大区域，每年在不同的国家和地区举行一次世界杯赛，每两年举行一次区域大赛，每四年举行一次世界大赛。1988 年的第 24 届奥运会将保龄球列为表演项目，1992 年的 25 届奥运会将保龄球正式列为比赛项目。

20 世纪初保龄球运动传入我国，改革开放以后保龄球运动在各大、中城市迅速开展。1985 年中国保龄球协会成立，1987 年中国加入国际保龄球联合会。

二、保龄球的特点及其锻炼价值

保龄球运动具有娱乐性、趣味性、竞技性和技巧性，给人以身体和意志的锻炼。由于是室内活动，不受时间、气候等外界条件的影响，也不受年龄的限制，易学易打，所以它成为男女老少皆宜的有氧运动。有资料表明，参加 3 局保龄球运动，相当于 44min 的棒球运动，20min 的网球运动，20min 的自行车运动，18min 的高尔夫球运动，15min 的跑步运动。

三、保龄球运动的场地、器材介绍

1. 球

一般用木料制成，近几年采用尤丁纤维等有特性的材料制成，球的重量为 6～16b，共计 11 种规格。球的直径为 21.8cm，圆周不大于 68.5cm。保龄球分通用球和专用球两种。一般场馆中用的都是通用球，通用球又叫娱乐用球，球上标有重量。专用球时根据球员的体重、体力、握力和臂力等各种因素决定的最适合该球员使用的球。

2. 球道

球道长 1996cm、宽 104～107cm，发球区和竖瓶区用加拿大枫木板条拼接而成，其余用松香板条拼成。这些木板条的数目时有规定的，常见的球道都是由 39 块木板条拼接而成的，也有由 41 块木板条拼接而成的。竖瓶区（瓶台）从①号木瓶中心线到底部的距离为 86.83cm，由 10 个瓶位间隔各为 30.48cm，成正三角形排列，发球区犯规线距跑道底线为 457cm。球道和助跑道（见图 26-1 与图 26-2）。

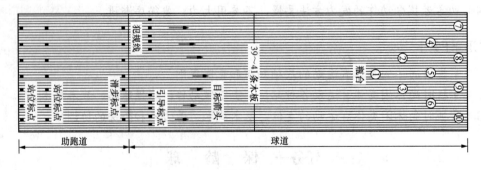

图 26-1

3. 木瓶

木瓶以枫木为主要材料，呈极为圆滑的曲线，重 1.26～1.46kg，高 38.85cm。

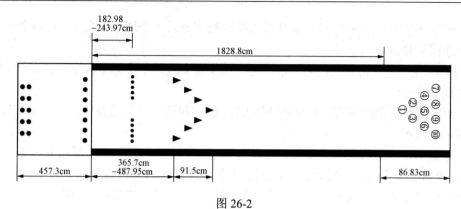

图 26-2

四、比赛方法和主要规则

1. 比赛方法

（1）保龄球是以局为单位，以击倒球瓶数的多少来计分并决定胜负的，一局分为 10 轮，每轮有两次投球机会，如果在一轮中，第一次投球就把 10 个球瓶全部击倒，即全中，就不能再投第二球次，唯有第 10 轮不同，第一次投球如果投得全中，仍要继续投完最后一球，结束全局。值得强调的是，如果两次投球没有将 10 个球瓶全部击倒，那么第三次机会就会被自动取消。

（2）比赛以抽签的方式决定道次。每局在相邻的一对球道上进行比赛，每轮互换球道，直至全局结束。

（3）保龄球比赛时，均以 6 局总分累计决定名次。

1）单人赛：将每一局的成绩相加，以 6 局总分最高者为冠军，次者为亚军。

2）双人赛：每人 6 局，以二人合计 12 局累计总分高低决定名次。

3）三人赛：每人 6 局，以三人合计 18 局累计总分高低决定名次。

4）五人赛：每人 6 局，以五人合计 30 局累计总分高低决定名次。

5）全能赛：以每人 24 局总分高低决定名次。

6）精英赛：通过上述前四项比赛，取 24 局总分的前 16 名参加准决赛，进行单循环后共打完 15 局，取 15 局总分的前 4 名参加挑战赛：第四名对第三名，是第一次挑战；胜者对第二名是第二次挑战；胜者对第一名的比赛称为决赛。连胜两局者为冠军，连负两局者为亚军，一胜一负的情况下两局总分高的为冠军，总分低的为亚军。如果两局总分相同，就要看双方第九轮与第十轮的成绩了，分数高的夺得冠军。

2. 积分规则及积分符号

（1）比赛按顺序每轮允许投两个球，投完 10 轮为一局。

（2）每击倒一个木瓶得一分，投完一轮将两球所得分相加，为该轮的应得分，10 轮依次累计为全局的总分。

（3）第一球将全部木瓶击倒时，称为"全中"，用符号"×"表示，该轮得分为 10 分，第二球不再投。但按规定应奖励下轮两球的所得分。它们所得分之和为该轮的应得分。

（4）第一球未能"全中"，记下被击倒木瓶数，作为第一球所得分。如果第二球将剩余木瓶全部击倒，则称为"补中"，用符号"/"表示，该轮所得分亦为 10 分，并奖励下轮第一球的所得分。它们所的分之和为该轮的应得分。

（5）第 10 轮全中时，应在同一条球道上继续投完最后一个球结束全局。这两个球的所得分应累计在该局总分内。

（6）第 10 轮为补中时，应在同一条球道上继续投完最后一个球结束全局。这个球的所得分应累计在该局总分内。

（7）第一球击倒部分木瓶（1 号球必须被击倒），和第二球未能补中计分均用符号"○"把数字圈起来表示。

（8）如果第一球落入边沟，即为"失误球"，用字母"G"表示，该球得分为零分。当第二球将 10 个瓶全部击倒，应视为补中，该球得分为 10 分，该轮应得分按（4）所述计算。凡是第二球失误（落入边沟或击中任何一个球），用符号"—"。该球得分为零。

（9）第一球、第二球犯规均用符号"F"表示，该球得分为零。

（10）如果第 10 轮第一球犯规，同样用符号"F"表示，该球得分为零。当第二球击倒全部 10 个瓶应视为补中，该球得分为 10 分，并允许投完最后一个球，并把最后一个球所得分累计在该局总分内。

（11）如果从第一轮第一球开始到第 10 轮，连续 12 个全中，按规则每个全中球应奖励下轮两个球的所得分，即每轮以 30 分计"最高分局"将达到 300 分。

（12）比赛结束出现同分时，应从第九轮开始决胜负。

五、保龄球运动的基本礼仪

（1）进投球区时，必须要更换保龄专用鞋。

（2）只使用自己选定的保龄球。

（3）等到瓶完全置完后再投球。

（4）不要进入旁边的投球区。

（5）不可以随意进入投球区。

（6）先让给已经准备号投球姿势的人投球。

（7）同时进到投球动作的情况时，由右边的人先投球。

（8）在投球区，不可以投球的预备姿势太久。

（9）投球动作结束后，不可以长久地站在投球区。

（10）不可批评和嘲笑别人缺点。

（11）不可打扰正在头球人的注意力。

（12）不可以在投球区挥动保龄球，不可投出高球。

（13）成绩不好时，不要怪球道情况不良。

（14）不可穿汗背心和短裤练习或比赛。

（15）不可把水撒落在投球区上。

六、保龄球的基本技术与练习方法

1. 保龄球的基本技术

保龄球的技术关键在于手的投滚动作与脚的助走动作协调配合。动作完成的要素是助走的节奏、身体的平衡和出手的时机。

2. 握球技术

握球是投球的开始，握球的动作要领是将球从回球机上捧起，双臂弯曲，左手拖住球的底部，将右手的无名指和中指插入指孔，再把拇指深插进拇指孔，手心贴球面，把球握住，食指和小拇指自然伸直托球（见图26-3）。

3. 直线投球技术

球员手持保龄球，站在投球区，投球动作就可以开始了。投球时手部摆荡动作由7个连续动作构成（见图26-4）。

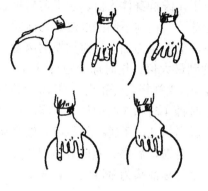

图 26-3　　　　　　　　　　　　　　图 26-4

（1）预备姿势：站在投球台上，选择好站立位置，两手捧球，中指和无名指插入球孔，眼睛瞄准目标准备前行。

（2）推出动作：动作开始的同时将球向前推出。

（3）向下摆荡：推出后球随重力自然向下摆动。

（4）向后摆荡：向下摆动的球不要停止，顺势向后摆动。

（5）向前摆荡：向后摆动到最大极限后向前摆动。

（6）离手动作：将球由手中拖出。

（7）持续动作：球脱手以后，手臂继续向上摆动。

上述这一连贯的手部动作，称为保龄球投球的摆荡技术。

4. 助走技术

最常用的助走方法时四步助走的动作技术要领是助走与手的摆荡动作节奏一定要和谐，动作要连贯、协调。

（1）准备姿势。面向瓶台，两脚前后开立，左脚在前右脚在后，两脚间距离半个脚掌，双膝自然弯曲，重心落在左脚上。右手握球，左手托球，右臂弯曲约为直角，眼睛注视前方。

（2）助走摆臂。准备姿势做好后，持球站立，使球体的中心线与球道的某一目标箭头成一直线。初学者最好选用2号目标箭头，在助走前整个助走投球过程中，眼睛始终盯着2号目标箭头。

助走开始，右脚向正前方迈出一小步，迈出右脚的同时，双手把球向前下方推出，右臂伸直与身体成45°角，同时左手离球向外侧展。出脚和推球动作同时进行。右脚着地后重心随即移至右脚。

第二步迈左脚，步幅比第一步稍大，同时右手臂在球的重力作用下下摆，左手继续外展。右手臂下摆到与地面垂直时身体重心平稳地移至左脚。

第三步，握球的右手臂由下摆过渡到后摆，同时迈出右腿，步幅与第一步相同，但速度要加快。左手继续外展。右脚着地时球后摆至最高点与肩平齐。身体前屈，重心移至右脚，保持平衡。

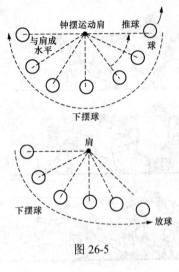

图 26-5

（3）滑步回摆投球（见图 26-5）。手臂后摆至最高点后，利用球的重力作用，手臂持球向下回摆，同时左脚前脚掌贴着地面向正前方滑行一大步至犯规线前，脚跟落地制动，左脚深屈，左手向外展平，维持身体平衡，躯干前屈重心移至左脚，成左弓步，持球手臂由向下回摆过渡到向前回摆，在右脚蹬地转腰带动下，借助重力加大向前回摆的速度，摆至与地面垂直时速度达到最大值。这时球距犯规线 15～20cm 的距离，手腕不做转动，大拇指自然指向时钟 10 时位置，中指和无名指分别指向时钟 4 时和 5 时的位置，将球向 2 号目标和无名指向上提后脱出指孔，手臂顺势拉起。整个动作完成过程（持球、下推、前摆、后摆、回摆放球到球出手的运行线路）必须在以 2 号目标箭头为基准的垂直面上。

七、保龄球的练习方法

保龄球的练习方法主要有以下七种。

1. 确定助走的起点

起点的纵向距离确定：站在助跑道上距离犯规线 7cm 处，面向底线自然走 4 步，转过身面对球道，这时的站立位置就是四步助走的起点。助走道上的横向站立位置的确定主要由投球和个人所需木板数决定。

2. 空手助走练习

空手面向球道站立，右手持球者，左脚内侧在第 27 块木板的边线上，两脚略微分开，左脚在前，右脚在后，间隔约 10cm，腿稍屈，上体略微前倾，重心落在左脚上。按照四步助走的动作要领反复做助走练习，使助走时能够做到身体平稳、节奏合理，脚步始终在一条直线上。

3. 握球、推球和摆臂练习

右手持球，左手托球前臂自然弯曲成 90° 持球于右腰前。练习开始，上体稍前屈，两手同时把球向前下方推出至右臂伸直。右臂以肩为轴，握球垂直下摆，左手离球外展。当球下摆至最低点后，右手顺势直臂加力向后摆，后摆至与肩平或略低，然后向前回摆，球摆至正前方，左手协助接球，回到开始姿势。

4. 助走结合空手摆荡

做练习时，左腿屈蹲，左手至于左腿上，右膝跪地，右臂向下伸直，自然放松，右手握球，手腕挺直，以肩为轴做垂直前摆一垂直后摆一垂直后摆后放球动作。放球时注意培养球感，体会放球时大拇指先脱出指孔以及中指、无名指向上提出脱出指孔的感觉。

5. 放球练习

做练习时，左腿屈蹲，左手支于左腿上，右膝跪地，右臂向下伸直，自然放松，右手握球，手腕挺直，以肩为轴做垂直前摆一垂直后摆一垂直回摆后放球动作。放球时注意培养球感，体会放球时大拇指先脱出指孔及中指、无名指向上提后脱出指孔的感觉。

6. 原地投球练习

练习时，双脚成弓步站立，左脚在前，站在第 17 块木板上，脚内侧贴于木板的边线上，左腿半屈，脚尖距犯规线 7cm。上体前倾，肩、膝、脚尖在同一垂直线上。右脚以脚尖为支点，置于左脚后方。右手握球，手臂自然下垂，眼睛注视前方的 2 号目标箭头，做摆荡动作，然后把球向 2 号目标箭头方向送出。球送出后，左手外展维持身体平衡，右手与 2 号目标箭头保持在一条直线上，顺势扬起。

7. 四步助走投球练习

按动作要领进行完整的保龄球四步助走投球练习。

重点小结

（1）保龄球运动是一项集竞技、锻炼、娱乐和趣味于一体的高尚且时髦的体育运动。它是一种全身性运动，对人体的影响是全面的、充分的、合理的。科学研究表明，人们参加 3 局保龄球运动，相当于参加了 20min 的网球运动、20min 的自行车运动、15min 的跑步运动、44min 的棒球运动。对恢复精力、消除疲劳和提高工作效率很有帮助，具有娱乐和休闲享受的效果，是消除生活压力的最佳运动项目。

（2）保龄球以局为单位分为单人、双人、三人、五人、全能、精英赛六种。

（3）保龄球的基本技术分为握球、直线投球、助走技术。

（4）练习方法由确定助走的起点、空手助走、握球、推球和摆臂、助走结合空手摆荡、放球、原地投球、四步助走投球八个步骤进行。

课 课 练

（1）身体素质练习：

1）步伐练习：滑步、并步、交叉步、跨步。

2）腿部力量练习：连续直身快跳、蛙跳、矮子走。

3）腰腹背肌练习：仰卧起坐、仰卧两头起、反弓抬头、肋木举腿。

4）协调性练习：单个动作重复练习、身体不协调动作组合练习。

（2）专项技术练习：

1）练习握球、原地握球摆臂、原地平衡投球、滑步投球。

2）持球助跑、持球摆动与放球练习。

3）熟悉保龄球比赛规则。

任务二 高 尔 夫 球

一、项目概述

首先高尔夫球是一项具有独特魅力的，古老的贵族运动，它是人们在天然优雅的自然绿色环境中，锻炼身体，陶冶情操的体育活动。关于高尔夫球的起源众说纷纭，它不像其他一些运动项目有准确的起源时间，流传比较广的一种说法是古老时的一位苏格兰牧人在放牧时，偶然用一根棍子将一颗圆石击入野兔洞中，从而得到启发，发明了后来成为高尔夫球运动。

19 世纪，高尔夫球传入美国。1922 年，世界上第一次国际性比赛是美国对英国的"沃克杯"高尔夫球对抗赛。高尔夫球于 20 世纪初引入中国。最近几年，高尔夫球运动在我国已经迅速普及和发展起来。作为一种时尚或某种身份的隐约暗示，高尔夫球已经逐渐渗透到我们的都市之中。"高尔夫"本是英语 Golf 的译音，在英语中，Golf 一词是由绿（Green）、氧气（Oxygen）、阳光（Light）和友谊（Friendship）这四个单词的打头字母组成的。一项运动能兼备有上述四项诱人的内容，在崇尚休闲的现代社会中，将会受到越来越多健身爱好者的青睐。

二、高尔夫球运动基本技术

（一）准备击球姿势

准备击球姿势是球员握好球杆后、准备击球时的身体各部位应处的正确位置，即球员做好站位，包括根据击球方向选定两脚的位置和把球杆杆面对准球的一系列动作。球杆接触地面时即为准备击球，而在障碍区内，球员最好站位即为准备击球，包括脚位、球位和身体姿势三个方面。

1. 脚位

指球员准备击球时两脚的站立位置。一般有三种脚位。

（1）正脚位。指球员左右脚尖线与准备击球路线平行的站立方式。正脚位适用于任何一种球杆。

（2）开脚位。指球员左脚稍后于右脚的站位方式。此脚位一般适用于用短的铁杆击高球或有意打右曲球。

（3）闭脚位。指球员右脚稍靠后于左脚的站位方式。此脚位一般适用于木杆开球、在球道上击远球或有意打左曲球。

这三种脚位的共同点是，右脚都与击球方向垂直，左脚与击球方向成 45°的夹角。

2. 球位

指球员在做好准备击球姿势时，高尔夫球被击出前所处的位置。脚位与球杆、球位的关系是：球员握好球杆站在击球位置上，左脚固定不动，球位处在靠近左脚的位置，球杆越短，两脚的位置越窄，离球也越近。

（1）球与身体的前后距离。面向球，左肩对准球的方向。握好球杆，双臂自然下垂，上臂紧贴胸部，球杆头自然贴近球。

（2）球与双脚的距离。一般双脚间的距离约与双肩同宽或略窄与双肩宽。球放置于双脚正前方中间。

3. 身体姿势

球员握好球杆后，双手自然前伸，球杆头部轻轻着地，两脚打开同肩宽，身体重心落在两脚上。身体从髋部前倾，背部挺直，双膝关节微弯曲，身体左侧朝向目标方向。

（二）瞄球

瞄球的基点要点是杆要正对目标，然后根据杆面的位置调整身体、站位及其他各部分的位置。瞄球中最常见的一个问题是两脚尖的连线指向目标，而不是杆面正对目标，这样就造成站位过于封闭。正确的姿势是：两脚间的连线要与球和目标的连线保持平行。球手要站在球后，平行地伸出双臂，其中右臂、球在一条线上。球和目标在一条线上，这也就是目标方向线。然后把一只球杆放在地上标出目标线的方向，将手中球杆的击球面对准球，这才是正确的姿势。

（三）挥杆击球

高尔夫的击球动作可以分解为引杆、下挥杆、击球、顺势摆动和结束动作等几个步骤。简单说，高尔夫挥杆就是整个身体围绕一个固定中心点完成的一种既协调又平衡的动作。如果做得正确，该动作能将球杆上抬、旋转并下挥，使球杆产生加速度，并尽可能以最大的准确度（在杆面中心）击球。挥杆的轨迹应该是一个较为均匀的大圆弧。

1. 引杆

引杆即上挥杆，指将杆头从准备状态开始，向身体后上方摆动的动作。正确的引杆动作应该是保持挥杆时身体的稳定，身体平稳地扭转，手臂动作舒展、缓慢。

2. 下挥杆

指球杆上挥到顶点时，稍做制动就开始下挥杆动作。需要注意的是，头、双手和身体重心要向左。当球位于右侧的时候，基本上其他每一样都要靠左，重心主要集中在左脚上；头在左腿外边，而不是位于球的后面；双手也要前压，与左脚相对。这个姿势，可以保证下杆的时候能够下挥杆至最低点时即击中球。

3. 击球

击球是完整挥杆动作轨迹中的一点。指下挥杆杆头至挥杆轨迹的最低点即球的位置时，在杆头击球面触碰到球的瞬间产生极大的冲击力将球击出。击球时头部不动，视线始终停留在球上。

4. 顺摆动作

指击出球后球杆杆头继续向击球的方向挥动的过程。顺摆动作是触球动作的延续，由于惯性，触球后球杆必须顺势挥动。触球后，身体重心逐步过渡到完全由左腿支撑，右踵提起，又膝向左膝靠拢，在右脚的推动下，腰部继续向左转动。身体仍绕轴心转动，在杆头的带动下，右臂逐渐伸直，右肩逐渐对准击出球的方向。杆头向目标方向大幅度挥出。在这个过程中头部始终保持不动，两眼注视击球前球的位置。

5. 结束动作

结束动作是整个挥杆击球过程的终点，它并不是刻意做出来的，而是正确、流畅有节奏地挥杆的自然结果。顺摆动作充分时，右臂继续带动左臂向下颌下方转动，杆头向左后上方运动；右臂保持伸直，左腋夹住。左臂肘部随着右臂的向上运动而向上弯曲，腰和肩向左转动，身体重要全部由左腿承担，左膝保持固定，左足支撑体重部位由足内侧向足跟部外侧转移。在右臂达到右肩平直高度时，头部才随着转动向目标方向，两眼注视飞行中的球。

高尔夫球击球技术的各个部分是密不可分、缺一不可的。要想打好高尔夫球，必须建立正确的技术定型。而要掌握正确的挥杆技术，不经过成千上万次的练习是不行的。

（四）推杆

推杆是高尔夫球比赛中使用的各种球杆中最重要的球杆之一。在标准杆 72 杆中，推杆的杆数占一半，所以说，推杆技术的好坏直接影响打球的成绩。一般情况下，每一洞都由推杆击球入洞，人们形容推杆是画龙点睛的笔。很多高尔夫球专家学者认为，学习高尔夫球技术应该从推杆技术开始练习。

推杆在高尔夫球比赛中是非常重要的部分，但是在整个打球过程中，它不像挥杆那样用同样多的时间，推杆因人而异，推击球就像有不同的推杆种类一样有着不同，但是基本原理是一样的，握住推杆；保持两脚分开的姿势，让身体重量平衡分布，两腿微屈，让两膝盖轻微向前突出；弯腰，并且让肩、手臂和双手当作一个整体一起运动；尽量保持头部不要动，同时不要太高身体，在击球过程中推击弧线要与击球后的杆头离地面有一样的距离；并且匀速推杆。

🍃 案　例

球落入水障碍后已换打新球，如何处理？保罗以为他的球进了水障碍，他在找了大约一分钟后，根据水障碍的有关规则，在该水障碍区后抛了另一个球并打了球。而后他的球在障碍区外被找到了，而且是从开始找球算起的五分钟之内，应当如何处理？

🍸 案例分析

由于保罗已经使另外一个球成为"使用中球"，他将不能再打那个初始球。但问题的关键在于有充足的证据证明初始球位于水障碍区内。如果有充足的证据——从规则角度讲大致为95%的可能性，保罗可以继续打那个抛下的球。如果没有充足的证据，保罗打了他抛下的球后就构成了在错误的地方打球。他将在比洞赛中该洞负，在比杆赛中被加罚两杆。如果有严重的犯规嫌疑（如他打球的地点在原本接受一杆和距离处罚的前面很多），他必须在下一洞开球前改正错误，从正确的地方打球，否则将被取消资格。

❓ 重 点 小 结

（1）高尔夫球这项运动依靠每个参与者主动为其他球员着想和自觉遵守规则的诚实和信用。不论对抗多么激烈，所有球员都应当自觉约束自己的行为，在任何时候都表现出礼貌谦让和良好的运动精神。

（2）高尔夫球运动的基本技术包括准备击球姿势、瞄球、挥杆击球、推杆组成。

（3）高尔夫球运动握杆法有重叠、自然、互锁三种。

（4）瞄球的基本姿势包括两臂、躯干、肩部、臀部、两膝的姿势。

（5）挥杆动作的全部内容包括杆后摆或后摆杆——上挥杆——挥杆顶点——下挥杆——冲击——顺势动作——结束动作几大部分。

✏️ 课 课 练

（1）身体素质练习：

1）上肢力量练习：俯卧撑、立卧撑、杆铃翻腕、杆铃上举。

2）腿部力量练习：连续直身快跳、蛙跳、矮子走。

3）腰腹背肌练习：仰卧起坐、仰卧两头起、反弓抬头、肋木举腿。

4）协调性练习：单个动作重复练习、身体不协调动作组合练习。

（2）专项技术练习：

1）握杆、原地挥杆、原地推球练习。

2）完整挥杆动作练习、击球练习。

3）熟悉高尔夫球比赛规则。

任务三　软　式　排　球

一、项目概述

20 世纪 80 年代初期，软式排球运动起源于日本。一种以柔软的橡胶制成的排球在日本家庭成员的体育活动中广为开展。因球体柔软，被称"软式排球"。球体按重量、大小分为成人球和儿童球。球的颜色有浅黄、浅绿、浅蓝、乳白和粉色等，十分鲜艳。1989 年软式排球的竞赛规则在日本正式出版。同年 4 月，在日本全国个都、道、府、县分别举行了软式排球赛。1990 年 4 月，日本软式排球会成立，并由此开始向国外推广软式排球。

近几年，欧美的一些国家入如美国、意大利、加拿大及韩国等相继开展了软式排球活动。但是，各国都有各自的竞赛形式和比赛用球。

1995 年 8 月北京体育大学利用从日本购回的软式排球在全校教职工中举办了我国首届软式排球比赛。1996 年 5 月又举办有 32 支队参加的全校专项学生软式排球比赛。同年 6 月，国家体委在天津体育学院办了首届软式排球学习班。12 月又在成都体育学院组织了表演赛。1996 年国家体委在制定的"中国排球事业 2001 年计划纲要"中规定，要通过开展软式排球激发青少年对排球的兴趣，并要求把软式排球发展成为全民健身和文化娱乐的基本构成单元，在全国开展和普及这项运动。1998 年 1 月国家体委审订出版了我国第一本《软式排球竞赛规则》。

二、软式排球基本技术

软式排球基本技术是指在从事软式排球运动娱乐、健身、竞技时，在规则允许的条件下采用的各种基本的合理击球动作和配合动作的总称。软式排球技术是软式排球运动的基础和重要组成部分。

（一）准备姿势

准备姿势根据身体重心的高低可分为稍蹲准备姿势、半蹲准备姿势两种。稍蹲准备姿势一般用于来球速度较慢、弧度较高的传球、垫球或击球前的助跑。半蹲姿势主要运用在传球、防守和拦网中。

1. 稍蹲准备姿势

两脚前后或平行开立，比肩稍宽，脚尖朝前或适当内收，两膝内扣，身体重心稍低、靠前，膝关节保持一定的弯曲，两臂放松，肘关节自然下垂，双手置于腹前，注视来球，两球微动，全身处于待发状态。

2. 半蹲准备姿势

两脚前后或平行开立，比肩稍宽，脚尖朝前或适当内收，两膝关节屈曲程度大，两肩的投影线超过膝部，膝部的投影线落在脚尖前，脚跟稍提起，上体前倾，重心靠前，其余动作方法与稍蹲准备姿势相同。

（二）移动

移动技术是由起动、移动步法和制动三部分组成。软式排球常用的移动步法有并步、滑步、交叉步、跑步等。

移动前应根据场上的情况采用合理的准备姿势，以便及时地进行起动，快速移动到位。

1. 起动

在准备姿势的基础上，迅速抬腿收腹，使身体重心倾向移动方向，同时移动方向的（交叉步移动除外）异侧腿迅速蹬地，使整个身体迅速向来球方向起动。

2. 移动步法

（1）并步与滑步。当来球距离身体一步左右时可采用并步移动。近球一侧的脚向来球方向跨出一步，另一侧迅速有力地蹬地，并迅速跟上做好接球的准备姿势。当来球与身体的距离较远，用并步无法接近来球时，可采用连续并步即滑步。

（2）交叉步。当来球在体侧 3m 左右时，可采用交叉步。如向右移动采用交叉步时，身体稍向右转，左脚从右脚前向右交叉迈出一大步，然后右脚再向右跨出一大步，同时身体转向来球方向，成接球前的准备姿势。

（3）跑步。当来球较远时采用跑步移动。跑步移动时两臂要配合摆动，不宜过早做击球准备，边跑步边看球。

（三）发球

发球时软式排球比赛的开始。发球是队员在发球区由自己抛球，用一只手将球击入对方场区的一种击球方法。发球时软式排球技术中唯一不受他人制约的技术。

1. 正面下手发球

面对球网，两脚前后开立，左脚在前（以右手击球为例），两膝微屈，重心在后腿，左手持球于腹前。左手将球轻轻抛起在体前右侧，高度为 20～30cm。抛球的同时右臂伸直以肩为轴向后摆动，借助右腿蹬地的力量，身体重心随右手向前摆动击球而移至前脚，在腹前以掌根或虎口击球的后下部。击球时手指、手腕适度紧张，击球后随即入场。由于软式排球球体较软，挥臂速度应快一些，以增加击球的力量。

2. 侧面下手发球

队员左肩对着球网（以右手击球为例），两脚左右开立，约与肩同宽，两膝微屈，上体稍前倾，重心落在两脚之间。左手将球平稳抛送至胸前，距身体约一臂距离，离手高度约 30cm。在抛球的同时，右臂引向侧后方，利用右脚蹬地、转体的力量，带动手臂向前摆动，重心随之移向左腿，在腹前用掌跟或虎口击球的右下方，击球后随即入场。同样挥臂速度应快一些以增加击球的力量。

3. 正面上手发球

面对球网，两脚自然开立，左脚在前，左手托球于体前。左手将球平稳地抛于右肩的前上方，高度适中，同时右臂抬起，屈肘后引，肘与肩平，上体稍向右侧转动，抬头、挺胸、展腹、手掌自然张开。利用蹬地，使上体向左转动，同时收腹，带动手臂向前上方快速挥动。在右肩前上方伸直手臂的最高点处，用全掌击球的后中下部。击球时，手指和手掌要张开与球吻合，手腕要迅速做推压动作，使击出的球呈上旋飞行。击球后，随着重心前移，迅速入场。

（四）垫球

垫球是指通过手臂或身体其他部位的迎击动作使来球从垫击面上反弹出去的击球动作。垫球技术都是接对方的各种击过来的球，因此主要是一项被动的防守技术。下面着重介绍几种软式排球中常用的垫球技术。

1. 正面双手垫球

呈稍蹲或半蹲准备姿势，重心稍靠前，两臂自然弯曲，两手置于腰腹前。触球时，以两手臂靠拢伸直腕关节以上 10cm 左右、桡骨内侧合成的平面。当球飞到腹前一臂距离时，两臂快速前伸插入球下，向前上方蹬地抬臂，击球点保持在腹前约一臂距离处，将球准确地垫在击球部位上，同时配合蹬地送腰动作，身体重心随击球动作前移。

2. 体侧双手垫球

左侧垫球时，先以右脚掌内侧蹬地，左脚向左跨出一步，重心移至左脚，保持两膝弯曲，同时，两膝向左侧伸出，左臂高于右臂，右臂微向下倾斜。击球时，用右转体和收腹是动作，配合提肩抬臂在身体左侧稍前的位置截住来球，用两前臂垫击球的后下部。来球在右侧时，以相反方向的动作击球。由于体侧垫球不易控制垫球方向，因此在来得及的情况下应尽量正面垫球。

3. 背垫

背垫球时，要判断好来球的方向，快速移动到球的落点处，背对出球的方向，两臂夹紧伸直，插到球下。击球时，用蹬地、抬头挺胸、展腹和上体后仰的动作带动两臂向后上方摆动抬送，以前臂触球的前下方，将球向后上方击出。

4. 单手垫球

单手垫球可采用虎口。半握拳、掌根、手背以及前臂等处击球。如当来球向右侧飞行时，右脚迅速向右跨出一大步，上体向右倾斜，右手臂伸直向右伸出，自右后方向前摆动，击球的后下部，如来球在身体的远处，可用向侧方跃出、单手击球的方法。

案例

"垫球"环节，在球下落时各自用自己的方法让手或手臂触球，看看会发生什么样的变化。本环节仍然采用游戏的形式，让学生根据自己的习惯与自己生活经验来垫球，这时问题出现了，有的学生用拳头有的学生交叉合掌，垫球部位五花八门；垫出的球也是"姿势"各不相同，有的学生球反弹方向歪了，有的学生是垂直向上的。问题一：垫出的球怎么老偏一边啊？问题二：球怎么总是往我头顶冲？

案例分析

学生知道了排球垫球需要采用手型的知识。纷纷表达自己的独特见解，有的学生还发明了几种与众不同的垫球方法。当然大多数同学们还是表示赞同采用"包拳式"和"叠掌式"。学生通过十指交叉握和叠掌式或者包拳式垫球练习时，发现十指交叉握对于球飞行路线变化时手型变换很不方便，而且球垫在手指上会乱飞。因此，就形成了叠掌式的手形是最佳选择的正确概念和动作。

在教师的正确引导下，形成由学生主动参与进行设计、实践相结合的师生共同活动的教学模式，把练习口诀和排球有机结合，构成了新的教学情景。用简短的词语概括出垫球技术要领，节奏明快、朗朗上口，利于记忆，并有较强的针对性，便于学生掌握，符合体育教学"精讲多练"的要求，提高了教学效率，也有利于调动学生用已有的知识在实践中去体验的积极性。在软排教学中，要合理组织和尽量多运用游戏法及多种形式的比赛法，在游戏中获得身心的愉悦和运动的快乐，在比赛中锻炼和提高技战术的运用能力和应变能力。

口诀 1：提肩、抬臂、夹肘、压腕、刹车。

口诀 2：一插二压三抬臂。

重 点 小 结

（1）软式排球的特点：①球体柔软、重量轻、气压小，所以不会挫伤手指，有安全感；②击出的球飞行速度较皮质排球慢，因此不宜落地，趣味性较强；③软式排球规则及场地都比较简单，具有很强的可操作性。

（2）软式排球的击球技术动作是技术中最复杂的动作，它包括击球点、击球部位、击球手型和击球用力四个技术环节。

（3）软式排球的基本技术包括准备姿势、移动、发球、垫球。

（4）准备姿势：稍蹲准备姿势、半蹲准备姿势。

（5）移动：移动技术是由起动、移动步法和制动三部分组成。软式排球常用的移动步法有并步、滑步、交叉步、跑步等。

（6）发球：正面上手发球、侧面下手发球、正面上手发球。

（7）垫球：正面双手垫球、侧面双手垫球、背垫、单手垫球。

（8）具体的动作姿势及发球、垫球手型参照皮质排球课进行。

课 课 练

（1）身体素质练习：

1）步伐练习：滑步、并步、交叉步、跨步。

2）弹跳练习：定点摸高、助跑摸高。

3）腿部力量练习：连续直身快跳、蛙跳、矮子走。

4）腰腹背肌练习：仰卧起坐、仰卧两头起、反弓抬头、肋木举腿。

5）协调性练习：单个动作重复练习、身体不协调动作组合练习、变方向跑、移动中闪躲、立卧撑跳起转体 360°、前后左右转向跳。

（2）专项技术练习：

1）找好击球点，练习击球部位、手型与发力。

2）自抛自垫单人练习、两人一抛一垫练习。

3）正面双手垫球、体侧双手垫球、背垫球、单手垫球。

4）多人球不落地连续垫球练习。

参 考 文 献

[1] 田麦久. 运动锻炼科学化探索. 北京：北京体育大学出版社，1998.

[2] 全国普通高等学校体育与健康课程指导纲要. 北京：人民教育出版社，2002.

[3] 许砚田，等. 体育与健康. 天津：天津大学出版社，2002.

[4] 姚鸿恩，等. 体育保健学. 北京：高等教育出版社，2002.

[5] 李成义. 学校体育概论. 武汉：武汉大学出版社，1990.

[6] 彭美丽，等. 跟专家练羽毛球. 北京：北京大学出版社，1998.

[7] 孙民智. 篮球纵横. 北京：人民体育出版社，1996.

[8] 刘泽珍，等. 乒乓球. 桂林：广西师范大学出版社，1995.

[9] 王洪. 健美操教程. 北京：人民体育出版社，2000.

[10] 翟林. 体育舞蹈教程. 昆明：云南科技出版社，2000.

[11] 黄宽柔. 形体健美与健美操. 北京：高等教育出版社，1997.

[12] 郑超等. 怎样踢好毽球. 北京：中国地质大学出版社，1996.

[13] 体育院校教材委员会. 篮球运动教程. 北京：人民体育出版社，2001.

[14] 体育院校教材委员会. 现代足球. 北京：人民体育出版社，2000.

[15] 体育院校教材委员会. 排球运动教程. 北京：人民体育出版社，2001.

[16] 体育院校教材委员会. 武术. 北京：人民体育出版社，1998.

[17] 体育院校教材委员会. 体操. 北京：人民体育出版社，2000.

[18] 体育院校教材委员会. 游泳. 北京：人民体育出版社，1994.

[19] 张贵敏. 田径运动教程. 北京：人民体育出版社，1999.